रज़ा
पुस्तक माला

परस्पर

भाषा–साहित्य–आन्दोलन

रज़ा फ़ाउण्डेशन | THE RAZA FOUNDATION

परस्पर

भाषा–साहित्य–आन्दोलन

राजीव रंजन गिरि

राजकमल प्रकाशन

रज़ा पुस्तक माला : सभ्यता-समीक्षा
प्रधान सम्पादक : अशोक वाजपेयी | सम्पादक : पीयूष दईया
राजकमल प्रकाशन प्रा.लि. और रज़ा फ़ाउण्डेशन का सह-प्रकाशन

ISBN : 978-81-267-3087-2

मूल्य : ₹ 595

पहला संस्करण : 2018

प्रकाशक : राजकमल प्रकाशन प्रा. लि.
1-बी, नेताजी सुभाष मार्ग, दरियागंज
नई दिल्ली-110 002

शाखाएँ : अशोक राजपथ, साइंस कॉलेज के सामने, पटना-800 006
पहली मंजिल, दरबारी बिल्डिंग, महात्मा गांधी मार्ग, इलाहाबाद-211 001
36 ए, शेक्सपियर सरणी, कोलकाता-700 017

वेबसाइट : www.rajkamalprakashan.com
ई-मेल : info@rajkamalprakashan.com

मुद्रक : यश प्रिंटोग्राफिक्स
नोएडा-201301 (उत्तर प्रदेश)

PARASPAR : BHASHA-SAHITYA-ANDOLAN
(Criticism) by Rajeev Ranjan Giri

कौस्तुभ रंजन के लिए

आमुख

कलाओं में भारतीय आधुनिकता के एक मूर्धन्य सैयद हैदर रज़ा एक अथक और अनोखे चित्रकार तो थे ही उनकी अन्य कलाओं में भी गहरी दिलचस्पी थी। विशेषत: कविता और विचार में। वे हिन्दी को अपनी मातृभाषा मानते थे और हालाँकि उनका फ्रेंच और अँग्रेज़ी का ज्ञान और उन पर अधिकार गहरा था, वे, फ्रांस में साठ वर्ष बिताने के बाद भी, हिन्दी में रमे रहे। यह आकस्मिक नहीं है कि अपने कला-जीवन के उत्तरार्द्ध में उनके सभी चित्रों के शीर्षक हिन्दी में होते थे। वे संसार के श्रेष्ठ चित्रकारों में, २०-२१वीं सदियों में, शायद अकेले हैं जिन्होंने अपने सौ से अधिक चित्रों में देवनागरी में संस्कृत, हिन्दी और उर्दू कविता में पंक्तियाँ अंकित कीं। बरसों तक मैं जब उनके साथ कुछ समय पेरिस में बिताने जाता था तो उनके इसरार पर अपने साथ नवप्रकाशित हिन्दी कविता की पुस्तकें ले जाता था : उनके पुस्तक-संग्रह में, जो अब दिल्ली स्थित रज़ा अभिलेखागार का एक हिस्सा है, हिन्दी कविता का एक बड़ा संग्रह शामिल था।

रज़ा की एक चिन्ता यह भी थी कि हिन्दी में कई विषयों में अच्छी पुस्तकों की कमी है। विशेषत: कलाओं और विचार आदि को लेकर। वे चाहते थे कि हमें कुछ पहल करना चाहिये। २०१६ में साढ़े चौरानवे वर्ष की आयु में उनकी मृत्यु के बाद रज़ा फ़ाउण्डेशन ने उनकी इच्छा का सम्मान करते हुए हिन्दी में कुछ नये क़िस्म की पुस्तकें प्रकाशित करने की पहल *रज़ा पुस्तक माला* के रूप में की है, जिनमें कुछ अप्राप्य पूर्व प्रकाशित पुस्तकों का पुनर्प्रकाशन भी शामिल है। उनमें गांधी, संस्कृति-

चिन्तन, संवाद, भारतीय भाषाओं से विशेषत: कला–चिन्तन के हिन्दी अनुवाद, कविता आदि की पुस्तकें शामिल की जा रही हैं। सभी पुस्तकों पर रज़ा साहब और उनके समकालीन मित्र चित्रकारों आदि की प्रतिकृतियाँ आवरणों पर होंगी।

हिन्दी भाषा का विमर्श और संघर्ष लम्बा है, लेकिन अभाग्यवश हमारा निपट वर्तमान पर आग्रह इतना इकहरा हो गया है कि उसकी परम्परा को भूल ही जाते हैं। एक युवा चिन्तनशील आलोचक ने विस्तार से इस विमर्श और संघर्ष के कई पहलू उजागर करने की कोशिश की है और कई विवादों का विवरण भी सटीक ढंग से दिया है। हम इस प्रयत्न को बहुत प्रासंगिक मानते हैं और इसलिए इस पुस्तक माला में सहर्ष प्रस्तुत कर रहे हैं।

अशोक वाजपेयी

अगस्त २०१७, नयी दिल्ली

आरम्भिक
राजीव रंजन गिरि

आरम्भिक

किसी समाज का बहुभाषी होना उसकी सांस्कृतिक समृद्धि का परिचायक है। इस समृद्धि के साथ कुछ समस्याएँ भी पल्लवित-पुष्पित होती हैं। चाहे समृद्धि हो या समस्या, दोनों भू-राजनीतिक एवं आर्थिक संरचना से गहरे प्रभावित होती हैं। न तो भाषा की समृद्धि निर्दोष एवं निरापद होती है और न ही समस्या। समृद्धि और समस्या की अन्योन्यक्रिया इसे जटिलता प्रदान करती है। ये दोनों विशिष्टताएँ एक-दूसरे से गोया भिन्न दिख रही हों, एक-दूसरे को अपना 'ग़ैर' मान रही हों, पर दोनों के भीतर भी दीगर मुख़्तसर प्रवृत्तियाँ विराजमान रहती हैं। बहुभाषी समाज में भाषायी समस्या अपनी अस्मिता के रेखांकन का परिणाम भी होती है। अपनी भाषायी अस्मिता पर बल लोकतान्त्रिक आकांक्षा से भी पनपती है। आधुनिकता, शहरीकरण, बढ़ते मध्यवर्ग और मीडिया के प्रसार इसके लिए ज़मीन तैयार करते हैं।

जो बहुभाषिकता एक दौर में समृद्धि सूचक थी, उन्नीसवीं सदी के उत्तरार्द्ध तक आते-आते, धीरे-धीरे समस्या के तौर पर दिखने लगी। राष्ट्रीय आन्दोलन ने इसे भरसक सुलझाने की कोशिश की थी। पर तनाव की आँच मद्धिम हो गयी, पूर्णतः बुझ नहीं पायी। यही कारण है कि जैसे-जैसे आज़ादी निकट आयी, तनाव सामने आने लगे।

ग़ौरतलब है कि वर्तमान हिन्दी, जो खड़ी बोली का विकसित रूप है, ख़ुद एक जनपद की भाषा भर थी। इसका विस्तार दूसरे जनपदों तक हुआ। इसकी व्याप्ति बढ़ी। जिस माहौल में इसका विकास और प्रचार-प्रसार

हुआ, उसमें एक सम्पर्क भाषा के तौर पर इसकी महत्ता रेखांकित हुई थी। उल्लेखनीय यह भी है कि इसके पहले साहित्य (कविता) की भाषा के तौर पर ब्रजभाषा की स्वीकृति दूसरे जनपदों में भी थी। ऐसा नहीं था कि ब्रजभाषा जिस इलाक़े की 'बोली' थी, उसके बाहर के इलाक़े की 'बोलियों' में साहित्य (काव्य) नहीं रचे जा रहे थे। परन्तु, साहित्य की भाषा के ज़रिये विभिन्न जनपदीय इलाक़ों को एकसूत्र में पिरोने का काम ब्रजभाषा ही कर रही थी। तब ब्रजभाषा की व्याप्ति महज़ आसपास के जनपदीय इलाक़ों या आज के हिन्दी-उर्दू इलाक़े तक ही सीमित नहीं थी। बल्कि देश के अन्य इलाक़ों में भी ब्रजभाषा में कविता रची जाती थी। उस दौर का रचनाकार भले ही अपनी भाषा में काव्य-रचना करता हो, पर विशाल भू-भाग और वृहद् साहित्य-रसिक-समाज तक पहुँचने के लिए उसे ब्रजभाषा में भी कविता रचनी होती थी। हम चाहें तो यह सवाल कर सकते हैं कि क्या उस दौर में ब्रजभाषा के साथ दूसरी जनपदीय भाषाओं मसलन--उसकी निकटवर्ती अवधी, अथवा थोड़ी दूर की भोजपुरी, मैथिली आदि भाषाओं के बीच तनाव मौजूद था ? क्या ब्रजभाषा ने दूसरी जनपदीय भाषाओं को कमज़ोर किया था ? इन्हें निगलने की कोशिश की थी ? आज जो आरोप हिन्दी पर लगता है कि इसने अपनी जनपदीय भाषाओं को नष्ट किया है, इसी तरह क्या भोजपुरी, अवधी, मैथिली आदि जनपदीय भाषाओं के सन्दर्भ में कहा जाना चाहिए कि ब्रजभाषा ने इनके साहित्यिक विकास के मार्ग में अवरोध पैदा किया ? तत्कालीन साक्ष्य इसकी इज़ाज़त नहीं देते।

उन्नीसवीं सदी के उत्तरार्द्ध में भाषाओं के बीच तनाव भरा रिश्ता हिन्दी-उर्दू; और ब्रजभाषा-हिन्दी (खड़ी बोली) के बीच बना था। एक दिलचस्प बात यह भी है कि 'भाषा' शब्द ब्रज के साथ जुड़ा हुआ था (है भी), जबकि 'बोली' शब्द इस हिन्दी (खड़ी बोली) के साथ। इन दोनों के बीच के बहस-मुबाहिसे और बदलती परिस्थितियों का नतीजा यह हुआ कि खड़ी बोली हिन्दी साहित्य की भाषा बन गयी और ब्रजभाषा को 'बोली' का खिताब मिला। स्मरण रखना होगा कि साहित्य भी एक-तरह की सत्ता-संरचना का निर्माण करता है। आज भी 'भाषा' और 'बोली' के कृत्रिम और अलोकतान्त्रिक विभाजन के मुताबिक इस ब्रजभाषा को 'बोली' का दर्ज़ा ही हासिल है। 'भाषा' को 'बोली' और 'बोली' को 'भाषा' में रूपान्तरित करने का कारक बोली/भाषा का आन्तरिक चरित्र

नहीं होता, बल्कि इसे बाह्य परिस्थितियाँ निर्धारित करती हैं। बदलते भू-राजनीतिक-आर्थिक माहौल के माकूल खड़ी बोली साबित हुई थी। 'बोली' के रूप में खड़ी बोली भले ही पहले से मौजूद थी, पर 'भाषा' के रूप में यह उसी दौर में, आधुनिकता के साथ अन्योन्यक्रिया के दौरान विकसित हुई। हिन्दी नयी परिस्थिति का सामना करने के साथ-साथ ख़ुद को उस बदले माहौल के मुताबिक अनुकूलित भी कर रही थी, इसलिए उसकी सामर्थ्य में इज़ाफ़ा हो रहा था। यही वजह है कि तत्कालीन साहित्यकार-पत्रकार नयी चुनौतियों के संयोग से उत्पन्न परिस्थितियों में अपने विचार की अभिव्यक्ति इसी भाषा में कर रहे थे। एक ओर यह नयी दिशा में बढ़ता कदम था पर ब्रजभाषा में काव्य-रचना की परम्परा भी साथ-साथ चल रही थी। धीरे-धीरे जहाँ हिन्दी की व्याप्ति बढ़ कर राष्ट्रीय फलक तक पहुँच गयी, वहीं ब्रजभाषा जनपद तक सिमट गयी।

हिन्दी और जनपदीय भाषाओं के अन्त:सम्बन्ध की समस्याओं का आरम्भ इसी बिन्दु से होता है। यहाँ उर्दू-हिन्दी के बीच के मसले को सायास छोड़ दिया गया है। हिन्दी-उर्दू के बीच के रिश्ते पर जिस अतीत की छाया है, वह हिन्दी और जनपदीय भाषाओं के बीच कभी नहीं रहा। अलबत्ता नये सन्दर्भों को अभिव्यक्त करने के लिए सम्पर्क-भाषा के तौर पर विकसित हुई हिन्दी और इसकी जनपदीय भाषाओं से रिश्ते की समस्याएँ स्वाधीनता-आन्दोलन के दौर में दब गयी थीं। कारण कि राष्ट्रवादी प्रोजेक्ट के मद्देनज़र हिन्दी को सम्पर्क-भाषा से बढ़ा कर राष्ट्रभाषा का दर्जा देने की कोशिश शुरू हो गयी। उस दौर में जनपदीय भाषाओं ने हिन्दी को आगे बढ़ाने का काम किया। हिन्दी को राष्ट्रभाषा बनाने के लिए जो तर्क दिये जा रहे थे, उनमें एक बड़ा तर्क था—इसका उपयोग करने वाले लोगों की संख्या की अधिकता। ज़ाहिर है, यह संख्या जनपदीय भाषा बोलने वालों की संख्या को जोड़ने से ही बनती थी। ऐसे में जनपदीय भाषाओं और हिन्दी के बीच एक बेहतर रिश्ता दिखता था। इन्हीं जनपदीय भाषाओं के बल पर हिन्दी का पक्ष मज़बूती से उभरता था। संविधान-सभा में हिन्दी के साथ इस इलाक़े की आदिवासी भाषा को लेकर सवाल उठाये गये। पर यह कहना ज़रूरी है कि आदिवासी भाषाएँ हिन्दी इलाक़े की भाषा तो थीं, परन्तु उस अर्थ में हिन्दी की जनपदीय भाषाएँ नहीं थीं, जिस अर्थ में ब्रज, अवधी, मैथिली, भोजपुरी आदि थीं या हैं।

हिन्दी और इसकी जनपदीय भाषाओं के बीच सम्बन्धों की समस्या 'राज-भाषा' के रूप में मान्यता मिलने के बाद दिखनी शुरू होती है। स्वाधीनता आन्दोलन के दौर में जनपदीय भाषाओं का प्रभु वर्ग राष्ट्र-निर्माण के महावृत्तान्त में अपनी भागीदारी दर्ज़ कराते वक़्त इन समस्याओं की तरफ़ मुख़ातिब नहीं था। दरअसल, जनपदीय भाषाओं से हिन्दी की अन्योन्यक्रिया में हिन्दी बढ़ती चली गयी, जबकि जनपदीय भाषाओं का दायरा नहीं बढ़ा। बल्कि एक लिहाज़ से देखें तो जनपदीय भाषाएँ कमतर होती गयीं। इनका महत्व भी घटता गया। शहरीकरण, साक्षरता, बढ़ते मध्यवर्ग, मीडिया के बढ़ते प्रभाव ने हिन्दी के विस्तार में महती भूमिका निभायी।

हिन्दी ने इन जनपदीय भाषाओं से शब्दों को लेकर अपना विकास किया है। अँग्रेज़ी के बाद इस देश में सत्ता की भाषा हिन्दी है। यह एक स्तर पर यहाँ के अभिजन की भाषा भी है। लिहाज़ा, अपनी जनपदीय भाषाओं की तुलना में हिन्दी से जुड़ना एक सम्मान का बोध पैदा करता है, दायरा बढ़ाता है और सत्ता में भागीदारी का मौक़ा भी मुहैया कराता है। अलबत्ता, अपनी जनपदीय भाषाओं को छोड़ कर उन्नति और सम्मान प्राप्त करने की लालसा में हिन्दी से जुड़ने की कोशिश हिन्दी और जनपदीय भाषाओं के बीच तनाव पैदा करती है।

यह सिर्फ़ हिन्दी और उसकी जनपदीय भाषाओं के सम्बन्ध की ही समस्या नहीं है। दुनिया के स्तर पर इन कथित 'बोलियों' पर यह संकट दिखता है। पूरी दुनिया की छह हज़ार भाषाओं में से बीस से पचास फ़ीसदी के क़रीब ऐसी भाषाएँ हैं, जिन्हें नयी पीढ़ी नहीं बोलती। भाषा-वैज्ञानिकों का अनुमान यह भी है कि सन् २१०० तक आज की ९० फ़ीसदी भाषाएँ लुप्त हो जायेंगी। साथ ही इक्कीसवीं सदी में हर साल बीस भाषाएँ मरती चली जायेंगी। एक ख़बर बताती है कि यूनेस्को ने ऐसी १९६ भाषाओं की सूची तैयार की है जो ख़त्म होने के कगार पर हैं। जिन मुल्कों की भाषाएँ समाप्त होने के कगार पर हैं, भारत उनमें ऊपर है। (द हिन्दू, २१ फ़रवरी, २००९)

२००१ की जनगणना में हिन्दी इलाक़े की जनपदीय भाषाओं की संख्या ४८ बतायी गयी है, जिसके लोगों ने अपनी भाषा हिन्दी भी बतायी है। यह अध्ययन जनपदीय भाषाओं के ऊपर आये संकटों को बताते हैं। ऐसे में अन्त: कलह होना स्वाभाविक है, साथ ही अपनी अस्मिता को बचाने के लिए इन जनपदीय भाषाओं द्वारा हिन्दी के बरअक्स अपने को स्थापित

करने की जद्दोज़हद भी। इन जनपदीय भाषाओं की अस्मिता बचाने और सत्ता में हिस्सेदारी दिलाने के लिए जब–तब कुछेक भाषाओं को संविधान की आठवीं अनुसूची में शामिल करने की माँग होती रहती है। संविधान की इस आठवीं अनुसूची में जब–तब कुछ भाषाओं को जोड़ा जाता रहा है। जिस दौरान भारत का संविधान बन रहा था, संविधान की आठवीं अनुसूची के मूल प्रस्ताव में सिर्फ़ बारह भाषाओं को जगह दी गयी थी—हिन्दी, बाङ्ला, पंजाबी, तमिल, कन्नड़, तेलुगू, मलयालम, उड़िया, असमी, कश्मीरी, मराठी और गुजराती। संविधान सभा के बहस–मुबाहिसों के दौरान जवाहर लाल नेहरू की पहल पर इसमें उर्दू को भी शामिल किया गया और के. एम. मुंशी के आग्रह पर संस्कृत को। याद रखने की बात है कि संविधान सभा की बहसों के दौरान इसके एक सदस्य जयपाल सिंह के ज़ोर देने के बावजूद किसी आदिवासी भाषा को शामिल नहीं किया गया। जबकि जयपाल सिंह ने देश की १७६ आदिवासी भाषाओं में से सिर्फ़ तीन भाषाओं को अनुसूची में शामिल करने की माँग की थी। अनुसूची में, हिन्दी इलाक़े की किसी जनपदीय भाषा को जगह नहीं दी गयी। हिन्दी इलाक़े की किसी जनपदीय भाषा को इसमें शामिल नहीं करना, तत्कालीन दौर में हिन्दी और जनपदीय भाषाओं के मुखर रूप में ग़ैर–मौजूद अन्दरूनी तनाव को ही बताता है। इसके साथ ही यह भी बताता है कि इसमें क़रीब–क़रीब उन्हीं भाषाओं को जगह दी गयी, जिनके साथ हिन्दी का तनाव सामने आया था।

हिन्दी की जनपदीय भाषाओं की अस्मिता को दबाने के मकसद से जो तर्क दिये जाते हैं, वे लोकतान्त्रिक मूल्यों की अवहेलना करते हैं। 'भाषा' और 'बोली' के कृत्रिम विभाजन को ख़ारिज करने के बाद यह सुनने को मिलता है कि अपनी अस्मिता की अकुलाहट में संविधान की आठवीं अनुसूची में शामिल होने को व्याकुल इन (तथाकथित) 'बोलियों' में अभिव्यक्ति की क्षमता नहीं है। स्मरणीय है कि ऐसी बात अँग्रेज़ी भाषी लोग 'हिन्दी' के लिए भी कहते हैं! मतलब कि हिन्दी को कमतर साबित करने के लिए जो तर्क अँग्रेज़ी की तरफ़ से आता है, वही हिन्दी–पक्षधर होने का जोर–जोर से दावा करने वाले चन्द लोग भोजपुरी और राजस्थानी सरीखी भाषाओं के लिए देते हैं! कहना होगा कि अस्मिता को स्वीकृति और मान्यता मिलने के बाद भाषायें कालान्तर में सक्षम साबित हुई हैं;

उदाहरणस्वरूप—छत्तीसगढ़ी, संथाली, मैथिली के विकास, प्रसार और सक्षमता को देखा जा सकता है। हिन्दी के साथ रही भोजपुरी और राजस्थानी सरीखी भाषाओं की माँग को हिन्दी को 'चिन्दी-चिन्दी' करने की 'साजिश' के रूप में समझना वाजिब नहीं। असल में, राजनीतिक जागरूकता और प्रगति के साथ लोकतान्त्रिक व्यवस्था की जड़ें जैसे-जैसे मजबूत हुई हैं, तमाम घटकों-तबकों में अस्मिता-बोध जागा है। सरकारी संरक्षण और हक की कामना पैदा हुई है। भाषा का प्रश्न इसी की पैदाइश है। संविधान-सभा की बहसों में इन जटिलताओं की रचनात्मक अभिव्यक्ति दिखती है।

आज़ादी के बाद भाषा-विमर्श में साहित्यिक लघु-पत्रिकाओं की बड़ी भूमिका रही है। छोटे स्तर पर, व्यक्तिगत प्रयास एवं भले ही अनिमियत रूप से प्रकाशित होने वाली लघु पत्रिकाओं ने सांस्कृतिक-बौद्धिक वातावरण को मजबूत बनाया है। चेतना व ज्ञान-निर्माण में इन पत्रिकाओं की महत्ती भूमिका रही है। सूचना क्रान्ति से पहले बौद्धिक संवाद-संचार का काम यही पत्रिकायें करती थीं। छोटे शहरों-कस्बों से प्रकाशित होने वाली इन पत्रिकाओं ने रचनाकारों की जमात पैदा भी की हैं।

इस पुस्तक में शामिल तीनों शोध निबन्ध एक अन्तराल में लिखे गये हैं। 'उन्नीसवीं सदी में ब्रजभाषा बनाम खड़ी बोली विवाद' तद्भव-१४ (अप्रैल २००६); 'राष्ट्र-निर्माण, संविधान सभा और भाषा-विमर्श' वाक्-१९ (अप्रैल-जून २०१४) और 'बीच बहस में लघुपत्रिकाएँ : आन्दोलन, संरचना और प्रासंगिकता' प्रतिमान-२ (जुलाई-दिसम्बर २०१३) में प्रकाशित हुआ था। इसके लिए मैं इन पत्रिकाओं के सम्पादकों श्री अखिलेश, प्रो. सुधीश पचौरी और श्री अभय कुमार दुबे का आभारी हूँ। यह पुस्तक श्री पीयूष दईया के बार-बार तगादा का परिणाम है। इसकी पाण्डुलिपि तैयार करने में सहयोग के लिए कवि धर्मेन्द्र सुशान्त, डॉ. रूबल शर्मा और डॉ. इफ़्फ़त ज़रीन का बहुत-बहुत धन्यवाद।

राजीव रंजन गिरि
०१ मई, २०१७ | दिल्ली

क्रम

अध्याय एक

उन्नीसवीं सदी में
ब्रजभाषा बनाम खड़ी बोली विवाद

हिन्दी साहित्य का अध्ययन करने वाले आलोचक १९वीं सदी के उत्तरार्द्ध का अध्ययन करते वक़्त भारतेन्दु हरिश्चन्द्र और भारतेन्दु मण्डल के लेखकों को केन्द्र में रखते हैं। इसके बाद 'सरस्वती' एवं महावीर प्रसाद द्विवेदी के दौर में आ जाते हैं। ऐसा करके भारतेन्दु के निधन (१८८५)और 'सरस्वती' के प्रकाशन की शुरुआत (१९००) के बीच की अवधि (पन्द्रह साल) को लगभग भुला दिया जाता है। गोया कि इन पन्द्रह वर्षों में हिन्दी साहित्य में कुछ महत्त्वपूर्ण हुआ ही न हो! ग़ौरतलब है कि इसी दौर में हिन्दी साहित्य का एक मुख्य सवाल कविता की भाषा क्या हो—ब्रजभाषा या खड़ी बोली—उभरा। मुज़फ़्फ़रपुर (बिहार) के अयोध्या प्रसाद खत्री ने इस मुद्दे को प्रमुखता से उठाया एवं आन्दोलन का रूप दिया। नतीजतन, यह सवाल तत्कालीन विद्वानों के बहसोमुबाहिसे का मुख्य मुद्दा बना रहा और छायावाद तक चला। खड़ी बोली हिन्दी को काव्य भाषा के रूप में स्थापित करने का पूरा श्रेय महावीर प्रसाद द्विवेदी को दिया जाता है। जबकि द्विवेदी से पहले खत्री ने इस सवाल की तरफ़ सोचने के लिए प्रेरित किया था। असल में, खत्री ने काव्य भाषा के तौर पर खड़ी बोली हिन्दी को स्थापित करने के लिए मजबूत पूर्वपीठिका तैयार की थी। महावीर प्रसाद द्विवेदी को विरासत के रूप में खत्री का साहित्यिक अवदान मिला था। बावजूद इसके अयोध्या प्रसाद खत्री के अवदान को प्रमुख इतिहासकारों एवं आलोचकों ने नज़रअन्दाज़ किया है। १८८५ से १९०० के बीच की साहित्यिक राजनीति का अध्ययन करने वाले शोधकर्त्ताओं ने भी इस मुद्दे पर हुई बहसों की उपेक्षा की है।[१] जबकि क़रीब तीस-पैंतीस वर्षों तक की साहित्यिक राजनीति पर इस मुद्दे का असर देखा जा सकता है। यह आलेख 'ब्रजभाषा बनाम खड़ी बोली' के बहसोमुबाहसे को विस्तारपूर्वक देखने की कोशिश है।

अयोध्या प्रसाद खत्री ने १८८७ ई. में 'खड़ी बोली का पद्य' (पहिला भाग) का सम्पादन किया। यह किताब मुज़फ़्फ़रपुर के विश्वनाथ भट्ट द्वारा नारायण प्रेस से छपी। खत्री ने इसे 'Poetical reader No. 1 of Khari Boli' के रूप में प्रस्तुत किया। यह किताब तीन परिच्छेदों में बँटी हुई है—ठेठ हिन्दी, मुंशी स्टाइल और पण्डित स्टाइल। ठेठ हिन्दी के उदाहरण के तौर पर राजा शिव प्रसाद संग्रहित गुटका नं. ३ से लेकर मुंशी इंशाअल्ला खाँ की रचना[२] 'रानी केतकी की कहानी' में मौजूद पद्य को शामिल किया गया है। मुंशी स्टाइल के तौर पर राय सोहनलाल की 'हिन्द में सतयुग समाँ', 'पतंग', 'सोने और ढोल की दो दो बातें', 'चाँदनी का समाँ और उसके नूर की झलक', भारतेन्दु हरिश्चन्द्र की 'दशरथ विलाप', 'बसन्त', बरसात' महेशनारायण की 'स्वप्न' शीर्षक लम्बी कविता और मौलवी अल्ताफ हुसैन हाली की 'एक बेव की मुनाजात' शीर्षक रचना शामिल की गयी है। पण्डित स्टाइल के तौर पर मुज़फ़्फ़रपुर ज़िला के मौजे मानपुरा निवासी बाबू लक्ष्मी प्रसाद की ६ दिसम्बर, १८७६ ई. को 'बिहार बन्धु' में प्रकाशित कविता[३] के अलावा 'योगी' शीर्षक लम्बी कविता भी शामिल की गयी है। इसी स्टाइल के अन्तर्गत श्री सत्यानन्द अग्नहोत्री की 'संगीत पुष्पावली' से तीन भजन और चन्द कवि प्राचीन कृत (पृथ्वीराज रायसा, पद्मावती खण्ड से)[४] दो छप्पय एवं एक दोहा (आल्ह खण्ड से) भी शामिल किया गया है।

अयोध्या प्रसाद खत्री ने 'खड़ी बोली का पद्य' (पहला भाग) की छोटी सी भूमिका लिखी है। इस भूमिका में इनके भाषा सम्बन्धी विचार अभिव्यक्त हुए हैं। खत्री ब्रजभाषा छन्द को हिन्दी नहीं मानते थे। इस किताब की भूमिका में उन्होंने स्पष्ट रूप से लिखा है 'मैं भाषा छन्द को हिन्दी छन्द नहीं मानता हूँ।'[५] अपने विचार को स्पष्ट करते हुए खत्री ने लिखा है—

> ''लल्लूलाल ने अपनी समझ में 'प्रेमसागर' खड़ी बोली में और 'राजनीति' ब्रजभाषा में लिखी। राजनीति के पद्य की भाषा और 'प्रेमसागर' के पद्य की भाषा कुछ अन्तर नहीं है। प्रेमसागर के पद्य की भाषा निस्सन्देह ब्रजभाषा है। हिन्दी के कुल लिखैये, मैं समझता हूँ, इन्हीं का अनुकरण करते हैं। मुंशी मक्खनलाल खत्री ने अपने 'सुख सागर' की भाषा का दो भाषाओं में लिखा जाना लिखा है : गद्य 'खड़ी बोली' में और पद्य 'ब्रजभाषा' में।''[६]

अयोध्या प्रसाद खत्री का मानना बिलकुल सही है कि 'राजनीति' और

'प्रेमसागर' की पद्य-भाषा में फ़र्क़ नहीं है। भले ही लल्लू लाल ने 'प्रेम सागर' की भाषा को खड़ी बोली बताया है। आचार्य रामचन्द्र शुक्ल ने लल्लूलाल की भाषा पर जो टिप्पणी की है, उससे खत्री की उक्त मान्यता पुष्ट होती है।[७] अयोध्या प्रसाद खत्री ने भूमिका में 'खड़ी बोली के व्याकरण में ब्रजभाषा छन्द को जगह देना और ब्रजभाषा शब्दों को हिन्दी में Poetical License समझना, हिन्दी वैयाकरण की भूल' माना। इसके साथ ही चन्दवरदाई की हिन्दी को 'पुरानी हिन्दी' और आधुनिक हिन्दी को 'खड़ी बोली' कहा है। इसी भूमिका में अयोध्या प्रसाद ने आधुनिक हिन्दी (जिसे वे 'खड़ी बोली' कहते थे) को पाँच शैलियों में बाँटा है।

> —"खड़ी बोली" के मैंने पाँच भेद माने हैं, ठेठ हिन्दी, पण्डित जी की हिन्दी, मुंशी जी की हिन्दी, मौलवी (मौलवी पढ़ें) साहब की हिन्दी और यूरेशियन हिन्दी।"
>
> "ठेठ हिन्दी वह है कि जिसमें न विदेशी शब्द हों और न सस्कृत के कठिन शब्द। इसमें 'तद्‌भव' और 'देशज' शब्द अधिक रहते हैं। पण्डित जी की हिन्दी में संस्कृत के बड़े बड़े और कठिन शब्द रहते हैं, विदेशी शब्द प्राय: नहीं रहते हैं।"
>
> —"मुंशी जी की हिन्दी पण्डित जी और मोलवी (मौलवी) साहब की हिन्दी के बीच की हिन्दी है और इसको यूरोपियन विद्वान हिन्दुस्तानी कहते हैं।"
>
> —"मौलवी साहब की हिन्दी फ़ारसी, अरबी (कठिन तत्सम) संज्ञाओं से भरी रहती है। इसको मोलवी (मौलवी पढें) साहब उर्दू कह कर पुकारते हैं।"
>
> —"यूरेशियन हिन्दी में अँग्रेज़ी के तत्सम संज्ञा शब्द आते हैं। मौलवी साहब फ़ारसी और यूरोपियन अँग्रेज़ी अक्षर पसन्द करते हैं।"[८]

खड़ी बोली की पाँच शैली (Style) निश्चित करने के बाद अयोध्या प्रसाद खत्री ने लिखा है—

> "खड़ी बोली में पण्डित जी ने पद्य लिखने की आज तक चेष्टा नहीं की है। इसके कवि केवल मौलवी साहब हैं...कवि कङ्कण, चण्डी, विद्यापति, गोविन्ददास इत्यादि इनके प्राचीन कविगण की भाषा वर्तमान ब्रजभाषा और मैथिल भाषा से बिलकुल मिली हुई है। जैसे बंगला भाषा के पद्य की भाषा का संस्कार हुआ है, वैसा ही हिन्दी भाषा का भी होना चाहिए।"[९]

बंगला भाषा की पद्य भाषा के संस्कार की तरह हिन्दी पद्य भाषा के संस्कार की उम्मीद में खत्री ने 'खड़ी बोली का पद्य' (पहला भाग) छपवा कर विद्वानों, पाठकों के समक्ष पेश किया। 'खड़ी बोली का पद्य' छपने के साथ ही अयोध्या प्रसाद खत्री ने ब्रजभाषा कविता और खड़ी बोली (हिन्दी) कविता में ख़ुद फ़र्क़ करते हुए तत्कालीन विद्वानों, पाठकों से भी इनके बीच का फ़र्क़ समझने की अपील की। इसके साथ ही तत्कालीन रचनाकारों से खड़ी बोली में कविता रचने की भी अपील की।

अम्बिकादत्त व्यास के सम्पादन में प्रकाशित 'पीयूष प्रवाह' मासिक पत्र में २० जून, १८८७ ई. को इस किताब पर पहली टिप्पणी 'खड़ी बोली का पद्य' शीर्षक से छपी :

> "आजकल की प्राय: रीत पड़ गयी है कि लोग यदि खड़ी बोली में भी कोई ग्रन्थ लिखते हैं तो जब उसमें कोई छन्द लिखना होता है तो ब्रजभाषा में लिख मारते हैं। कितने ही ग्रन्थकार खड़ी बोली में यत्न ही नहीं करते और कितने कहते हैं कि इस भाषा में पद्य आज तक बना ही नहीं। बस यह ग्रन्थ इसी अभाव के पूरे करने को है कि खड़ी बोली में भी पद्य होते हैं और बहुत बन चुके हैं। ग्रन्थकार ने इसमें ठेठ हिन्दी आदि प्रकरण अलग-अलग बाँध दिये हैं। यह और भी उत्तम हुआ है। इस ग्रन्थ में सब पद संग्रह किये हुए हैं। हम जहाँ तक देखते हैं ग्रन्थकार ने अपने उद्देश्य साधन में बड़ा ही परिश्रम किया है। इस भाषा में पद्य भी बनने लगे, इसका उद्योग 'ब्राह्मण' और 'हिन्दी प्रदीप' के सम्पादक भी कुछ कर चुके हैं और इस ढंग की कविताओं के विरोधी हम भी नहीं हैं। हम ग्रन्थकार को धन्यवाद देते हैं और आशा करते हैं कि उनकी लेखनी ऐसे ही उत्तम संग्रह किया करें।"[१०]

किताब छपने के बाद अयोध्या प्रसाद खत्री ने शिक्षाविदों, साहित्यकारों, साहित्य प्रेमियों, पत्र-पत्रिकाओं के सम्पादकों को 'खड़ी बोली का पद्य' मुफ़्त में भेजा। जिस किसी के बारे में बताया जाता था कि अमुक व्यक्ति साहित्य से थोड़ा बहुत सरोकार रखता है, खत्री उसे यह किताब ज़रूर भेजते थे।[११] नतीजतन कुछ ही महीने में पहले संस्करण की किताबें ख़त्म हो गयीं। इसलिए खत्री ने उसी साल (१८८७ ई.) उसका दूसरा संस्करण छपवाया। दूसरा संस्करण भी नारायण प्रेस से छपा।[१२] 'खड़ी बोली का पद्य' संकलन के लिए अयोध्या प्रसाद खत्री को चिट्ठी भेज कर कई लोगों ने सराहना की।[१३] सराहना करने वाले लोगों ने 'खड़ी बोली का पद्य' को

साहित्य के सामान्य पाठकों के अलावा नार्मल स्कूल और वर्नाक्यूलर स्कूल के छात्रों तथा शिक्षकों के लिए काफ़ी उपयोगी बताया।

काबिलेग़ौर है कि इस किताब के छपने के बाद काव्य भाषा का सवाल एक महत्त्वपूर्ण मुद्दे के रूप में उभरा। हिन्दी साहित्य के इतिहास में 'खड़ी बोली का पद्य' ऐसी पहली किताब है, जिसकी वजह से इतना वाद-विवाद-संवाद हुआ। इस किताब ने काव्य भाषा के सम्बन्ध में जो विचार प्रस्तावित किया, उस पर लगभग तीन दशकों तक बहसें होती रहीं। इस किताब के ज़रिये एक साहित्यिक आन्दोलन की शुरुआत हुई। हिन्दी कविता की भाषा क्या हो—ब्रजभाषा अथवा खड़ी बोली? 'खड़ी बोली का पद्य' ने काव्य भाषा के तौर पर खड़ी बोली हिन्दी का पक्ष लिया। इसके सम्पादक अयोध्या प्रसाद खत्री ने काव्य भाषा के तौर पर खड़ी बोली हिन्दी को स्थापित करने के लिए आन्दोलन किया। यह दिलचस्प है कि इस आन्दोलन के परिणामस्वरूप स्थितियाँ ऐसी बदलीं कि साहित्यिक भाषा (ब्रजभाषा) बोली बन गयी और बोली (खड़ी बोली) साहित्यिक भाषा।

'खड़ी बोली का पद्य' और अयोध्या प्रसाद खत्री के आन्दोलन से पहले खड़ी बोली हिन्दी में कविताएँ लिखी जाती थीं। ये कविताएँ कभी-कभार प्रकाशित भी होती थीं। 'खड़ी बोली का पद्य' में अयोध्या प्रसाद खत्री ने जिन कविताओं को शामिल किया है, सारी पहले छप चुकी थीं। ग़ौरतलब है कि खड़ी बोली पद्य आन्दोलन का जिन लोगों ने प्रखर विरोध किया है, इनमें से ज़्यादातर लोग इस आन्दोलन से पहले खड़ी बोली में कविता लिख चुके थे अथवा खड़ी बोली में कविता लिखने के लिए कवियों को प्रेरित कर रहे थे। यह दीगर बात है कि खड़ी बोली की कविताएँ लोकरागों मसलन—लावनी, ख़याल, तुर्रा, ठुमरी आदि के रूप में रची जा रही थीं। अयोध्या प्रसाद खत्री द्वारा शुरू किये गये आन्दोलन से पहले छपी इन खड़ी बोली हिन्दी कविताओं का ज़िक्र दो वजहों से ज़रूरी है। एक, खत्री ने 'खड़ी बोली का पद्य' में इसका ज़िक्र नहीं किया है। दूसरा, खड़ी बोली में कविताएँ प्रकाशित कर इसके कवियों को अपना समर्थन देने वाले सम्पादकों ने आन्दोलन शुरू होने के बाद इसका प्रखर विरोध किया। शिवराम पण्ड्या (इन्हें कुछ लोग शिवराम पण्डित भी कहते-लिखते थे) नामक एक कवि की कई कविताएँ तत्कालीन पत्र 'हिन्दी प्रदीप' में छपी

हैं। १ अगस्त, १८७९ ई. को 'नौकरी' शीर्षक कविता छपी है; जिसकी भाषा खड़ी बोली हिन्दी है—

कहता है हरबशर यहाँ अब हाय नौकरी।
ढूँढ़ें से अब कहीं नहीं मिलती है नौकरी॥
पहले तो रुपये देकर सबको पढ़ाते थे।
घर घर पै सबके जाकर पढ़ाते थे॥

....

....

हरदम फ़ुलेल पट्टों में और इत्र भी लगाते।
खाकर के पान फिरते सज धज नयी दिखाते॥
उनको भी फिक्र आजकल है हाय नौकरी॥
ढूँढ़े से अब कहीं नहीं मिलती है नौकरी॥

नौकरी की क़िल्लत पर लिखी इस कविता के अलावा 'हिन्दी प्रदीप' के आगामी अंक १ अगस्त, १८८३ ई. को शिवराम पण्ड्या की लावनी 'गान पारसियों की धुन पर' और १ अक्टूबर, १८८३ ई. के अंक में 'छन्द पारसियों की ध्वनि का' खड़ी बोली हिन्दी में रची कविता छपी है। इससे ज़ाहिर होता है कि बालकृष्ण भट्ट 'हिन्दी प्रदीप' में इन कविताओं को छाप कर काव्य भाषा के रूप में खड़ी बोली हिन्दी की प्रस्तावना कर रहे थे। इतना ही नहीं बालकृष्ण भट्ट की खड़ी बोली हिन्दी में लिखी एक कविता १ अक्टूबर, १८८० ई. के 'हिन्दी प्रदीप' में छपी है—

अहल यूरप पूरा जेण्टिलम्यान कहलाता है हम।
बाबू न कहना फिर कभी मिस्टर कहा जाता है हम॥
कोट पतलून बूट पहने टोकरी सिर पर धरे।
साथ में कुत्ते को लेकर सैर को जाता है हम॥
गंगा नहाना पूजा जप तप छोड़ा यह पाखंड सब।
घूरने मेमों को गिरिजाघर में नित जाता है हम॥
हम दियानतदार अपने क़ौम में मशहूर हैं।
सैंकड़ों लोगों से चन्दा ले के खा जाता है हम॥
खाना पीना हिन्दुओं का मुझको ख़ुश आता नहीं।
बीफ काँटे चमचा से होटल में जा खाता है हम॥
भांग गांजा चर्स चंडू बर में छिप-छिप पीते थे।
अब तो बेखटके हमेशा वाइन ढरकाता है हम॥

'ब्राह्मण' के सम्पादक प्रताप नारायण मिश्र की खड़ी बोली हिन्दी में लिखी हुई एक कविता 'चाहो गाना समझो, चाहो रोना समझो' १५ जून, १८८४ ई. के 'ब्राह्मण' में छपी है। इस कविता के साथ नागरी में कविता लिखने के लिए प्रताप नारायण मिश्र की एक अपील भी छपी है—

> ''आर्य्य कवियों से हम सानुरोध प्रार्थना करते हैं कि नागरी भाषा की कविता का भी ढंग डालें। जिस भाषा के लिए इतनी हाय करते हैं उसमें कविता की चाल न हो प्रिय वर्ग हमें सहायता दो।''

प्रताप नारायण मिश्र की अपील में ही वे बुनियादी कारण मौजूद हैं, जिसकी वजह से वे बाद में खत्री जी के 'खड़ी बोली का पद्य' आन्दोलन के विरोधी हो गये। मिश्र ने अपील में जिसे नागरी भाषा कहा है, वह खड़ी बोली हिन्दी ही है। लेकिन इस अपील में एक बात महत्वपूर्ण है। यह अपील सिर्फ़ 'आर्य्य कवियों' से की गयी है। दरअसल, हंटर कमीशन में सैंकड़ों मेमोरेण्डम देने के बावजूद हिन्दी के पक्ष में निर्णय न होने के कारण प्रताप नारायण मिश्र सरीखे हिन्दी आन्दोलनकारी क्षुब्ध थे। इसी दौर में भाषा की धार्मिक पहचान गढ़ी जा रही थी। लिहाज़ा, पश्चिमोत्तर प्रान्त के विद्वानों के लिए अब हिन्दी भाषा हिन्दुओं की भाषा हो गयी। इसी का नतीजा है कि प्रताप नारायण मिश्र सिर्फ़ 'आर्य्य कवियों' से 'सानुरोध प्रार्थना' करते हैं। इस अपील में हंटर कमीशन के दौर में हुई गहमागहमी की छाया स्पष्ट रूप से दिखती है। अपील में उन्होंने कहा है कि 'जिस भाषा के लिए इतनी हाय करते हैं।' हंटर कमीशन के दौर में फ़ारसी लिपि (उर्दू) को हटा कर नागरी लिपि (हिन्दी) को लागू करने के लिए हिन्दी आन्दोलनकारियों ने काफ़ी 'हाय' मचायी थी।

प्रताप नारायण मिश्र के इस 'सानुरोध प्रार्थना' से पहले चम्पारण (अब पश्चिमी चम्पारण) के एक गाँव रतनमाल, बग़हाँ के पण्डित चन्द्रशेखरधर मिश्र की १८८३ ई. (माह पता नहीं) में 'पीयूष प्रवाह' मासिक में एक कविता छपी। इस कविता में चन्द्रशेखरधर मिश्र[१४] ने खड़ी बोली हिन्दी में पद्य रचने की वकालत की है—

> ''गद्य की भाषा विशुद्ध विराजित पद्य की भाषा वही मथुरा की।
> आधी रहे मुरग़ी की छटा फिर आधी बटेर की राजै छटा की॥
> ऐसी कड़ी द्विविधा में पड़ी पड़ी यों गिड़ी कविता छवि बांकी।
> हिन्दी विशुद्ध में गद्य सुपद्य कै उन्नति कीजिए यों कविता की॥[१५]

प्रताप नारायण मिश्र से चन्द्रशेखरधर मिश्र की अपील में फ़र्क़ ग़ौरतलब है। प्रताप नारायण मिश्र ने खड़ी बोली हिन्दी में कविता रचने के लिए सिर्फ़ 'आर्य्य कवियों से सानुरोध प्रार्थना' की है जबकि चन्द्रशेखरधर मिश्र ने ऐसा नहीं किया है। एक बात क़ाबिलेग़ौर है कि चन्द्रशेखरधर मिश्र की इस छोटी कविता में उर्दू-फ़ारसी का एक शब्द भी नहीं आ पाया है। क्या यह महज़ संयोग है? अथवा लल्लूलाल की तरह जानबूझकर हटाया गया है? लिहाज़ा, चन्द्रशेखरधर मिश्र 'हिन्दी विशुद्ध में गद्य सुपद्य कै उन्नति कीजिए यों कविता की' में किस हिन्दी में पद्य रचना कराना चाहते थे, इसका सहज पता चलता है। चन्द्रशेखरधर मिश्र की इसी सोच का नतीजा है कि 'हिन्दी उर्दू की लड़ाई' नामक नाटक लिखने वाले सोहन प्रसाद के मामले में उन्होंने हिन्दी भाषा का हिन्दू धर्म से रिश्ता जोड़ कर भाषायी साम्प्रदायिकता फैलाने वालों के साथ बढ़-चढ़ कर हिस्सा लिया।[१६] इस प्रकार, शुरुआत में प्रताप नारायण मिश्र और चन्द्रशेखरधर मिश्र की काव्य भाषा सम्बन्धी चिन्ता समान है। दोनों की भाषा एक जैसी है। फ़र्क़ है तो सिर्फ़ पाठक में, जिसको लक्ष्य कर दोनों अपील कर रहे थे।

प्रताप नारायण मिश्र के साथ 'खड़ी बोली पद्य आन्दोलन' के दूसरे मुखर विरोधी राधाचरण गोस्वामी की कविता 'अमेरिका वालों से सम्मिलन' १ सितम्बर, १८८९ ई. के 'हिन्दी प्रदीप' में छपी। थियोसोफिकल सोसायटी का एक सम्मेलन बम्बई (मुम्बई) में १८७९ ई. में हुआ था। इस सम्मेलन में थियोसोफिकल के अमेरिकी प्रतिनिधियों ने भाग लिया था। यह कविता उन्हीं लोगों पर केन्द्रित है—

आओ! आओ! बन्धुगन! मिलिए भुजा पसार।
बिछुरे केते दिनन के समय न बारम्बार॥

इस कविता में ब्रजभाषा का पुट है लेकिन खड़ी बोली हिन्दी के लिए छूट भी है। राधाचरण गोस्वामी ने आगे भी खड़ी बोली हिन्दी में कविताएँ लिखीं। २० जून, १८८३ ई. के 'भारतेन्दु' में 'श्रीमति भारतेश्वरी का हिन्दी में कल्याण गान' शीर्षक से राधाचरण गोस्वामी की एक कविता छपी है, जिसकी भाषा खड़ी बोली हिन्दी है। इसके अलावा 'भारतेन्दु' (१९ सितम्बर, १८८३ ई.) में गोस्वामी का एक नाटक 'भंग तरंग' छपा है। इस नाटक का एक पात्र छू छू चौबे उस्ताद खड़ी बोली हिन्दी में कहता है—

टाँगे लथरा लई चमड़ी पे बड़े दाग हुए।
बालहल हलके सुआपालक कैसे साग हुए।
गिर पड़े फल जो खिजूरी की तरह सूख सूख
पिच गये गाल बबूले की तरह दूख दूख॥

'भारतेन्दु' में राधाचरण गोस्वामी की खड़ी बोली में लिखी कई कविताएँ छपीं। १६ अक्टूबर, १८८३ ई. के 'भारतेन्दु' में उनकी 'बड़ी तातील' शीर्षक कविता छपी। उन्होंने अनेक लावनियाँ लिखी हैं। उनमें से भी कुछ की भाषा खड़ी बोली हिन्दी है। राधाचरण गोस्वामी के सम्पादन में प्रकाशित होने वाली पत्रिका 'भारतेन्दु' का सितम्बर, अक्टूबर और नवम्बर १८८४ ई. का अंक संयुक्तांक छपा। इस अंक में राधाचरण गोस्वामी रचित 'ग़ज़ल चहारूम—हिन्दी जार जार रोती' छपी है। इसकी भाषा खड़ी बोली हिन्दी है। इस दौर में हिन्दी-उर्दू विवाद अपने चरम पर था। हिन्दी के रचनाकार उर्दू के ख़िलाफ़ और उर्दू के रचनाकार हिन्दी के विरोध में आग उगल रहे थे। इस रचना में हिन्दी अपना दुखड़ा सुनाती है।

'हिन्दुओं में मेरा कोई भी मददगार नहीं।
ज़िन्दगी ख़्वार है दिल को ज़रा करार नहीं॥ १॥
उर्दू करती अदालत में हज़ारों गल्ती।
तो भी घटता वहाँ उसका ज़रा इतबार नहीं॥ २॥
ज़ुल्म करती है हर रोज़ सरासर अफ़सोस।
सज़ा देती उसे तहम कभी सरकार नहीं॥ ३॥
हैफ़ सदहैफ़ किसी ने न ख़बर ली मेरी।
सुनी सरकार ने मुतलक मेरी पुकार नहीं॥ ४॥
मेरी फर्याद वहाँ तक अगर्चि पहुँची भी।
ख़ौफ से उर्दू के हुए मेरे इज़हार नहीं॥ ५॥
जहाँ में जल रहा है उर्दू का जल्वा ऐसा।
उसके दोस्तों का ज़मीं पर कहीं शुमार नहीं॥ ६॥
कहाँ जाकर के रहूँ हाय इलाही अब मैं।
कहीं पर हिन्द में मेरा रहा घर बार नहीं॥ ७॥

सन १८१३ ई. में विल्वर फोर्स एक्ट पास होने के बाद ईसाई मिशनरियों को अपने धर्म प्रचार की छूट मिली। धर्म प्रचार के लिए इन लोगों ने यहाँ की स्थानीय भाषा में धार्मिक साहित्य का अनुवाद छाप कर बाँटना शुरू किया। इनके धर्म प्रचार का लक्ष्य निम्न तबके की जनता थी। इस तबके

तक अपनी बात पहुँचाने के लिए इन लोगों ने अपना साहित्य तुक में (लावनी, कजरी जैसे लोकराग) बनाना शुरू किया। इस तरह के पद्य आम जनता आसानी से समझ लेती थी। जनता को ऐसे पद्य याद भी हो जाते थे। लिहाज़ा, पद्य रचना धर्म प्रचार में कारगर सिद्ध होने लगी। ईसाई मिशनरियों के अलावा आर्य समाजी प्रचारक भी ऐसा कर रहे थे। आम जनता तक अपनी बात पहुँचाने के लिए खड़ी बोली का प्रयोग करना स्वाभाविक था। यह दीगर बात है कि इन रचनाओं का काव्य मूल्य न के बराबर था। बावजूद इसके कविता की भाषा के तौर पर खड़ी बोली हिन्दी का प्रचार प्रसार हो रहा था। आर्य समाजी कार्यकर्त्ताओं द्वारा ऐसी कविताएँ लिखे जाने पर 'भारत जीवन' के सम्पादक रामकृष्ण वर्मा ने ५ मई, १८८४ ई. को अपनी पत्रिका में एक टिप्पणी लिखी कि 'आप जो कुछ लिखें कृपा कर गद्य में ही लिखें आर्य समाजी कवियों की नांई पद्य में लिखकर रही सही कविता की क्यों मिट्टी खराब करते हैं।''[१७]

'भारत जीवन' के सम्पादक रामकृष्ण वर्मा भारतेन्दु हरिश्चन्द्र के अच्छे मित्र और 'भारतेन्दु मण्डल' के सक्रिय सदस्य थे। इनकी भाषा-सम्बन्धी नीति भारतेन्दु हरिश्चन्द्र से मिलती-जुलती थी। उस दौर में उर्दू के ख़िलाफ़ हिन्दी की रचनाओं को छापने का एक बड़ा मंच 'भारत जीवन' था। भारतेन्दु की तरह इनका भी, स्वामी दयानन्द सरस्वती और आर्य समाज से गहरा विरोध था। भारतेन्दु ने तो अपनी एक लावनी में लिखा कि 'क्या तो गदहा को चना चढ़ावे की होई दयानन्द जाय हो दुई रंगी।'[१८] अलबत्ता भारतेन्दु मण्डल के साहित्यकारों को आर्य समाज की गतिविधियाँ पसन्द नहीं थीं। ये लोग आर्य समाज की आलोचना बढ़-चढ़ कर करते थे। जिस प्रकार तत्कालीन साहित्यकार आर्य समाज के समाज सुधार की चेतना को नहीं समझ पा रहे थे, उसी प्रकार धर्म के उद्देश्य से खड़ी बोली हिन्दी में बनाये तुकबन्दी के महत्त्व को भी नहीं समझ रहे थे। दरअसल, खड़ी बोली हिन्दी में तुकबन्दी की कोशिश इनके विचारों के प्रचार-प्रसार का ज़रिया मात्र थी। भारतेन्दु हरिश्चन्द्र के 'जातीय संगीत'[१९] शीर्षक आलेख में यही चेतना दिखती है। लिहाज़ा, जातीय संगीत के ज़रिये जन साधारण तक पहुँचने की कोशिश में 'बाइप्रोडक्ट' रूप से जातीय संगीत का विकास हुआ। वैसे ही खड़ी बोली हिन्दी में तुकबन्दी के ज़रिये 'बाइप्रोडक्ट' रूप से काव्य भाषा के तौर पर खड़ी बोली हिन्दी के लिए उपयुक्त ज़मीन

तैयार हुई। भले ही तुकबन्दी त्रुटिपूर्ण थी।

'खड़ी बोली का पद्य' छपने के बाद पक्ष-विपक्ष द्वारा जिन तर्कों का उपयोग किया गया, उनके ज़रिये उन्नीसवीं सदी के उत्तरार्द्ध की साहित्यिक (ख़ासकर भाषायी) राजनीति को समझा जा सकता है। इसका बारीकी से विश्लेषण करने पर उन्नीसवीं सदी के प्रगतिशील नायकों का व्यक्तित्व कई मुद्दों पर कमज़ोर दिखता है। अपनी साहित्यिक विरासत को जानने-समझने के लिए 'खड़ी बोली का पद्य' आन्दोलन के बाद हुए जिरह को विस्तारपूर्वक देखना ज़रूरी है। ग़ौरतलब है कि इस आन्दोलन का समर्थन कम लोगों ने किया। तत्कालीन ज़्यादातर बड़े साहित्यकारों ने इसका विरोध किया अथवा ढुलमुल रवैया अख़्तियार किया।

१ सितम्बर, १८८७ ई. को 'बिहार बन्धु' के 'चिट्ठी पत्री' स्तम्भ में 'खड़ी बोली का पद्य' के विरोध में एक ख़त छपा है। इसमें ख़त लिखने वाले के नाम की जगह 'एक हिन्दी भाषा हितैषी, मुंगेर' लिखा है। भारतीय अख़बार में 'खड़ी बोली का पद्य' के विरोध में यह पहली छपी आलोचना है—

> "हमने जहाँ तक आपकी खड़ी बोली के पद्य को देखा यथार्थ में उसको बेलगाम का घोड़ा पाया। हम देखते हैं कि खड़ी बोली का क्या ही अच्छा अभिप्राय है कि हमारे देश में जितने मूर्ख लेखक और अन्य देशीय लोग आकर जहाँ तक हमारी बोली को बिगाड़ें वह खड़ी बोली के मुंशी स्टाइल, पण्डित स्टाइल, मौलवी स्टाइल, यूरेशियन स्टाइल और यूरोपियन स्टाइल समझे जायें।...खड़ी बोली यथार्थ में इसकी उपयुक्ति (उपयुक्त) नहीं कि उसकी उन्नति की जाये और उसमें आर्य जाति के चलन, व्यवहार, धर्म, ज्ञान और पवित्र भाव इत्यादि भली भाँति रचे जायें और सब प्रकार की राग रागिनी आ सकें जिसमें यह देश सबसे बढ़ा हुआ है।"

अयोध्या प्रसाद खत्री आलोचना से बेपरवाह अपनी किताब साहित्य से जुड़े लोगों को नि:शुल्क भेज कर उनकी राय मांगते थे। लिहाज़ा, डॉ. ग्रियर्सन को भेजी और इस बाबत उनकी राय जानना चाहा। ६ सितम्बर, १८८७ ई. को डॉ. ग्रियर्सन ने खत्री के नाम एक ख़त लिख कर भेजा। इस ख़त में उन्होंने लिखा—

> "मेरा दृढ़ विश्वास है कि खड़ी बोली में कविता लिखने की सभी कोशिशें

असफल सिद्ध होंगी। इस मुद्दे पर बनारस के बाबू हरिश्चन्द्र से कुछ साल पहले चर्चा हो चुकी है और मैं उनके मत से पूरी तरह सहमत हूँ।''[२०]

बावजूद इसके खत्री जी अपनी किताब सबको भेजते रहे। अपने विचारों से लोगों को अवगत कराते रहे। यहाँ सवाल उठता है कि क्या 'बिहार बन्धु' के सम्पादक ने ख़ुद छद्म नाम से 'खड़ी बोली का पद्य' के विरोध में लिखा या किसी से लिखवाया था? 'बिहार बन्धु' की काव्य-भाषा-नीति से पता चलता है कि ऐसा सम्पादक ने नहीं लिखा या लिखवाया था। यह पत्र शुरू से खड़ी बोली कविता के लिए चिन्ता व्यक्त करता था। 'खड़ी बोली का पद्य' छपने के पहले डमी कापी के आधार पर इसके सम्पादक ने तारीफ़ करते हुए इसे ज़रूरी बताया था।[२१] यह क़ाबिलेग़ौर है कि 'बिहार बन्धु' अपने प्रकाशन के शुरुआती दौर से ही खड़ी बोली में पद्य रचना की सिफ़ारिश करता था। भारतेन्दु हरिश्चन्द्र ने होली के कई पदों की रचना की थी। 'मधु मुकुल' नाम से इन पदों का एक संग्रह छपा। १७ मार्च, १८८१ ई. के 'बिहार बन्धु' में भारतेन्दु रचित 'मधु मुकुल' की छपी समीक्षा से इस अख़बार की पद्य-भाषा-नीति का खुलासा होता है— 'बाबू साहब ने अच्छी-अच्छी होलियाँ सब ब्रज की भाषा में कही हैं। हिन्दी की खड़ी बोलचाल में एक भी नहीं, और एक ग़ज़ल कही भी है तो वह अच्छी नहीं है।' इससे पता चलता है कि खड़ी बोली में पद्य रचना के लिए यह अख़बार चिन्तित था। साथ ही, उर्दू की ग़ज़ल को खड़ी बोली हिन्दी की रचना मानता था। मतलब कि 'बिहार बन्धु' तत्कालीन कई साहित्यकारों की तरह खड़ी बोली हिन्दी, उर्दू में भेद नहीं करता था। 'बिहार बन्धु' ने भारतेन्दु की जिस ग़ज़ल का ज़िक्र करते हुए अच्छा नहीं माना है,वह है—

''गले मुझको लगा लो ऐ मेरे दिलदार होली में
बुझे दिल की लगी मेरी भी तो ये यार होली में।
...'रसा' गर जामे मैं ग़ैरों को देते हो तो मुझको भी
नशीली आँख दिखा कर करो सरशार होली में''[२२]

इतना ही नहीं 'खड़ी बोली का पद्य' पहला भाग छपने के बाद ८ सितम्बर, १८८७ ई. के 'बिहार बन्धु' ने अयोध्या प्रसाद खत्री के मकसद की तारीफ़ करते हुए लिखा—

''हमारी भी अत्यन्त अभिलाषा है कि हिन्दी पद्य की भाषा शीघ्र सुधारी जाये, इसके बहुरूपी होने के कारण कविताओं का मन डगमग रहता है। पद्य लिखने की शर्धा (श्रद्धा) नहीं होती। उचित है कि काव्य के रसिक लोग इस पुस्तक को मंगा कर एक बार अवलोकन करें। सरकारी पाठशालाओं में आज कल जिस प्रकार की पढ़ाई होती है, उसके लिए तो अत्यन्त सुयोग है।''

राधाचरण गोस्वामी और खड़ी बोली पद्य का आन्दोलन

राधाचरण गोस्वामी भारतेन्दु मण्डल के सक्रिय सदस्य थे। उन्होंने 'खड़ी बोली का पद्य' के विरोध में ११ नवम्बर सन्, १८८७ ई. को 'हिन्दोस्थान'[२३] में 'खड़ी बोली का पद्य' शीर्षक लेख लिखा। उसमें 'खड़ी बोली का पद्य' को 'अयोध्या प्रसाद लिखित' बताया है जबकि 'खड़ी बोली का पद्य' में अयोध्या प्रसाद खत्री की लिखी छोटी भूमिका है। इसमें खत्री की रची एक भी कविता नहीं है। खत्री ने इसका संकलन–सम्पादन किया था। इस लेख में राधाचरण गोस्वामी ने लिखा—

''आजकल हमारे कई भाइयों ने इस बात का आन्दोलन आरम्भ किया है कि जैसी हिन्दी में गद्य लिखा जाता है, वैसी हिन्दी में पद्य भी लिखा जाया करे। वास्तव में भाषा के दो ही स्वरूप हैं, गद्य और पद्य। जबकि हिन्दी गद्य की इतनी उन्नति हुई है तब हिन्दी पद्य की भी उतनी उन्नति नहीं तो कुछ तो होनी चाहिए। इस मत का पोषण करने वालों से हमारी एक प्रार्थना है, वह यह है कि हमारी वर्तमान हिन्दी जो है वह ब्रजभाषा, कान्यकुब्ज, शौरसेनी, बैसवाड़ी, बिहारी, अन्तर्वेदी, बुन्देलखंडी आदि कई भाषाओं के शब्दों से बनी है। थोड़े दिन पहले हिन्दी का कोई विशुद्ध रूप न था, अब इसको एक स्वतन्त्र भाषा भी कह सकते हैं,पर वस्तुतः ब्रजभाषा आदि से इसका भेद नहीं। अब इस प्रकार की भाषा में छन्द रचना करने में कई आपत्ति है। प्रथम तो भाषा के कवित्त, सवैया आदि छन्दों में ऐसी भाषा का निर्वाह नहीं हो सकता और यदि किया भी जाता है तो बहुत भद्दा मालूम होता है। तब भाषा के प्रसिद्ध छन्द जोड़ कर उर्दू के बैत, शेर, ग़ज़ल आदि का अनुकरण करना पड़ता है। पर फ़ारसी शब्दों के होने से उसमें भी साहित्य नहीं आता। फिर जब काव्य में हृदयग्राही गुण नहीं हुआ तो ऐसे काव्य की रचना ही व्यर्थ है। दूसरा यह कि चन्द के समय से बाबू हरिश्चन्द्र तक जो कविता हुई है वह

सब ब्रजभाषा में हुई और सब पण्डितों ने संस्कृत के अनन्तर 'भाषा' शब्द से इसी का व्यवहार किया। इससे साहित्य की जैसी उन्नति है, संस्कृत के बिना किसी भाषा के साहित्य की उतनी उन्नति नहीं और सिवाय क्रियापदों के हिन्दी से इसका भेद भी नहीं। तब इतने बड़े अमूल्य रत्न भण्डार को छोड़ कर नये कंकर पत्थर चुनना हिन्दी के लिए कुछ सौभाग्य की बात नहीं वरंच इस ब्रजभाषा के भण्डार को हिन्दी से निकाल देने से फिर हिन्दी में क्या गौरव की सामग्री रह जायेगी ? पृथ्वीराज रासो, सूरसागर, तुलसीकृत रामायण, बिहारी सतसई, पद्माकर, देव, आनन्दघन की अमृतमयी कविता को तिलांजलि दे दीजिए, फिर क्या हज़ार वर्ष में भी इतनी हिन्दी कविता आप इकट्ठी कर सकेंगे ? तीसरा, हमारी कविता की भाषा अभी मरी नहीं है, जीती है, तब फिर इसमें क्यों न कविता की जाये ? चौथा, संस्कृत नाटकों में साहित्य के लालित्य के लिए संस्कृत, प्राकृत, पैशाची कई भाषा व्यवहार की गयी है, तो यदि हम हिन्दी साहित्य में दो भाषा व्यवहार करें तो क्या चोरी है ? पांचवां, इस समय में हमारे परम आतुर आर्य समाजी और मिशनरी आदिकों ने भाषा साहित्य की रीति और अलंकार आदि बिना जाने, कविता लिखने का आरम्भ करके अपने हास्य के सिवाय, काव्य की भी उलटे छुरे से ख़ूब हजामत की है और इस पिशाची कविता से अपने समाज का भी ख़ूब मुख नीचा किया है। बस यह खड़ी बोली की कविता भी पिशाची नहीं तो डाकिनी अवश्य कवि समाज में मानी जायेगी। इत्यादि कई कारणों से हम खड़ी बोली पद्य के विरोधी हैं।''[२४]

राधाचरण गोस्वामी के इन आरोपों का खण्डन श्रीधर पाठक ने २० दिसम्बर, १८८७ ई. के 'हिन्दोस्थान' में 'खड़ी बोली का पद्य' शीर्षक लेख में किया। इस लेख में श्रीधर पाठक ने राधाचरण गोस्वामी सरीखे विद्वान द्वारा 'दुर्वाक्य और असंगत, असभ्य वचनों का बर्ताव' किये जाने पर चिन्ता व्यक्त करते हुए कहा कि जिन छन्दों में ब्रजभाषा की कविता की जाती है, उन्हीं छन्दों में खड़ी बोली की कविता लिखी जाये, यह आवश्यक नहीं है। घनाक्षरी, सवैया इत्यादि अनेक छन्द ऐसे हैं जिनमें खड़ी बोली कविता बड़ी सुघरायी के साथ आ सकती है। उन्होंने गोस्वामी से सवाल पूछा कि आख़िर 'कैसे निश्चय किया कि कविता इत्यादि में खड़ी बोली व्यवहृत नहीं हो सकती ?' श्रीधर पाठक ने भरोसा दिलाया कि जब आवश्यकता होगी, प्राय: प्रत्येक छन्द इस भाषा में दिखला दिया जायेगा। श्रीधर पाठक ने ठीक पूछा कि चन्द से हरिश्चन्द्र तक हिन्दी की सारी कविताएँ यदि ब्रजभाषा में हुई हैं तो भी यह क्यों आवश्यक है कि आगे

भी सारी कविताएँ इसी बोली में हों? उनका मानना था कि दोनों में हो,'ब्रजभाषा में भी और खड़ी साधु भाषा में भी वरंच खड़ी बोली में कई कारणों से कविता की विशेष आवश्यकता है।' उन्होंने ठीक बताया कि इन प्रान्तिक बोलियों (जिसे राधाचरण गोस्वामी ने बताया था) के साथ फ़ारसी, अरबी, तुर्की के शब्दों का भी सम्पर्क है। चन्द से लेकर हरिश्चन्द्र तक की काव्य भाषा को ब्रजभाषा मानना बिलकुल ग़लत है। इस बाबत भारतेन्दु ने १८८३ ई. में लिखे एक लेख 'हिन्दी भाषा' में सही लिखा है कि 'यह नियम अकबर के समय से पूर्व नहीं था, क्योंकि मोहम्मद मलिक जायसी और चन्द की कविता विलक्षण ही है और वैसे ही तुलसीदास जी ने भी ब्रजभाषा का नियम भंग कर दिया।''[२५] श्रीधर पाठक ने राधाचरण गोस्वामी के मत का खण्डन करने के लिए उनके आरोपों का विश्लेषण करते हुए इसी लेख में लिखा—

> ''ऊपर लिखे हुए प्रान्तों का विस्तार अधिक से अधिक पानीपत से पटने तक हिमालय की तराई से विन्ध्यांचल की तलहटी तक है और इसी बीच में ब्रजभाषा का पद्य अच्छी तरह समझा और पढ़ा लिखा जाता है। बंगाली, गुजराती, मरहठे और मदरासियों को ब्रजभाषा की कविता ऐसी ही है जैसी उन लोगों की भाषा की कविता हम लोगों को हो। कारण इसका यही है कि ब्रजभाषा विशेषकर पद्य की ब्रजभाषा एक ऐसी भाषा है कि बोलने में कम प्रचलित है। यहाँ तक कि अपने मुख्य देशवालों की समझ में भी कभी-कभी नहीं आती और गद्य से वह नितान्त बहिर्गत है। गद्य सब खड़ी बोली ही के अधिकार में है और यह खड़ी बोली इतनी प्रचलित है कि भारतवर्ष के सब खण्डों में थोड़ी बहुत समझी जाती है। वास्तव में, ठेठ हिन्दुस्तानी जो साधारण उर्दू कहलाती है और साधारण खड़ी हिन्दी में कुछ भी भेद नहीं है। अन्तर उस समय हो जाता है जबकि उर्दू में अधिकतर फ़ारसी के और हिन्दी में अधिकांश संस्कृत के अप्रचलित शब्दों का बर्ताव किया जाता है। इस हिन्दुस्तानी वा हिन्दी का प्रचार भारतवर्ष में इतना विस्तृत है कि योरोपियन इसे यहाँ की Lingua Franca फ्रेंच जबान करके समझते हैं और ठीक है। जब अंगरेजी बिना पढ़े बंगाली और मरहठे अथवा मद्रासी और गुजराती आपस में बात करते हैं तो इसी हिन्दी भाषा का आश्रय लेते हैं।''[२६]

राधाचरण गोस्वामी ने आश्चर्यजनक रूप से 'पृथ्वीराज रासो' और 'तुलसी रामायण' को ब्रजभाषा काव्य के उदाहरणस्वरूप पेश किया है। गद्य खड़ी बोली हिन्दी में और पद्य ब्रजभाषा में, को बेहतर मानते हुए गोस्वामी जी

ने लिखा है कि 'संस्कृत नाटकों में साहित्य के लालित्य के लिए संस्कृत, प्राकृत, पैशाची कई भाषा व्यवहार की गयी हैं।' ग़ौरतलब है कि यह कथन संस्कृत नाटकों के युग की नाट्य भाषा में छिपी वर्चस्ववादी विचारधारा को नहीं समझने का नतीजा है। संस्कृत नाटकों में द्विज पुरुष पात्र संस्कृत में संवाद बोलता है जबकि स्त्री और शूद्र पात्र प्राकृत, पैशाची आदि लोक भाषाओं में। इसे 'साहित्यिक लालित्य' समझना तत्कालीन भाषायी विभेदकारी शोषणमूलक संरचना को नहीं समझने का परिणाम है अथवा 'साहित्यिक लालित्य' के नाम पर उस विचारधारा को छिपाने की कोशिश। यहाँ यह उल्लेख करना ज़रूरी है कि 'हिन्दोस्थान' के सम्पादक मदनमोहन मालवीय ने २० दिसम्बर, १८८७ ई. के अंक में श्रीधर पाठक के लेख के साथ सम्पादकीय टिप्पणी लिख कर खड़ी बोली काव्य भाषा के प्रति अपने समर्थन का इज़हार किया था। अयोध्या प्रसाद खत्री ने जो बात कही थी और 'खड़ी बोली का पद्य' की सिफ़ारिश की थी, मालवीय जी ने उसे दोहराया है।[२७] अपने लेख का जवाब और 'हिन्दोस्थान' की सम्पादकीय टिप्पणी पढ़ कर राधाचरण गोस्वामी ने 'प्रतिवाद' लिखा। यह १५ जनवरी, १८८८ ई. के 'हिन्दोस्थान' में छपा—

> ''जो मैंने पिशाची, डाकिनी आदि खड़ी बोली की कविता को लिखा है वह यथार्थ है।...मेरे मित्र (श्रीधर पाठक) का यह कथन और इसकी बड़ी उत्तेजना कि ब्रजभाषा की कविता सब देशों में नहीं समझी जा सकती, खड़ी बोली की कविता सब देशवासी समझेंगे, भ्रम है। हमें कृपा करके उन शब्दों को बतला दें जो ब्रजभाषा में नहीं हैं, और हिन्दी में हैं या ब्रजभाषा में कठिन और हिन्दी में सरल है। कविता का समझना साधारण नहीं है, उसके लिए कुछ ज्ञान अवश्य सापेक्ष (अपेक्षित) है।...यदि कविता के मनोहारित्व आदि गुणों पर दृष्टि न देकर केवल छन्दोबद्ध कर देना ही अभिप्राय है, तो फिर गद्य ने क्या चोरी की? छन्द में लिखने की क्या आवश्यकता है? जिस प्रकार से छन्द बनाये जाते हैं उस प्रकार से कोई नहीं बोलता? फिर जबकि ब्रजभाषा और हिन्दी में कुछ अन्तर नहीं है, जबकि हिन्दी के बड़े-बड़े विद्वानों ने अपने उत्तम-उत्तम ग्रन्थों में इसी का प्रयोग किया है, जबकि यह भाषा काव्य के सर्वगुणों से सुशोभित है, जबकि हमारे देश के कवियों की यही भाषा है, जबकि खड़ी बोली मधुर कविता के उपयुक्त नहीं, तब क्या आवश्यक है कि इसी का आग्रह किया जाय?...हमारे मित्र का यह अभिप्राय नहीं कि ब्रजभाषा की कविता लुप्त हो और जब तक जगत में काव्य की

चर्चा है ऐसा होना असम्भव है, तथापि हमारे दूसरे मित्र अयोध्या प्रसाद जी तो ब्रजभाषा की कविता को हिन्दी से दूध की मक्खी की तरह निकालना चाहते हैं। खड़ी बोली में कविता करने की लालसा उन्हीं लोगों को विशेष होती है जो ब्रजभाषा में न कविता कर सकते हैं न काव्य के तत्व को जानते हैं और कविता करने को आतुर हैं। जो इससे भिन्न प्रकृति के मनुष्य हैं वह कभी ऐसे मत को (सिवाय हमारे मित्र के) स्वीकार नहीं कर सकते। नितान्त इस पक्ष में ब्रजभाषा की कविता को हिन्दी से निकाल देने से ब्रजभाषा की भी हानि है। हम नहीं जानते कि तब हिन्दी पद्य के स्थान में हमारे मित्र किस कविता को लेकर हिन्दी काव्य का अभिमान करेंगे? और किसके आधार पर हिन्दी काव्य रचना करेंगे? हम अनुमान करते हैं कि यदि खड़ी बोली हिन्दी की कविता की चेष्टा की जाय तो फिर खड़ी बोली के स्थान में थोड़े दिनों में ख़ाली उर्दू की कविता का प्रचार हो जाय। इधर गद्य में सरकारी पुस्तकों में फ़ारसी शब्द घुस ही पड़े, उधर पद्य में भी फ़ारसी भरी गयी तो सहज ही झगड़ा निपटा...।''[२८]

राधाचरण गोस्वामी के इस लेख का जवाब श्रीधर पाठक ने 'खड़ी हिन्दी में कविता' शीर्षक लेख लिख कर दिया। यह लेख ३ फ़रवरी और ४ फ़रवरी, १८८८ ई. के 'हिन्दोस्थान' में छपा। गोस्वामी ने 'प्रतिवाद' में पाठक के मत 'ब्रजभाषा की कविता सब देशों में नहीं समझी जाती और खड़ी भाषा की कविता सब समझ सकेंगे' को भ्रम कहा था। जबकि २० दिसम्बर को छपे आलेख में श्रीधर पाठक ने प्रमाण के साथ इसे साबित किया था। फिर भी राधाचरण गोस्वामी ने उसे भ्रम कहा है तो क्या कहा जाय? श्रीधर पाठक ने आगे ठीक लिखा है—

> ''ब्रज भाषा और खड़ी हिन्दी का पद्य व गद्य लिखने व समझने के लिए व्याकरण सम्बन्धी भिन्न-भिन्न नियमों का ज्ञान अपेक्षित है...और जिन्हें जनभाषा को प्रान्तिक अंगों से सम्यक अभिज्ञता प्राप्त नहीं है वे उसके काव्य को झटिति व सुगमता से नहीं समझ सकते।''[२९]

राधाचरण गोस्वामी ने उन शब्दों के बारे में पूछा था जो ब्रजभाषा में नहीं हैं या खड़ी बोली की अपेक्षा कठिन हैं। श्रीधर पाठक ने विस्तारपूर्वक, उदाहरण के साथ इस सवाल का जवाब दिया है। उन्होंने कविता को समझने के लिए केवल उस भाषा का सम्यक ज्ञान ज़रूरी माना, जिसकी कविता समझना उद्देश्य हो, क्योंकि भाषा के ज़रिये भाव समझा जा सकता है। क़ाबिलेग़ौर है कि श्रीधर पाठक उत्कृष्ट कविता उसे मानते हैं जिसके

द्वारा अपूर्व भाव सुगम शब्दों में प्रकाशित है। इसके साथ ही अलंकार जानने-पहचानने को कविता समझने की शर्त मानने से इन्कार करते हैं। राधाचरण गोस्वामी ने खड़ी बोली को मधुर कविता के लिए उपयुक्त नहीं माना था; इसके जवाब में श्रीधर पाठक ने खड़ी बोली कविता की उत्कृष्टता व मधुरता साबित करने के लिए कई छन्दों में स्व रचित कविता उदाहरणस्वरूप दिखायी। उस दौर में खड़ी बोली में रचना करने वाले कवियों की तादाद काफ़ी कम थी। इसलिए श्रीधर पाठक को अपनी रची कविता उदाहरण के तौर पर रखनी पड़ी। आगे जवाब देते हुए उन्होंने लिखा—

> ''खड़ी हिन्दी की कविता अभी बाल्यावस्था में है, अभी इसका आरम्भ ही है। अभी कवियों ने अपनी शक्ति को इस पर भलीभाँति परीक्षित नहीं किया तो फिर क्यों कर कहा जा सकता है कि इसकी कविता में कविता के गुण नहीं आ सकते वा इसकी भाषा काव्योपयोगी नहीं है? एक साथ ही कोई कार्य उत्कृष्टता की परमावधि को नहीं पहुँच सकता। बाल्मीकि के काव्य में जो कि संस्कृत का आदिकाव्य समझा जाता है उतने मनोहारित्व आदि गुण कहाँ हैं जितने उसके पीछे वाले कालिदास आदि के लेखों में है। इस संसार में एक वस्तु एक ही बार उन्नति के उच्च शिखर पर चढ़ती है फिर या तो स्थिर हो जाती है या फिर गिर जाती है। ब्रजभाषा की कविता कई बातों में उन्नति की पराकाष्ठा से भी परे पहुँच चुकी है और यद्यपि अनेकों (अनेक) अन्य बातों में उसे उन्नति की समाई है पर अवसर नहीं। ब्रजभाषा की कविता को अब यदि अवसान नहीं तो विश्राम लेने का समय अवश्य आ पहुँचा है—उसको अधिक श्रम देना आवश्यक नहीं।''[३०]

राधाचरण गोस्वामी का सवाल था कि किसके आधार पर खड़ी बोली के समर्थक हिन्दी कविता की रचना करेंगे? इसका जवाब देते हुए श्रीधर पाठक ने लिखा है—

> ''हम लोग ब्रजभाषा और खड़ी बोली भाषा दोनों की कविता से अपनी आराध्य हिन्दी को द्विगुणित, चतुरगुणित आभूषण पहना कर और विधि रीति से उसके 'अटल' भंडार को बढ़ा कर उसके असीम वैभव के सदा अभिमानी होंगे और दोनों का आधार साधार रखेंगे।''[३१]

राधाचरण गोस्वामी की सबसे बड़ी चिन्ता थी कि खड़ी बोली में कविता रचने से थोड़े दिनों बाद केवल उर्दू कविता का प्रचार हो जायेगा और

कविता में भी फ़ारसी घुस जायेगी। श्रीधर पाठक ने गोस्वामी की चिन्ता दूर करने के लिए लिखा—

> "खड़ी हिन्दी की कविता में उर्दू नहीं घुसने पावेगी। जब हम हिन्दी की प्रतिष्ठा के परीक्षण में सदा सचेत रहेंगे तो उर्दू की ताव क्या जो चौखट के भीतर पाँव रख सके। सर्कार अपने स्कूलों की हिन्दी में अप्रचलित उर्दू शब्दों का बर्ताव कराती है, पर हिन्दी के पक्षपाती तो उसके अनुयायी नहीं, हिन्दी के गद्य पद्य की उन्नति हम लोगों पर निर्भर है, सरकार पर नहीं।"[३२]

राधाचरण गोस्वामी की पहली चिन्ता को वक़्त ने निराधार साबित कर दिया है। खड़ी बोली में कविता रचने से केवल उर्दू कविता का प्रचार होगा—यह चिन्ता बेबुनियाद थी। गोस्वामी की दूसरी चिन्ता 'कविता में फ़ारसी घुस जायेगी'—दरअसल खड़ी बोली काव्यभाषा के विरोध का सबसे बड़ा कारण था। क़ाबिलेग़ौर है कि इस मुद्दे पर 'खड़ी बोली का पद्य' के विरोधी राधाचरण गोस्वामी और समर्थक श्रीधर पाठक की भाषा नीति समान है। फ़र्क़ इतना है कि गोस्वामी को डर है कि खड़ी बोली में कविता रचने पर कविता में फ़ारसी घुस जायेगी। जबकि श्रीधर पाठक को इसका डर नहीं है। वे उर्दू फ़ारसी से अपनी हिन्दी कविता को चाक चौबन्द रखने का विश्वास प्रगट करते हैं। 'हिन्दी के पक्षपातियों' पर श्रीधर पाठक को विश्वास है कि वे सरकार की नीति का अनुयायी बने बग़ैर हिन्दी कविता की रक्षा करेंगे।

स्कूली हिन्दी में फ़ारसी शब्दों के प्रयोग से गोस्वामी का डर बढ़ गया था। श्रीधर पाठक हिन्दी के गद्य व पद्य की उन्नति को अपने जैसे हिन्दी के पक्षपातियों पर निर्भर मानते थे। सरकार की इस नीति से वे हिन्दी गद्य-पद्य बचाने की दिलासा दे रहे थे। उल्लेखनीय है कि सरकार की उक्त नीति से हिन्दी एवं उर्दू क़रीब आ रही थी। यह स्वाभाविक भी था। हिन्दी व उर्दू को क़रीब लाना वैसे ही तत्कालीन ऐतिहासिक और राजनैतिक ज़रूरत थी, जैसे गद्य व पद्य की भाषा में एकरूपता लाना। समूचे हिन्दी इलाक़े को एक सूत्र में बाँधने के लिए यह आवश्यक कदम था। यह ऐतिहासिक विडम्बना है कि ब्रजभाषा कविता के पक्षधर राधाचरण गोस्वामी और खड़ी बोली कविता के पक्षकार श्रीधर पाठक इस सवाल पर एक साथ खड़े थे। आख़िर इसके पीछे क्या वजह थी? लल्लूलाल 'प्रेमसागर' में प्रचलित एवं आमफहम 'यावनी' शब्दों का प्रयोग क्यों

नहीं कर रहे थे? जिस प्रकार 'यवन' के कदम रखने मात्र से कृष्ण मन्दिर या भक्त का घर अपवित्र हो जाता था, उसी प्रकार कृष्ण भक्ति से जुड़ी रचनाएँ भी 'यावनी' शब्दों के प्रयोग से अपवित्र जो हो जातीं! यही वजह थी कि 'यावनी' शब्दों से हिन्दी को बचाने की जद्दोजहद चल रही थी। 'यावनी' शब्द से हिन्दी को बचाने के प्रयास में कृत्रिम और अस्वाभाविक हिन्दी गढ़ना इन लोगों को गवारा था। अपनी इसी मानसिकता के कारण तत्कालीन लेखकों का एक तबका खड़ी बोली हिन्दी गद्य से उर्दू-फ़ारसी के आमफहम शब्दों को छाँट कर, अप्रचलित संस्कृतनिष्ठ शब्दों का प्रयोग करता था। गोया इसके जरिये 'पवित्र' हिन्दी भाषा गढ़ी जा रही थी। खड़ी बोली के एक साहित्यिक रूप उर्दू में ज़्यादातर मुस्लिम रचनाकार रचनाएँ कर रहे थे। इसमें फ़ारसी शब्दों का खुलकर प्रयोग भी होता था। यही वजह थी कि राधाचरण गोस्वामी, श्रीधर पाठक सरीखे रचनाकार इस भाषा से दूरी कायम कर रहे थे। इसकी पुष्टि राधाकृष्ण दास के इस बयान से होती है—'खड़ी बोली को मुसलमान जाति ने उर्दू बना कर ग्रहण कर लिया, इसलिए हिन्दुओं ने विशेष आग्रह ब्रजभाषा की ओर किया।''[३३] 'यावनी' शब्दों के प्रति वैष्णव सम्प्रदाय के लोगों के रवैये का पता राधाचरण गोस्वामी के इस बयान से चलता है कि 'मैं जिस कुल में उत्पन्न हुआ उसमें अँग्रेज़ी पढ़ना तो दूर है, यदि कोई फ़ारसी, अँग्रेज़ी का शब्द भूल से भी मुख से निकल जाये तो बहुत पश्चाताप करना पड़े।'[३४] राधाकृष्ण दास ने भी लिखा है कि...'श्री वल्लभाचार्य जी के सम्प्रदाय में अब तक यह प्रथा है कि भगवत्सेवा के समय ब्रजभाषा का बोला जाना ही उचित समझा जाता है, यावनी शब्दों का प्रयोग निषिद्ध है।''[३५] इस आधार पर कहा जा सकता है कि राधाचरण गोस्वामी सरीखे विद्वान 'खड़ी बोली का पद्य' का विरोध धार्मिक आग्रह की वजह से ही कर रहे थे।

दरअसल, अयोध्या प्रसाद खत्री की भाषा-नीति के कारण पश्चिमोत्तर प्रान्त के साहित्यिकारों की नीति से इसकी टकराहट अनिवार्य थी। खत्री को आमफहम उर्दू-फ़ारसी शब्दों से परहेज़ नहीं था। वे आदर्श हिन्दी के लिए इनका प्रयोग बिलकुल जायज़ मानते थे। इसके साथ ही वे ब्रजभाषा की बजाय खड़ी बोली के एक साहित्यिक रूप उर्दू की विकसित काव्य परम्परा के आधार पर खड़ी बोली हिन्दी काव्य की सिफ़ारिश कर रहे थे।

वे ब्रजभाषा की तुलना में उर्दू को हिन्दी के समीप मानते थे। खत्री की यह मान्यता भाषाशास्त्र की दृष्टि से सही थी लेकिन भारतेन्दु मण्डल के साहित्यकारों के धार्मिक हठ के पक्ष में नहीं थी। खत्री 'मुंशी स्टाइल या मुंशी हिन्दी' को हिन्दी भाषा का आदर्श नमूना मानते थे। 'मुंशी हिन्दी' वह भाषा है जिसमें संस्कृत और अरबी-फ़ारसी के कठिन और अप्रचलित शब्दों का प्रयोग नहीं होता है। भारतेन्दु मण्डल के साहित्यकार संस्कृतनिष्ठ हिन्दी के पक्षधर थे, जिसे खत्री 'पण्डित हिन्दी' कहते थे। उस दौर में हिन्दी और उर्दू को क़रीब लाने के मकसद से अयोध्या प्रसाद खत्री मुसलमानों से 'मोलवी हिन्दी' तथा हिन्दुओं से 'पण्डित हिन्दी' छोड़ने की माँग कर रहे थे। इसके साथ ही हिन्दुओं और मुसलमानों से 'मुंशी हिन्दी' को स्वीकार करने की वकालत भी कर रहे थे। खत्री की यह भाषा-नीति राय सोहनलाल और राजा शिवप्रसाद 'सितारेहिन्द' की भाषा-नीति के क़रीब थी। भारतेन्दु मण्डल के साहित्यकार राजा शिवप्रसाद 'सितारे हिन्द' की भाषा-नीति के विरोधी थे। भारतेन्दु मण्डल के साहित्यकारों का विरोध राजा शिवप्रसाद की भाषा-नीति तक ही सीमित नहीं था। बल्कि व्यक्तिगत जीवन में भी हर मोर्चे पर, विरोध हो रहा था। राजा शिवप्रसाद 'सितारेहिन्द' का परिचय देते हुए राधाचरण गोस्वामी द्वारा 'भारतेन्दु' के पहले अंक में लिखी निम्न बातों से विरोध के स्वर एवं स्तर का पता चलता है—

> "कई समाचारपत्रों ने राजा साहब से पूछा है आप कौन हैं ? हम राजा साहब की ओर से जवाब देते हैं। राजा साहब कन्नौज के राजा जयचन्द हैं। राजा साहब मुर्शिदाबाद नाशकारी अमीचन्द हैं। राजा साहब लंकाधिपति के भाई विभीषण हैं। राजा साहब इंगलिसमैन और पाईनियर वा सिविल मिलिटरी गजट के जीवयोग हैं...राजा साहब हिन्दुस्तान की फूट के ताजे नमूना हैं...विशेष क्या राजा यथार्थ ही शिव हैं। जैसे शिव के कण्ठ में विष है उसी प्रकार उनके कण्ठ में विष है। इन्हीं के उच्छिष्ट विष को लेकर इंगलिशमैन, पाइनियर, सर्प ब्रान्सन आदि बिच्छू और कविवचनसुधा आदि मच्छर लहरा रहे हैं। जिसे जीने की इच्छा हो, वह इन्हें और इनके भूत प्रेत परिकर को सहस्र हस्त से प्रणाम करे। राजा साहब हिन्दुस्तान की उन्नति की प्रलय के लिए त्रिनेत्र, त्रिशूलधारी, महाकाल, विकराल, गुंडमान, सर्वांगपूरित व्याल, श्मशानवासी, अविनाशी शिव हैं... ।"[३६]

पश्चिमोत्तर प्रान्त में भारतेन्दु मण्डल के साहित्यकारों का राजा शिवप्रसाद 'सितारैहिन्द' से सत्ता संघर्ष चल रहा था। राधाचरण गोस्वामी का उपरोक्त कथन 'कविवचन सुधा' की सरकारी ख़रीद बन्द होने के बाद राजा शिवप्रसाद के विरोध में खुल कर सामने आने के बाद का है। इतिहास के उस दौर में अयोध्या प्रसाद खत्री की भाषा-नीति का राजा शिवप्रसाद की भाषा-नीति के क़रीब होना, भारतेन्दु मण्डल के साहित्यकारों को गवारा न था। अयोध्या प्रसाद खत्री ने लिखा—

> "प्रेमसागर के स्टाइल को (का) लोग अनुकरण करने लगे और उसी स्टाइल को आधुनिक हिन्दी समझने लगे। इस खड़ी बोली के पहिले लिखैया First writer, यदि राय सोहनलाल अथवा राजा शिवप्रसाद होते तो इतना बखेड़ा न होता।"[३७]

उन्नीसवीं सदी के उस दौर में हिन्दी-उर्दू विवाद अपने चरम पर था। भाषा के ज़रिये सरकारी नौकरी पाने की होड़ में, पश्चिमोत्तर प्रान्त में, हिन्दी-उर्दू के इस विवाद को तत्कालीन बुद्धिजीवियों ने साम्प्रदायिक रंग प्रदान किया था। हिन्दी के रचनाकार उर्दू के ख़िलाफ़ रचनाएँ कर रहे थे तथा उर्दू के रचनाकार हिन्दी के ख़िलाफ़। इसी प्रक्रिया में हिन्दी संस्कृतनिष्ठ होती जा रही थी और उर्दू में अरबी व फ़ारसी के कठिन शब्द भरे जा रहे थे। ऐसे माहौल में, अयोध्या प्रसाद खत्री की सुलहपरक भाषा नीति 'भारतेन्दु मण्डल' के रचनाकारों को पसन्द नहीं आयी। क़ाबिलेग़ौर है कि 'खड़ी बोली का पद्य' के पक्ष में सर्वाधिक मुखर श्रीधर पाठक—खड़ी बोली में कविता होनी चाहिए—सिर्फ़ इस मुद्दे पर अयोध्या प्रसाद खत्री के साथ थे। यह कविता किस हिन्दी में होनी चाहिए? इस मुद्दे पर दोनों के विचार अलग-अलग थे। इस सवाल पर खत्री 'मुंशी हिन्दी' का पक्ष लेते थे जबकि श्रीधर पाठक 'पण्डित हिन्दी' का। 'मुंशी हिन्दी' में आमफहम उर्दू व फ़ारसी शब्दों से परहेज़ नहीं था। 'पण्डित हिन्दी' में उर्दू-फ़ारसी शब्दों से परहेज़ किया जाता था।

राजा शिवप्रसाद और खड़ी बोली का पद्य

ऐतिहासिक विडम्बना थी कि भाषा नीति क़रीब होने के बावजूद अयोध्या प्रसाद खत्री के 'खड़ी बोली का पद्य' को राजा शिवप्रसाद 'सितारैहिन्द'

का भी समर्थन नहीं मिला। राजा शिव प्रसाद 'भारतेन्दु मण्डल' के बरअक्स दूसरी बड़ी हस्ती थे। खत्री ने इनको किताब भेज कर राय माँगी थी। २१ सितम्बर, १८८७ ई. को अँग्रेज़ी में लिखी चिट्ठी में राजा शिवप्रसाद ने खत्री को लिखा—

> "मैं रिटायर्ड ज़िन्दगी जी रहा हूँ। मेरे पास इतना समय नहीं है कि किताब पढ़ कर इसके बारे में अपनी राय भेजूँ।"[३८]

अयोध्या प्रसाद खत्री ने राजा शिवप्रसाद के पत्र को अपनी किताब में छाप कर उसके नीचे एक टिप्पणी लिखी है—

> "इस चिट्ठी के छापने का प्रयोजन यह है कि लोग ऐसा न कहें कि राजा शिवप्रसाद 'सितारैहिन्द' से इस विषय में राय क्यों न ली गयी। बाबू हरिश्चन्द्र और राजा शिवप्रसाद दोनों ने हिन्दी की ममता छोड़ दी। भारतेन्दु तो स्वर्ग transfer हो गये परन्तु राजा साहब ने मृतलोक में रहते ही हिन्दी का सेह (साथ) छोड़ दिया।[३९]

यह ग़ौरतलब है कि अयोध्या प्रसाद खत्री के लिए आदर्श भाषा राजा शिवप्रसाद 'सितारैहिन्द' की भाषा नहीं थी। वह राय सोहनलाल की भाषा को आदर्श मानते थे। राय सोहन लाल और राजा शिवप्रसाद की भाषा में फ़र्क़ करते हुए खत्री ने लिखा है—

> "राजा शिवप्रसाद के स्टाइल और राय सोहनलाल के स्टाइल में कुछ अन्तर है। राजा शिवप्रसाद जब हिन्दी को फ़ारसी अक्षरों में लिखते हैं तो कुछ शब्द बदल देते हैं परन्तु बहुत कम। 'विद्यांकुर' ७८ पृष्ठ की पुस्तक है, फ़ारसी अक्षरों हकायकुल मौजूदात के नाम से जब इसको लिखा है तो ६६ शब्द बदल दिये हैं और उनकी फिहरिश्त किताब के अन्त में लिख दी है। राय सोहनलाल ने scientific terms को भी मौलवी और पण्डित के बीच के स्टाइल में जिसको मैं 'मुंशी स्टाइल' और यूरोपियन विद्वान हिन्दुस्तानी कहते हैं—निर्माण किया है। दोनों अक्षरों में एक ही स्टाइल लिखते हैं। शब्द कुछ भी नहीं बदलते, दोनों अक्षरों में पुस्तकों का एक ही नाम रचाते हैं। शुद्ध हिन्दुस्तानी आप ही लिखते हैं। मैं उनके tone और accent के विषय में उनसे नहीं मिलता। राजा शिवप्रसाद का accent राय सोहनलाल से उत्तम है।...राजा शिवप्रसाद का फ़ारसी और नागरी अक्षरों में पुस्तकों का भिन्न-भिन्न नाम रखना और किताबों में जुदे-जुदे अक्षरों के कारण जुदे शब्दों की फेहरिश्त देना मेरी समझ में ठीक नहीं है। हिन्दुस्तानी स्टाइल लिखने के

> उद्देश्य से यह विरुद्ध है। हिन्दुस्तानी स्टाइल लिखने वालों को ठेठ हिन्दी के शब्दों पर भी ध्यान देना चाहिए।''[४०]

'खड़ी बोली का पद्य' का समर्थन उस दौर में गिने चुने लोगों ने किया। अयोध्या प्रसाद खत्री के मकसद को बग़ैर समझे कई लोगों ने इसका पुरज़ोर विरोध किया। ब्रजभाषा के जिन रचनाकारों ने खड़ी बोली के लोकरागों—लावनी, ख़याल, ठुमरी, को प्रश्रय दिया था, अब बन्द कर दिया।

बालकृष्ण भट्ट और खड़ी बोली का पद्य आन्दोलन

बालकृष्ण भट्ट 'भारतेन्दु मण्डल' के एक प्रमुख साहित्यकार और 'हिन्दी प्रदीप' के सम्पादक थे। 'खड़ी बोली का पद्य' ने जिस काव्य भाषा और आन्दोलन का सूत्रपात किया, उस पर इनका क्या रुख़ था? इन्होंने 'हिन्दी प्रदीप' (१ अक्टूबर, नवम्बर, दिसम्बर, १८८७) के 'पुस्तक प्राप्ति' स्तम्भ में लिखा—

> ''हम अपनी पद्यमयी सरस्वती को किसी दूसरे ढंग पर उतार मैली और कलुषित नहीं करना चाहते। पद्य या कविता उसी का नाम है जिस मार्ग भूषण, मतिराम, पद्‌माकर, तथा सूर, तुलसी, बिहारी, प्रभृति महोदयगण चल चुके हैं क्योंकि रस और माधुर्य जो कविता का प्राण है सो इन रूखी खड़ी बोलियों में कभी आने ही का नहीं।...पद्य में खड़ी बोली उस स्त्री के समान भाषित होती है जिसका नख से शिख तक सम्पूर्ण अलंकार उतार लिया गया हो।''

बालकृष्ण भट्ट भूल जाते हैं कि इनकी 'पद्यमयी सरस्वती' कई नये ढंग पर उतरने के बाद ही भूषण, मतिराम, पद्‌माकर आदि कवियों तक पहुँची है। वे संस्कृत काव्य से ब्रजभाषा काव्य के बीच की भाषा-यात्रा को नहीं देख पाते हैं। राधाचरण गोस्वामी की तरह उदाहरण में सूर के साथ तुलसीदास का नाम लेते वक़्त यह भूल जाते हैं कि तुलसीदास की सर्वश्रेष्ठ कृति 'रामचरितमानस' ब्रजभाषा में नहीं लिखी गयी है। यहाँ एक सवाल पूछा जा सकता है कि जब कभी बालकृष्ण भट्ट स्वयं खड़ी बोली में रचना करते थे तब क्या 'पद्यमयी सरस्वती कलुषित' नहीं होती थी?

"'खड़ी बोली का पद्य' के पहले भाग का तत्कालीन बड़े साहित्यकारों द्वारा विरोध किया जा रहा था। उसी दौरान खत्री ने इसका दूसरा भाग[४१] तैयार किया। दूसरे भाग की भूमिका काफ़ी लम्बी (तैंतीस पृष्ठों की) है, जिसके नीचे २६ दिसम्बर, १८८७ ई. छपा है। इस भूमिका में खड़ी बोली हिन्दी, उर्दू और ब्रजभाषा के सम्बन्ध में अयोध्या प्रसाद खत्री की धारणा विस्तारपूर्वक अभिव्यक्त हुई है। इसमें इनकी भाषा-नीति खुल कर सामने आयी है। इस भूमिका में खत्री ने लिखा है कि 'उर्दू को मैं हिन्दी का एक स्टाइल समझता हूँ। उर्दू पद्य को खड़ी बोली का पद्य मानता हूँ।"

अपनी इस मान्यता के समर्थन में खत्री ने जॉन बिम[४२] को comparative grammar of the modern aryan language पृष्ठ ३२ से उद्धृत किया है। बिम ने लिखा है कि 'यह (हिन्दी और उर्दू को अलग मानने का) सवाल अत्यन्त नासमझी का नतीजा है। साथ ही यह (हिन्दी-उर्दू को अलग मानना) भाषाशास्त्र के तर्क से भी ग़लत है।' जॉन बिम के मत के अलावा राजा शिवप्रसाद के 'हिन्दी व्याकरण' A. F. Rudolf Haerlive को उद्धृत कर भी अपना मत पुष्ट किया।

खत्री को पता था कि भाषाशास्त्र की दृष्टि से सच होने के बावजूद 'मेरा मत लोक विरुद्ध है।' यह ज़्यादातर साहित्यकारों को रास नहीं आयेगा। इसे ग़लत समझा जायेगा। इसलिए अपने समर्थन में उपरोक्त विद्वानों के बयान के अलावा 'पश्चिमोत्तर प्रान्त में शिक्षा का विकास' (१८७३-७४) डायरेक्टर की रिपोर्ट उद्धृत किया। इस रिपोर्ट में डायरेक्टर ने लिखा था कि "मुझे उम्मीद है कि वर्नाकुलर के इन दोनों रूपों (हिन्दी और उर्दू) का साझा व्याकरण और एक दूसरे के उपयोग लायक वैज्ञानिक शब्दावली जल्द ही हमारे पास होगी।'[४३]

'हिन्दी प्रदीप' के सम्पादक बालकृष्ण भट्ट ने फ़रवरी १८८५ ई. के अंक में इसे स्वीकार किया था। यह दीगर बात है कि 'खड़ी बोली का पद्य' छपने के बाद वे भी इसका विरोध करने लगे। खत्री ने अपनी मान्यता की पुष्टि के लिए 'हिन्दी प्रदीप' से बालकृष्ण भट्ट को उद्धृत किया। 'यह कौन कहता है कि उर्दू कोई दूसरी वस्तु है? सच पूछो तो उर्दू भी इसी हिन्दी का एक रूपान्तर है। जब हम हिन्दुओं ने इसका अनादर कर इसे त्याग दिया तब मुसलमानों ने इसकी दीनता पर दया कर, इसे अपने मुल्क के लिबास और ज़ेवरों से आभूषित कर

उसका दूसरा नाम उर्दू रखा। तात्पर्य यह है कि इस नारी का कुल और गोत्र सदा एक ही रहा, समय-समय पर इसका रंग रूप और भेष अलबत्ता पलटता गया।'[४४]

'खड़ी बोली का पद्य' (दूसरा भाग) में भी खत्री अपनी पुरानी मान्यता पर अडिग रहे। इस खण्ड की भूमिका में भी उन्होंने अपने पुराना मत दुहराया। दूसरे खण्ड के प्रकाशन का मकसद स्पष्ट करते हुए उन्होंने लिखा है—

> ''खड़ी बोली' के व्याकरण में ब्रजभाषा छन्द को जगह देना और ब्रजभाषा शब्दों को हिन्दी में पोएटिकल लाइसेंस (Poetical license) समझना हिन्दी वैयाकरण की, मेरी समझ में, भूल है। इसी को सर्वसाधारण को दिखलाना और इस पर ध्यान दिलाना, इस दूसरा भाग का और इस : दूसरा भाग : का प्रधान उद्देश्य है।''[४५]

'खड़ी बोली का पद्य' (दूसरा खण्ड) छः परिच्छेदों में बँटा है। पहले परिच्छेद में मुंशी स्टाइल की एक बारहमासा[४६] है। इस बारहमासे के रचनाकार का नाम नहीं लिखा है। दूसरे परिच्छेद में मौलवी स्टाइल में भारतेन्दु हरिश्चन्द्र की 'रसा' उपनाम से लिखी कविता, उनकी किताब 'प्रेम तरंग[४७]' से ली गयी है। तीसरे परिच्छेद में पण्डित स्टाइल में श्रीधर पाठक की १६ दिसम्बर, १८८७ ई. के 'काशी पत्रिका' में छपी रचना 'जगत सचाई सार'[४८] और पण्डित अम्बिकादत्त व्यास रचित इकत्तीस अक्षर वाला कवित्त छन्द[४९] संकलित है, जो 'भाषा प्रभाकर' से लिया गया है। श्रीधर पाठक और अम्बिकादत्त व्यास ने उक्त कविताएँ 'खड़ी बोली का पद्य' (पहला खण्ड) छपने के बाद रची थीं। इसलिए इन रचनाओं को दूसरे खण्ड में संकलित किया गया है। चौथे परिच्छेद में, 'यूरेशियन स्टाइल (वासोख) की दो रचनाएँ शामिल की गयी हैं। पहली रचना 'बकिए मजमून'[५०] और दूसरी 'उर्दू अँग्रेज़ी की खिचड़ी'[५१] है। पाँचवें परिच्छेद में 'यूरोपियन स्टाइल' के अन्तर्गत 'अशुद्ध हिन्दी'[५२] संकलित है। इसके रचनाकार का नाम नहीं लिखा है। साथ ही यह कहाँ से ली गयी है, इसकी भी सूचना नहीं है। छठे परिच्छेद में मुतफर्कात यानी विविध[५३] (miscellaneous) पद्य रचनाएँ हैं। इसके रचनाकार का नाम नहीं बताया गया है। इनके अलावा 'खड़ी बोली का पद्य' दूसरे भाग के परिशिष्ट में मुशायरा[५४] संकलित है।

दूसरा खण्ड छप कर आने के बाद भी 'खड़ी बोली का पद्य' आन्दोलन के विरोध में कई लेखक सामने आये। बालकृष्ण भट्ट ने जनवरी, फ़रवरी, मार्च १८८८ ई. के 'हिन्दी प्रदीप' में 'खड़ी बोली का पद्य' शीर्षक लेख लिखा।

प्रतापनारायण मिश्र और खड़ी बोली का पद्य आन्दोलन

दूसरे भारतेन्दु के रूप में ख्यात, 'ब्राह्मण' के सम्पादक प्रताप नारायण मिश्र ने 'खड़ी बोली का पद्य' दोनों खण्डों की समीक्षा १५ फ़रवरी और मार्च १८८८ ई. के 'ब्राह्मण' में 'खड़ी बोली का पद्य' शीर्षक से लिख कर इस बहस में हस्तक्षेप किया—

> ''लेखक महाशय की मनोगति तो सराहना योग्य है पर साथ ही असम्भव भी। सिवाय फ़ारसी छन्द और दो तीन चाल की लावनियों के और कोई छन्द उसमें बनाना भी ऐसा है जैसे किसी कोमलांगी सुन्दरी को कोट बूट पहिनाना। हम आधुनिक कवियों के शिरोमणि भारतेन्दु जी से बढ़के हिन्दी भाषा का आग्रही दूसरा न होगा। जब उन्हीं से यह न हो सका तो दूसरों का यत्न निष्फल है। बाँस को चूसने से यदि रस का स्वाद मिल सके तो ईख़ बनाने का परमेश्वर को क्या काम था।
>
> हाँ, उर्दू शब्द अधिक न भरके उर्दू के ढंग का सा मज़ा हम पा सकते हैं और उर्दू कविताभिमानियों से हम साहंकार कह सकते हैं कि हमारे यहाँ का काव्य भी कुछ कम नहीं है। यद्यपि कविता के लिए उर्दू बोली है, कवित्व रसिकों को वह भी बारललना के हावभाव का मज़ा दे जाती है, पर कवि होते हैं निरंकुश, उनकी बोली भी स्वच्छन्द रहने से अपना पूरा बल दिखा सकती है। जो लालित्य, जो माधुर्य, जो लावण्य कवियों की उस स्वतन्त्र भाषा में है जो गृह भाषा, बुन्देलखण्डी, बैसवाड़ी और अपने ढंग पर लायी गयी संस्कृत व फ़ारसी से बन गयी है, जिसे चन्द से लेके हरिश्चन्द्र तक प्रायः सब कवियों ने आदर दिया है, उसका सा अमृतमय चित्तचालक रस खड़ी और बैठी बोलियों में ला सकें, यह किसी कवि के बाप की मज़ाल नहीं। छोटे मोटे कवि हम भी हैं। और नागरी का कुछ दावा भी रखते हैं पर जो बात हो ही नहीं सकती उसे क्या कहेंगे? बहुतेरे यह कहते हैं कि ब्रज भाषा की कविता हर एक समझ नहीं सकता पर उन्हें यह समझना चाहिए कि आपकी बोली ही कौन समझ लेता है। यदि सब कुछ समझना मात्र

प्रयोजन है तो सीधी दो गद्य लिखिए। कविता के कर्ता और रसिक होना हर एक का काम नहीं है।

उन बिचारों की चलती गाड़ी में पत्थर अटकाना जो कविता जानते हैं कभी अच्छा न कहेंगे। ब्रजभाषा भी नागरी की सगी बहिन है, उसका निज स्वत्व दूसरी बहिन को सौंपना सहृदयता के गले पर छुरी फेंकना है। हमारा गौरव जितना इसमें है कि गद्य की भाषा और रखें, पद्य की और, उतना एक को बिलकुल त्याग देने में कदापि नहीं। कोई किसी की इच्छा को रोक नहीं सकता। इस न्याय से जो कविता नहीं जानते वे अपनी बोली चाहे खड़ी रखें या कुदावें, पर कवि लोग अपनी प्यार की हुई बोली पर हुकुम चलाके उसकी स्वतन्त्रता, मनोहारता को नाश नहीं करने के। जो कविता के समझने की शक्ति नहीं रखते वे सीखने का उद्योग करें। कवियों को क्या पड़ी है कि किसी के समझाने को अपनी बोली बिगाड़ें।''[५५]

क़ाबिलेग़ौर है कि प्रतापनारायण मिश्र, राधाचरण गोस्वामी से लेकर डॉ. ग्रियर्सन तक सभी भारतेन्दु हरिश्चन्द्र का हवाला देकर यह साबित करना चाहते थे कि खड़ी बोली में काव्य-रचना असम्भव है। भारतेन्दु की बातों का 'भारतेन्दु मण्डल' के सदस्यों के लिए कितना महत्व था, राधाचरण गोस्वामी के इस बयान से इसका पता चलता है—

''उनके (भारतेन्दु) लेख ग्रन्थ हमको वेद वाक्यवत प्रमाण और मान्य थे। उनको मानो ईश्वर का एकादश अवतार मानते थे। हमारे सब कामों में वह आदर्श थे, उनकी एक-एक बात हमारे लिए उदाहरण थी।''[५६]

इस बयान से भारतेन्दु के व्यक्तित्व और राधाचरण गोस्वामी की अन्धभक्ति का पता चलता है। वेद के वाक्यों पर आर्य समाजी हिन्दुओं द्वारा सवाल उठाना, जिस प्रकार पाप माना जाता था; उसी प्रकार इन लोगों द्वारा भारतेन्दु की बात का प्रतिवाद करना तो दूर, उस पर शंका करना भी मानों पाप जैसा था। यह कितनी बड़ी विडम्बना है कि इतिहास के जिस दौर में बुद्धिवाद, आलोचनात्मक वृत्ति का विकास हो रहा था, उस दौर में हिन्दी के बड़े लेखकों में ऐसा भाव कायम था। भारतेन्दु हरिश्चन्द्र के प्रति इनकी अन्धभक्ति का आलम यह था कि उनकी बात भी ठीक से समझ नहीं रहे थे! इतिहास के हरेक दौर में अन्धभक्तों का यही हाल होता है। भारतेन्दु हरिश्चन्द्र के जिस कथन के आधार पर राधाचरण गोस्वामी, प्रतापनारायण मिश्र, डॉ. ग्रियर्सन आदि लेखक खड़ी बोली में पद्य रचना

को 'असम्भव' मानते और कहते थे उस पर ग़ौर करना ज़रूरी है। क्या ख़ुद भारतेन्दु ने खड़ी बोली में पद्य रचना को 'असम्भव' कहा था? भारतेन्दु ने सन् १८८३ ई. में 'हिन्दी भाषा' शीर्षक लेख लिखा। ब्रजरत्न दास के मुताबिक इसका दूसरा संस्करण १८९० ई. में खड्गविलास प्रेस पटना से छपा था। इस लेख में भारतेन्दु ने लिखा है—

> "मैंने आप कई बेर परिश्रम किया कि खड़ी बोली में कविता बनाऊँ पर वह मेरे चित्तानुसार नहीं बनी इससे यह निश्चय होता है कि ब्रजभाषा ही में कविता करना उत्तम होता है और इसी से सब कविता ब्रजभाषा में ही उत्तम होती है।"[५७]

अव्वल तो यह कि भारतेन्दु के चित्तानुसार कविता नहीं बनी तो उन्होंने नतीजा निकाल लिया कि ब्रजभाषा में कविता करना उत्तम होता है। ख़ुद से जो काम नहीं हो सका, उसके बारे में नतीजा निकालना अपने आप पर टिप्पणी है। भारतेन्दु ने इसी लेख में 'नयी भाषा की कविता' नाम से दो पंक्तियाँ लिखी—

> भजन करो श्रीकृष्ण का, मिल कर के सब लोग।
> सिद्ध होयेगा काम सब, छुटैगा सब सोग॥

इसके बाद भारतेन्दु ने लिखा है कि 'अब देखिये यह कैसी भौंड़ी कविता है। मैंने इसका कारण सोचा कि खड़ी बोली में कविता मीठी नहीं बनती तो मुझे सबसे बड़ा कारण यह जान पड़ा कि इसमें क्रिया इत्यादि में प्राय: दीर्घमात्रा होती है इससे कविता अच्छी नहीं बनती।"[५८] भारतेन्दु के प्रति अतिशय श्रद्धा भक्ति रखने वाले तत्कालीन लेखक इन्हीं पंक्तियों के आधार पर खड़ी बोली में पद्य रचना को असम्भव करार दे रहे थे। अन्ध समर्थकों द्वारा किसी भी विचारक, गुरू या नेता की बातों का ऐसा ही हश्र होता है! अव्वल तो यह कि अन्धभक्त अपने 'आराध्य' की बात को आलोचनात्मक दृष्टि से नहीं देखते। बदलती ऐतिहासिक परिस्थितियों के सन्दर्भ में उन विचारों का विकास भी नहीं कर पाते हैं। राधाचरण गोस्वामी और प्रतापनारायण मिश्र की तरह श्रीधर पाठक भी भारतेन्दु के 'समर्थक' थे। उनके प्रति भक्ति-भाव भी रखते थे लेकिन उतना नहीं जितना गोस्वामी व मिश्र रखते थे। भारतेन्दु के प्रति श्रीधर पाठक के मन में कैसे भाव थे? इसको जानने के लिए ५.१.१८८४ ई. को भारतेन्दु के नाम श्रीधर पाठक

के लिखे पत्र को देखना ज़रूरी है—

''हरिश्चन्द्र हरि-चन्द्र गुण
उदाहरण एकत्र
नहीं केवल तुम इन्दु हो
किन्तु भारती मित्र
विचित्र विधि कृत्य हो,
अति अद्‌भुत मति गेह
नित्य नित्य शोभित रहौ,
लहौ जगत नव नेह
अमृत सरोवर हृदय धर
हे पियूष वचनालि।
हे कवि कुल कमलार्कवर,
हे ग्रीवा श्रुति मालि
परम धन्य तुमसे सुजन,
परम धन्य तुअ मित्र
परम धन्य काशी जहाँ
तुम सम पुरुष विचित्र।''

''आपका यथार्थ गुण वर्णन मेरी शक्ति से बाहर है यदि आप कहें कि क्यों गुण वर्णन करते हो तो क्या करूँ, अनोखी वस्तु देख कर उसकी प्रशंसा किये बिना रहा नहीं जाता आपके साथ लिखा-पढ़ी करने की योग्यता तो किंचितमात्र भी मुझमें नहीं है पर यह देख कर कि बड़े सबकी मनुहार ले लेते हैं, एक अपने निरे बाल्य का 'मनोविनोद' नामक कृति आपके अर्पण करता हूँ। आशा है कि ग्रहण होगा।''[५९]

मौजूदा दौर में कोई युवा रचनाकार किसी बड़े लेखक को ऐसे पत्र लिखेगा तो उसके व्यक्तित्व के बारे में कैसी धारणा बनेगी ? बहरहाल, भारतेन्दु के प्रति ऐसी भावना रखने वाले श्रीधर पाठक ने भारतेन्दु के उक्त कथन को ठीक से समझा था। ८ मार्च, १८८८ ई. के 'हिन्दोस्थान' में श्रीधर पाठक का 'खड़ी हिन्दी कविता के विरोधी' लेख छपा। इस लेख में श्रीधर पाठक ने भारतेन्दु हरिश्चन्द्र के उक्त कथन की भावनाओं को समझते हुए प्रताप नारायण मिश्र, राधाचरण गोस्वामी तथा डॉ. ग्रियर्सन सरीखे लोगों की स्थापना का खण्डन किया—

> "भारतेन्दु श्री हरिश्चन्द्र ने उतना श्रम इस कविता पर कदापि नहीं किया जितना ब्रजभाषा पर, नहीं तो इसकी महिमा दिखाना उनके लिए कोई बड़ी बात न थी।"[६०]

यह लिखने के साथ पाठक ने राधाचरण गोस्वामी और प्रतापनारायण मिश्र की बात का जवाब देते हुए भारतेन्दु के प्रति आलोचनात्मक रुख़ अपनाया—

> "यदि एक सतकवि का यह कथन अबाध्य प्रमाण भी माना जाय, तब भी इस प्रकार की कविता विषयक असम्भवता सिद्ध नहीं होती। सामान्य रीति से असम्भवता संसार में बहुधा अलीक बातों ही की कही जाती है और जबकि हमारे मिश्र जी भी कई नियत छन्दों में खड़ी हिन्दी कविता का बनना स्वीकार करते हैं तो 'असम्भव' का प्रयोग करना बुद्धिमता के विरुद्ध जचता है।"[६१]

प्रतापनारायण मिश्र गद्य और पद्य की भाषा अलग-अलग रखने को गौरव समझते थे। ऐसा कह कर वे खड़ी बोली की कमी को छिपाते हुए, उसका गौरव साबित करने में लगे थे। दरअसल ये सारे तर्क उर्दू शब्दों एवं उर्दू काव्य परम्परा से नहीं जुड़ने के लिए दिये जा रहे थे। 'खड़ी बोली का पद्य' के विरोधियों में एक तर्क समान है। तत्कालीन ब्रजभाषा कविता के साआथ खड़ी बोली कविता की तुलना 'खड़ी बोली का पद्य' के क़रीब सारे विरोधी करते थे। ऐसी तुलना करने पर ब्रजभाषा कविता की तुलना में खड़ी बोली कविता कमज़ोर दिखती थी। अव्वल तो यह कि ब्रजभाषा कविता की कसौटी पर खड़ी बोली कविता को परखना बिलकुल ग़लत था। ब्रजभाषा कविता के पास क़रीब चार सौ वर्षों की परम्परा थी। यह सच है खड़ी बोली कविता ब्रजभाषा कविता की तुलना में काफ़ी कमज़ोर थी। ग़ौरतलब है कि खड़ी बोली के दूसरे साहित्यिक रूप उर्दू कविता के साथ यह तुलना नहीं की जा रही थी, जिसके पास डेढ़-दो सौ वर्षों की विरासत थी। अलबत्ता उर्दू साहित्यिक परम्परा से अलगाव कायम रखने के मकसद से ही ब्रजभाषा कविता का समर्थन और खड़ी बोली हिन्दी कविता का विरोध किया जा रहा था। उन्नीसवीं सदी में ब्रजभाषा कविता की 'उत्कृष्टता', 'मिठास' और 'कोमलता' को खड़ी बोली हिन्दी की कविता में भारतेन्दु मण्डल के साहित्यकार खोज रहे थे। वैसी 'उत्कृष्टता' 'साहित्यिकता' न पाकर खड़ी बोली कविता को वैसे ही ख़ारिज कर रहे

थे जैसे बीसवीं सदी में कतिपय द्विज साहित्यकारों ने दलित साहित्य को ख़ारिज किया। प्रतापनारायण मिश्र की ऐसी ही तुलना का जवाब देते हुए श्रीधर पाठक ने लिखा—

> "आधुनिक अर्थात् नवीन हिन्दी का जन्म बहुत ही थोड़े काल में हुआ है और अभी इसमें कविता की चेष्टा भी बहुत कम ही की गयी है। इसकी कविता की अवस्था भी कच्ची और वय: सन्धि ही में है, पर ब्रजभाषा प्रौढ़ावसी को डांक 'बुड्ढी नायिका' की दशा पर भी आ पहुँची। एक अभी आसन्न कुसुमोद्गम पौधे के रूप में है, दूसरी सारस पक्वफलेडवनत पूर्णावस्थागत पेड़ के पद को प्राप्त है। इसकी कविता के मार्ग की अभी अच्छी दागबेल भी नहीं पड़ी, उधर सैकड़ों वर्षों से बनी हुई स्वच्छ सुधरी सड़क पर गाड़ियाँ दौड़ती हैं।"[६२]

भारतेन्दु हरिश्चन्द्र ने खड़ी बोली हिन्दी में कविता मीठी न बनने का कारण इसकी क्रिया में दीर्घमात्रा का होना कहा था। अयोध्या प्रसाद खत्री को नासिख़, आतिश की कविताएँ पसन्द थीं। बावजूद इसके खत्री ने 'खड़ी बोली का पद्य' (भाग दो) में मौलवी स्टाइल की तरह नासिख और आतिश की कविताएँ शामिल नहीं कीं। इसकी जगह भारतेन्दु हरिश्चन्द्र की 'रसा' उपनाम से लिखी कविता शामिल की। इसकी वजह बताते हुए खत्री ने लिखा है कि 'इससे मुझे सिद्ध करना है कि वह (भारतेन्दु) ख़ुद क्रियाओं में दीर्घ मात्रा रहते हुए मौलवी स्टाइल की खड़ी बोली में काव्य करते थे। मौलवी स्टाइल और पण्डित स्टाइल में केवल संज्ञा में अन्तर रहता है, क्रिया में नहीं'[६३] भारतेन्दु 'रसा' उपनाम से खड़ी बोली के एक साहित्यिक रूप उर्दू में कविताएँ करते थे लेकिन दूसरे रूप हिन्दी में नहीं कर पाते थे। उर्दू में वजीर और अनीस की कविताएँ भारतेन्दु को काफ़ी पसन्द थीं। वह अनीस को अच्छा कवि मानते थे। दरअसल, भारतेन्दु का काव्य संस्कार ब्रजभाषा से बना था। उन्हें ब्रजभाषा की बजाय खड़ी बोली हिन्दी में कविता लिखने में ज़्यादा समय लगता था। ब्रजभाषा की अपेक्षा खड़ी बोली में ज़्यादा परिश्रम भी करना पड़ता था। बावजूद इसके मनमाफिक कविता नहीं बनती थी। इसके साथ ही यह जोर देकर कहा जा सकता है कि भारतेन्दु को ब्रजभाषा की तुलना में खड़ी बोली हिन्दी में कविता रचने के ऐतिहासिक महत्व का पता नहीं था। अलबत्ता वह ब्रजभाषा कविता को हिन्दी कविता मानते थे। ब्रजभाषा समर्थक सभी रचनाकारों की ऐसी

ही मान्यता थी। सन् १८८२ ई. में शिक्षा के सम्बन्ध में 'हंटर कमीशन' का गठन हुआ था। इस कमीशन ने तत्कालीन प्रभावशाली बुद्धिजीवियों की राय मांगी थी। भारतेन्दु बीमारी के कारण कमीशन के सामने हाज़िर नहीं हो सके थे। लिहाज़ा, उन्होंने कमीशन द्वारा भेजे गये बहत्तर सवालों का जवाब लिख कर भेजा। इस जवाब में भारतेन्दु हरिश्चन्द्र ने अपने बारे में बताया है कि 'मैं संस्कृत, हिन्दी और उर्दू का कवि हूँ और काफ़ी गद्य-पद्य की रचनाएँ की हैं।'[६४] इस बयान में भारतेन्दु ने अपने को संस्कृत, हिन्दी और उर्दू का कवि कहा है। भारतेन्दु ने १८८१ ई. में खड़ी बोली हिन्दी में कविता रचने की कोशिश की थी। ब्रजरत्नदास ने भारतेन्दु की जीवनी में इसका ज़िक्र किया है। कलकत्ता में प्रकाशित 'भारत मित्र' के सम्पादक पं. छोटूलाल मिश्र को (१ सितम्बर, १८८१ ई. को) खड़ी बोली हिन्दी में लिखे दोहे के साथ एक ख़त भारतेन्दु ने भेजा था—

> ''प्रचलित साधुभाषा में कुछ कविता भेजी है। देखियेगा कि इसमें क्या कसर है और किस उपाय के अवलम्ब करने से इस भाषा में काव्य सुन्दर बन सकता है। इस विषय में सर्वसाधारण की अनुमति ज्ञात होने पर आगे से वैसा परिश्रम किया जायेगा। तीन भिन्न-भिन्न छन्दों में यह अनुभव ही करने के लिए कि किस छन्द में इस भाषा का काव्य अच्छा होगा, कविता लिखी है। मेरा चित्त इससे सन्तुष्ट न हुआ और न जाने क्यों ब्रजभाषा से इसके लिखने में दूना परिश्रम हुआ। इस भाषा की क्रियाओं में दीर्घ मात्रा विशेष होने के कारण बहुत असुविधा होती है। मैंने कहीं-कहीं सौकर्य्य के हेतु दीर्घ मात्राओं को भी लघु करके पढ़ने की चाल रक्खी है।''[६५]

भारतेन्दु के तीन दोहे निम्नलिखित हैं।

> ''बरसा सिर पर आ गयी हरी हुई सब भूम।
> बाग़ों में झूल पड़े, रहे भ्रमर गण झूम॥
> करके याद कुटुम्ब की, फिर विदेशी लोग।
> बिछड़े प्रीतमवासियों के सिर छाया सोग॥
> खोल छाता चले, लोग सड़क के बीच।
> कीचड़ में जुते फँसे, जैसे अध में नीच॥''[६६]

२१ मार्च, १८८८ ई. को 'हिन्दोस्थान' में प्रतापनारायण मिश्र ने 'खड़ी हिन्दी के कविता के पक्षपाती' शीर्षक लेख लिखा। इस आलेख में भारतेन्दु के उसी बयान के आधार पर खड़ीबोली हिन्दी कविता को असम्भव

बताया। प्रतापनारायण मिश्र ने इसी आलेख में खड़ी बोली को कविता के योग्य न मानते हुए श्रीधर पाठक को चुनौती दी—

> "प्रत्यक्ष के क्या प्रमान! कोई पिंगल लेके बैठिए (कहिए तो छन्दार्ण में भेज दूँ) और इसी हिन्दोस्थान पत्र में प्रत्येक छन्द के उदाहरण आप खड़ी बोली में दे चलिए और मैं बृजभाषा में, फिर देखिये क्या होता है।...क्या थोड़े से अंगरेजी पढ़े हुए, बृजभाषा न जानने वाले एवं सिखने के लिए थोड़ी सी मिहनत न करके नयी गढ़त गढ़ने वाले एवं काव्यशास्त्र न पढ़के कविता करने वाले हानि कर सकते हैं? रही खड़ी बोली वह भी बृजभाषा की बहिन ठहरी! उसको अधिकार से कौन हिन्दू 'विमुख' कर सकता है। गद्य मात्र की वह पूर्ण स्वामिनी है। पद्य भी जितने प्रकार के उसमें हो सकते हैं हों! यह तो और भी हमारे लिए अहंकार का विषय है कि दूसरे देशों वाले केवल एक ही भाषा से गद्य पद्य दोनों में काम चलाते हैं। हमारे यहाँ एक गद्य की भाषा है, एक पद्य की!!"[६७]

प्रतापनारायण मिश्र के आलेख के दो दिनों बाद २३ मार्च, १८८८ ई. के 'हिन्दोस्थान' में राधाचरण गोस्वामी का 'खड़ी बोली अैर ब्रजभाषा कविता' शीर्षक छोटा लेख छपा। इसमें गोस्वामी ने लिखा कि खड़ी बोली और ब्रजभाषा कविता के झगड़े को निबटाने के लिए हिन्दी भाषा के सब विद्वानों का मत लेना चाहिए। अतएव एक सभा 'कविता विचारिणी सभा' नाम से नियत हो। उसमें हिन्दी के सब विद्वान चाहे एक स्थान पर एकत्र होकर निर्णय करें, चाहे कुछ प्रश्न छाप करके सब विद्वानों के पास भेजे जायें और एक नियत समय में उनका उत्तर लिया जाये, फिर बहुमत के अनुसार इसका निर्णय हो।"[६८] इन लेखकों के लेखों का प्रतिवाद श्रीधर पाठक ने 'खड़ी हिन्दी की कविता पर झगड़ा' शीर्षक लेख में किया। यह लेख ३ अप्रैल, १८८८ ई. के 'हिन्दोस्थान' में छपा। 'हम आपकी छन्द रचना सम्बन्धी युद्ध की माँग को हर्षपूर्वक स्वीकार करते हैं और इस हिन्दोस्थान के रणखेत में संग्राम के हेतु उद्धत हैं। पर याद रहे कि आपको भी ब्रजभाषा में जो छन्द हम कहेंगे, बनाने पड़ेंगे, यद्यपि हमारा मत यह है कि जो छन्द जिस भाषा में अच्छा बैठे उसी को उस भाषा के लिए उपयुक्त समझना चाहिए। आपकी समझ में खड़ी हिन्दी में २१ व २२ से अधिक छन्द नहीं आ सकते और हम बीड़ा उठा कर अधिक नहीं तो २१ के ऊपर एक बिन्दी लगा कर इस भाषा में छन्द दिखला सकते हैं।

राधाचरण गोस्वामी की 'कविता विचारिणी सभा' के सम्बन्ध में टिप्पणी करते हुए श्रीधर पाठक ने इसी आलेख में कहा—

> "खड़ी हिन्दी पद्य के पक्षवालों को यह अच्छी तरह स्वीकार है। पर पहले तो यह सोच लेना चाहिए कि सभा का परिणाम क्या होगा? नि:सन्देह सभा इतना कर सकेगी और निश्चित भी कर सकेगी कि अमुक भाषा अमुक भाषा से अधिक मीठी है। पर यह सहस्र सभाओं की सामर्थ नहीं कि किसी भाषा में कविता बनाने का निषेध कर सके और लोगों की प्रकृति प्रेरित प्रवृत्ति को रोक सके। सभा की क्या आवश्यकता है? हम खड़ी हिन्दी की कविता की तारीफ़ करना लीजिए आप ही के कहने से बन्द किये देते हैं। आपकी समझ में खड़ी हिन्दी मधुर कविता के उपयुक्त नहीं है। न सही। हमारी समझ में तो है। पर कोई यह न समझे कि सभा के प्रस्ताव से डर कर हम ऐसा कहते हैं। वह तो केवल प्रस्ताव पर हमने अपना मत प्रकाश कर दिया है।"[६९]

राधाचरण गोस्वामी के 'कविता विचारिणी सभा' सम्बन्धी प्रस्ताव को खड़ी हिन्दी पद्य आन्दोलन के नेता अयोध्या प्रसाद खत्री ने भी स्वीकार किया। लेकिन खत्री की शर्त थी कि सभा से पहले मुझे अपनी हज़ार पाँच सौ किताबें पश्चिमोत्तर प्रान्त के विद्वानों में बाँट लेने दीजिए। गोस्वामी ने ११ अप्रैल, १८८८ ई. को 'हिन्दोस्थान' में 'खड़ी बोली की कविता' लेख लिख कर अयोध्या प्रसाद खत्री द्वारा 'कविता विचारिणी सभा' से पहले किताब बाँटने के प्रस्ताव को कहा कि 'यह बहाना मात्र है। विद्वानों को यह कुछ कठिन समस्या नहीं है, जो बिना पुस्तक के निर्णय न कर सकें।'[७०] 'कविता विचारिणी सभा' में शामिल होने वाले पंच अगर खत्री की किताब नहीं देखते-परखते, खड़ी बोली कविता का पक्ष नहीं समझते तो इस विषय पर क्या निष्पक्ष निर्णय कर पाते?

तत्कालीन बड़े साहित्यकारों द्वारा किये जा रहे हिन्दी कविता के तमाम विरोधों के बावजूद अयोध्या प्रसाद खत्री बार-बार विद्वानों को 'खड़ी बोली का पद्य' की ज़रूरत एवं महत्व समझाते रहे। बारहां पत्र लिख कर उनकी राय जानने की कोशिश करते रहे। इसी क्रम में डॉ. ग्रियर्सन द्वारा एक बार अपना मत स्पष्ट करने के बावजूद खत्री ने पुनर्विचार करने के लिए 'खड़ी बोली का पद्य' (दूसरा भाग) भेजा और उनकी राय माँगी। इसके जवाब में ६ फ़रवरी, १८९० ई. को गया (बिहार) से डॉ. ग्रियर्सन ने खत्री को एक ख़त लिखा—

"महाशय, मुझे आपकी 'खड़ी बोली का पद्य' की एक प्रति प्राप्त हुई। इसकी छपाई काफ़ी अच्छी है। लेकिन मैं आपसे सहमत नहीं हूँ। आप इस असम्भव कार्य में नाहक इतना धन और मेहनत बर्बाद कर रहे हैं।"[७१]

बावजूद इसके खत्री ने डॉ. ग्रियर्सन को अपना पक्ष समझाने के लिए सामग्री भेजना जारी रखा। २२ फ़रवरी, १८९० ई. को डॉ. ग्रियर्सन ने आगे से ऐसी सामग्री नहीं भेजने की गुज़ारिश की—

"मैं आपको साफ़-साफ़ बताना चाहता हूँ कि मुझे खड़ी बोली (कविता) से सम्बन्धित कोई भी पेपर भेजने का कष्ट न करें। क्योंकि इस विषय पर मेरी राय/धारणा बनी हुई है।"[७२]

दरअसल, डॉ. ग्रियर्सन भी भारतेन्दु का हवाला देकर हिन्दी कविता को असम्भव बताते थे। भारतेन्दु के प्रति ऐसी श्रद्धा रखने वाले विद्वानों से आजिज़ होकर खत्री ने 'एक अगरवाले के मत पर एक खत्री की समालोचना' पैम्फलेट लिख कर छपवाया तथा विद्वानों, साहित्यप्रेमियों के बीच बँटवाया—

"ब्रजभाषा कविता के पक्षपाती बाबू हरिश्चन्द्र की दुहाई देते हैं इसलिए हरिश्चन्द्र के वचन का खण्डन होना आवश्यक है। बाबू हरिश्चन्द्र ईश्वर नहीं थे। उनको शब्दशास्त्र Philology का कुछ भी बोध नहीं था। यदि Philology का ज्ञान होता तो खड़ीबोली में पद्य रचना नहीं हो सकती है, ऐसा नहीं कहते। आप लिखते हैं कि 'पश्चिमोत्तर देश की कविता की भाषा ब्रजभाषा है यह निश्चित हो चुका है, मैंने आप कई बेर परिश्रम किया कि खड़ीबोली में कविता बनाउं पर वह मेरे चित्तानुसार नहीं बनी, इससे यह निश्चय होता है कि ब्रजभाषा ही में कविता करना उत्तम होता है। मैंने इसका कारण सोचा कि खड़ी बोली में कविता मीठी क्यों नहीं बनती तो मुझको सबसे बड़ा यह कारण जान पड़ा कि इसमें क्रिया इत्यादि में प्राय: दीर्घमात्रा होती है, इससे कविता अच्छी नहीं बनती। यदि दीर्घमात्रा के कारण खड़ी बोली में कविता करने में कठिनता है तो दीर्घ का हस्व कर देना कवियों को Poetical license बहुत दिनों से हासिल है। दुकान उठा लो मैं घोड़ा न हटाऊँगा हठ करना दूसरी बात है। दीर्घमात्रा रहते ही उर्दू के कवि पद्य रचना करते हैं और बाबू हरिश्चन्द्र भी करते थे। इसीलिए बाबू साहब का काव्य अपनी खड़ी बोली का पद्य 'न. २' में दिया है। उर्दू में वज़ीर और अनीस का काव्य बाबू साहब को अतिप्रिय था। वह अनीस को अच्छा कवि समझते थे। बाबू साहब अपने हिन्दी व्याकरण में लिखते हैं 'वाक्य बनाने में व्याकरण की शुद्धता को छोड़ के मुहाविरे का भी ध्यान आवश्यक है। वाक्य साहित्य

> और मुहाविरे से ललित होते हैं। जाति पुरुष और स्त्री दो प्रकार की है और हिन्दी में नपुंसक जाति के शब्द भी इन्हीं दो जाति में मिला दिये जाते हैं जो हिन्दी भाषा में फ़ारसी, अँग्रेज़ी इत्यादि भाषा के शब्द गये हैं उसको कहीं तो हिन्दी वालों ने जाति बदल दी है कहीं नहीं बदली है। इससे जो ऐसे शब्द आवें जिनकी जाति हिन्दी वालों ने न बदली हो तो उन्हें उसी भाषा की जाति के अनुसार बोलनाा चाहिए।' इसके लिखने से मेरा तात्पर्य है कि बाबू साहब पण्डित जी नहीं थे, मुंशी जी थे। आपकी हिन्दी में फ़ारसी-अरबी के शब्द आये हैं। नमूने के लिए 'यात्रा' से उठा कर कुछ लिख देता हूँ। 'आज सुबह सात बजे मेहदावल पहुँचे। सड़क कच्ची है। राह में एक नदी भी उतरनी पड़ती है। उसका नाम आमी है। छः आना पुल का महसूल लगा।' जिस स्टाइल का यह गद्य है, उस स्टाइल में खड़ी बोली में पद्य आवश्यक हैं। नज़ीर का कौड़ीनामा बांचिये। पिंगल और स्टाइल दो भिन्न वस्तु है। माइकल मधुसूदन दत्त ने Blank Verse अँग्रेज़ी छन्द को बंगला में लिखा है। बाबू महेशनारायण ने 'स्वप्न' निराले छन्द में लिखा है। इसलिए खड़ी बोली की कोई क्षति नहीं है। पण्डित जी से मौलवियों ने संस्कृत पिंगल हिन्दी में व्यवहार करने के लिए कोई बाज़ीनामा या मुचलका नहीं लिखवाया है। पण्डित श्रीधर पाठक का यह हिस्सा है।''[७३]

इतिहास के जिस दौर में भारतेन्दु हरिश्चन्द्र की तूती बोलती थी, अयोध्या प्रसाद खत्री ने उनकी मान्यता का खण्डन साहसपूर्वक किया। खत्री की उक्त स्थापना, जिसमें उन्होंने भारतेन्दु के बारे में कहा था कि वे ईश्वर नहीं थे, उनको शब्दशास्त्र Philology का ज्ञान नहीं था, के सम्बन्ध में टिप्पणी करते हुए आलोक राय ने लिखा है—

> ''यह तथ्य है कि भारतेन्दु वास्तविक भाषा प्रयोगों के अत्यन्त संवेदनशील एवं सुरुचिपूर्ण प्रेक्षक थे। जैसा कि उन्होंने स्वयं हंटर कमीशन के सामने कहा था कि वे तीन भाषाओं के कवि हैं और जब उन्होंने यह घोषणा की कि कविता के लिहाज़ से खड़ी बोली कुछ अधिक रूखी, मलीन और गद्यमयी थी तो जानते थे कि वे क्या कह रहे थे।''[७४]

आलोक राय ने हंटर कमीशन के लिए भारतेन्दु के दिये गये बयान को सच माना है। राय ने इसकी पड़ताल ज़रूरी नहीं समझी है कि क्या वास्तव में भारतेन्दु ने हिन्दी में काव्य रचना की है? इसके साथ ही, जब हिन्दी कविता काफ़ी विकसित एवं समृद्ध है, ऐसे दौर में आलोक राय भारतेन्दु की दूसरी बात को भी बिलकुल ठीक मानते हैं तो क्या कहा जाय!

हालांकि खत्री की बात पूरी सच नहीं है। भारतेन्दु को उद्धृत कर उन्हें 'मुंशी हिन्दी' का लेखक बताना; भारतेन्दु की भाषा पर गम्भीरतापूर्वक विचार नहीं करने का नतीजा है। खत्री ने भारतेन्दु के 'हिन्दी व्याकरण' और 'यात्रा' से भाषा उद्धृत कर, उन्हें 'मुंशी हिन्दी' का लेखक माना है। खत्री ने जिन पंक्तियों को आधार बनाया है, 'सरयूपार की यात्रा' वृत्तान्त से ली गयी हैं। यह यात्रा वृत्तान्त 'हरिश्चन्द्र चन्द्रिका' के फ़रवरी १८७९ ई. में छपा था। सवाल उठता है कि 'सरयूपार की यात्रा' की भाषा क्या भारतेन्दु के समूचे गद्य में मिलती है? क्या शुरू से आख़िर तक भारतेन्दु ऐसी भाषा लिख रहे थे? इन सवालों पर बग़ैर विचार किये खत्री ने ऐसी स्थापना की थी। असल में अयोध्या प्रसाद खत्री की यह स्थापना भारतेन्दु हरिश्चन्द्र के समूचे लेखन की एक चौथाई[७५] से भी कम पर आधारित है। अपने ज़्यादातर लेखन में भारतेन्दु ने 'मुंशी हिन्दी' नहीं बल्कि 'पण्डित हिन्दी' का उपयोग किया है। उस दौर में 'मुशी हिन्दी' लिखने वाले 'चन्द्रकान्ता' के लेखक देवकीनन्दन खत्री की इस बाबत क्या राय थी? देवकीनन्दन खत्री ने लिखा है—

> "यदि बाबू हरिश्चन्द्र अपनी भाषा को थोड़ा सरल करते तो हमारे भाइयों को अपने समाज पर कलंक लगाने की आवश्यकता न पड़ती और स्वाभाविक शब्दों के मेल से बनी हिन्दी की पैसिंजर भी मेल बन जाती।"[७६]

इतिहास के उस दौर में जब राधाचरण गोस्वामी सरीखे लेखक भारतेन्दु हरिश्चन्द्र को 'ईश्वर का एकादश अवतार' और उनकी बातों को 'वेद वाक्यवत्' मानते थे, अयोध्या प्रसाद खत्री का भारतेन्दु के बारे में कहना कि उन्हें शब्दशास्त्र का Philology का कुछ भी बोध नहीं था, तत्कालीन लेखकों की श्रद्धा भक्ति को ठेस पहुँचाता था। हालाँकि खत्री की बात तार्किक थी, फिर भी 'भारतेन्दु मण्डल' के लेखक इसे बर्दाश्त नहीं कर पा रहे थे। इन्हीं वजहों से साहित्यिक सत्ता संरचना के दायरे में खत्री को हाशिये पर रखने की कोशिश जारी रही। खत्री को उनके कार्यों का वाजिब श्रेय नहीं मिला।

हिन्दी साहित्य के पहले व्यवस्थित इतिहासकार आचार्य रामचन्द्र शुक्ल को भारतेन्दु के नाटकों और निबन्धों में आधुनिकता ख़ूब नज़र आती थी लेकिन कविताओं में कम। इसकी वजह आचार्य शुक्ल ने 'भाषा' माना है। भारतेन्दु की ज़्यादातर कविताएँ ब्रजभाषा में हैं। अगर भारतेन्दु ने

खड़ी बोली में कविताएँ रची होतीं तो आचार्य शुक्ल को वहाँ भी आधुनिकता दिखती। विडम्बना यह है कि आचार्य शुक्ल भाषा को आधुनिकता का एक मुख्य नियामक मानते हैं लेकिन उस दौर में आधुनिक भाषा को लेकर आन्दोलन करने वाले अयोध्या प्रसाद खत्री को इसका वाजिब श्रेय नहीं देते! इसकी वजह क्या है? दरअसल, खत्री की बात प्रमुखता से दर्ज़ करने पर 'हिन्दी साहित्य का इतिहास' में मीर एवं नज़ीर को भी शामिल करना पड़ता क्योंकि लिपि अलग होने के बावजूद मीर, नज़ीर जैसे रचनाकारों की भाषा सहज एवं स्वाभाविक हिन्दी के ज़्यादा क़रीब थी। आचार्य शुक्ल के बाद के साहित्य इतिहासकारों, आलोचकों ने भी इस मुद्दे पर गम्भीरतापूर्वक विचार नहीं किया है। मौजूदा दौर में भी हिन्दी के विद्वान हिन्दी-उर्दू विवाद के मुद्दे पर महात्मा गांधी द्वारा प्रस्तावित 'हिन्दुस्तानी' की वकालत करते हैं लेकिन इस 'हिन्दुस्तानी' (मुंशी हिन्दी) की सबसे पहले सिफ़ारिश करने वाले खत्री की भाषा-नीति पर ग़ौर नहीं करते। महात्मा गांधी हिन्दुस्तानी में कठिन अरबी फ़ारसी और संस्कृतनिष्ठ शब्दों की पुरज़ोर मुख़ालफत करते थे। साथ ही इसे देवनागरी एवं फ़ारसी लिपि में लिखने की वकालत करते थे। ग़ौरतलब है कि महात्मा गांधी की भाषा-नीति से काफ़ी पहले अयोध्या प्रसाद खत्री ने हिन्दी-उर्दू विवाद सुलझाने के मकसद से संस्कृतनिष्ठ शब्दों एवं कठिन अरबी-फ़ारसी शब्दों का विरोध किया था। खत्री की 'मुंशी हिन्दी' और गांधी की 'हिन्दुस्तानी' में नाम का फ़र्क़ है। खत्री 'मुंशी हिन्दी' के लिए देवनागरी एवं फ़ारसी दोनों लिपियों को स्वीकार कर सुलहपरक भाषा नीति प्रस्तावित कर रहे थे। गांधी जी भी ऐसा मानते थे पर तवज्जो देवनागरी को देते थे।

उन्नीसवीं सदी में जब हिन्दी के रचनाकार उर्दू के ख़िलाफ़ रचनाएँ कर रहे थे, खत्री द्वारा कविता के ज़रिये हिन्दी और उर्दू को क़रीब लाने की कोशिश तत्कालीन हिन्दी लेखकों को पसन्द नहीं आयी। खत्री के समर्थन में खड़े श्रीधर पाठक भी खत्री की सुलहपरक भाषा नीति से सहमत नहीं थे। पाठक ने हिन्दी के पक्ष में 'हिन्दी बिचारी का बारहमासा', 'हिन्दी का आर्त्तनाद', 'ग़ज़ल अव्वल' एवं 'ग़ज़ल दोयम' शीर्षक कविताएँ लिखीं। इन कविताओं में उर्दू विरोधी स्वर है। दरअसल, श्रीधर पाठक खत्री की 'पण्डित स्टाइल' के रचनाकार थे। उनको, खड़ी बोली कविता को उर्दू

फ़ारसी से बचाने की, चिन्ता शुरू से आख़िर तक रही।

उन्नीसवीं सदी के बड़े साहित्यकार अयोध्या प्रसाद खत्री के मकसद को समझे बग़ैर विरोध करते रहे। आज यह कहने की ज़रूरत नहीं है कि उस दौर में खत्री सही रास्ते पर चल रहे थे या उनके विरोधी? खत्री की भाषा नीति एवं 'खड़ी बोली का पद्य' के विरोधी साहित्यकारों की सामाजिक हैसियत खत्री से काफ़ी ज़्यादा थी। इन सबके विरोधों के बावजूद खत्री शुरू से आख़िर तक अपने मत पर डटे रहे। अन्ततः छायावाद के दौर में अयोध्या प्रसाद खत्री की मान्यता पर मुहर लग गयी।

अध्याय दो

राष्ट्र-निर्माण, संविधान-सभा और भाषा-विमर्श

भारत को आज़ादी निकट भविष्य में मिलनेवाली थी। इस आज़ादी के लिए संघर्षरत नेताओं—जिनके कंधों पर भावी भारत के निर्माण का दायित्व था—के राष्ट्र निर्माण की बाबत अपने-अपने स्वप्न थे। इन स्वप्नों को संविधान के ज़रिये अमली जामा पहनाना था। लिहाज़ा, संविधान की रचना के लिए, दिसम्बर १९४६ में संविधान-सभा का गठन किया गया। क़ाबिल-ए-ग़ौर बात यह है कि इस संविधान-सभा के सदस्यों का निर्वाचन बेहद सीमित मताधिकार अर्थात् ब्रिटिश भारत और देशी रियासतों की मात्र ११ फीसदी आबादी के आधार पर हुआ था।[१] मुस्लिम लीग ने संविधान-सभा का बहिष्कार किया था, जिसकी वजह से रिक्त हुए स्थानों पर कुछ गणमान्य लोगों को नामज़द कर दिया गया था।[२] पूरे देश की ८९ फीसदी आबादी के निर्वाचन में बग़ैर भागीदारी के, जो संविधान-सभा बनी, उसमें न सिर्फ़ मुस्लिम लीग अनुपस्थित था, बल्कि महात्मा गांधी भी नहीं थे। आदित्य निगम ने उस माहौल को बयान करते हुए लिखा है कि संविधान-सभा के ''सदस्यों में लाज़मी तौर पर एक उत्साह है। मगर एक ख़ला है जो उसे खाये जा रही है। तीन बड़ी ''ग़ैरमौजूदगियाँ'। एक तरफ़ मुस्लिम लीग की सीटें ख़ाली पड़ी हैं तो दूसरी तरफ़ 'राष्ट्रपिता' महात्मा गांधी सभा से ही नहीं, राजधानी से भी नदारद हैं।...तीसरी ग़ैरहाज़िरी उन सैकड़ों तथाकथित भारतीय राज्यों' के नुमाइंदों की थी जो आमतौर पर राष्ट्रीय आन्दोलन से अलग ही रहे थे।''[३] इस संविधान-सभा की पहली बैठक ९ दिसम्बर १९४६ को ११ बजे दिन में, नयी दिल्ली के कॉँस्टीट्यूशन हॉल में शुरू हुई।[४] कांग्रेस विशेषज्ञ समिति द्वारा नियत कार्यक्रम के मुताबिक कांग्रेस अध्यक्ष आचार्य जे.बी. कृपलानी ने, संविधान सभा के सबसे वरिष्ठ सदस्य डॉ. सच्चिदानन्द सिन्हा का नाम, अस्थायी अध्यक्ष के लिए प्रस्तावित किया। अध्यक्ष के स्थान पर सिन्हा के बैठने के

साथ कार्यवाही शुरू हो गयी। इन्होंने विदेश से प्राप्त बधाई के तीन सन्देश पढ़े। इसके बाद बलूचिस्तान के सदस्य के चुनाव सम्बन्धी विवाद पर अपना फ़ैसला सुनाया। सिन्हा ने फ्रैंक एंथनी को अपना सहायक मनोनीत किया। उस दिन २०७ सदस्यों ने अपना परिचय पेश किया। वी. एन. राव ने सच्चिदानन्द सिन्हा का भाषण पढ़कर सुनाया।[५] संविधान-सभा का "पहला विचार-विमर्श प्रक्रियात्मक नियमों पर कुछ इस तर्ज़ से हुआ कि ब्रिटिश संसद भी उस पर गर्व कर सकती थी। अपने उद्घाटन भाषण में (जिसे वी.एन. राव ने पढ़ा था) डॉ. सिन्हा सबसे पहले यूरोप और अमेरिका में संविधान-निर्माण के पहलुओं पर बोले और उसके बाद उन्होंने 'अपने देश से सम्बन्धित इस मसले के कुछ पहलुओं को स्पर्श करना' ज़रूरी समझा।"[६] अगले दिन जवाहरलाल नेहरू ने एक प्रस्ताव पेश किया, जिसका समर्थन गोविन्द वल्लभ पन्त ने किया। इसमें स्थायी नियमावली तैयार होने तक केन्द्रीय विधायिका के नियम और स्टेंडिंग आर्डर का अस्थायी प्रस्ताव रखा गया। थोड़ी बहस के बाद इसे पास कर दिया गया। इसी तरह एक और प्रस्ताव पास किया गया, जिसके तहत असेम्बली द्वारा अन्तिम निर्णय आने तक संविधान-सभा के वर्तमान कार्यालय का अनुमोदन किया गया।[७]

११ दिसम्बर १९४६ को डॉ. राजेन्द्र प्रसाद संविधान-सभा के अध्यक्ष चुने गये तो, बकौल पवन कुमार वर्मा, शुरुआती सात वक्ता उन्हें अँग्रेज़ी भाषा में बधाई देते हुए अनजाने में मैकाले की उस भविष्य सूचक रणनीति को ही श्रद्धांजलि देते नज़र आये, जो उसने १८३५ में बनायी थी। राजेन्द्र प्रसाद को हिन्दुस्तानी में बधाई देनेवाले पहले वक्ता ख़ान अब्दुल गफ्फार ख़ाँ थे।[८]

संविधान-सभा से मुस्लिम लीग की ग़ैरमौजूदगी ने इसके सदस्यों को एक अतिरिक्त उत्तरदायित्व का अहसास कराया था। "डॉ. सर्वपल्ली राधाकृष्णन जब अध्यक्ष राजेन्द्र प्रसाद का स्वागत करने उठे तो उन्होंने इस पर टिप्पणी की और ख़ुद राजेन्द्र बाबू ने इस स्थिति से पैदा हुई ज़िम्मेदारी का ज़िक्र किया। उन्होंने अपने शुरुआती वक्तव्य में कहा कि 'मुस्लिम लीग के हमारे भाई यहाँ नहीं हैं मगर उनकी ग़ैरहाज़िरी हमारी ज़िम्मेदारी बढ़ा देती है।'...हमें हर कदम पर सोचना होगा कि वे होते तो क्या करते और 'अगर बदक़िस्मती से उनकी सीटें ख़ाली रह गयी तो हमारी यह ज़िम्मेदारी होगी

कि हम एक ऐसा संविधान बनाएँ, जिसमें किसी के लिए भी शिकायत की गुंजाइश न रहे।''[९] यहाँ एक तरफ़ राजेन्द्र प्रसाद, मुस्लिम लीग की अनुपस्थिति में अतिरिक्त ज़िम्मेवारी महसूस कर रहे थे और ऐसे संविधान-निर्माण की कामना प्रगट कर रहे थे, जिसमें किसी की शिकायत के लिए कोई जगह नहीं हो। दूसरी तरफ़, जवाहरलाल नेहरू ने भी ''बड़ी बेबाकी से कहा था कि यह संविधान-सभा कोई क्रान्तिकारी संस्था नहीं है। उन्होंने यह उम्मीद भी जतायी थी कि शायद आगे चलकर बेहतर नुमाइंदगी वाली संविधान-सभा भारतीय जनगणों की ज़रूरतों के मुताबिक नया संविधान तैयार करेगी।''[१०] इस संविधान-सभा में विभिन्न धारा और अलग-अलग पृष्ठभूमि के लोग थे। इनका वर्गीय आधार क्या था? पवन कुमार वर्मा ने बताया है कि चुने गये प्रतिनिधियों में से अधिकांश उच्च और मध्य वर्ग के थे। मुस्लिम लीग के बहिष्कार की वजह से रिक्त हुए स्थानों पर कुछ गणमान्य लोगों को नामज़द कर दिया गया था। ये सभी लोग एक ही साँचे से निकले थे। ये सभी अँग्रेज़ी भाषी, पश्चिमी राजनीतिक धारणाओं के अभ्यस्त और ब्रिटिश संवैधानिक क़ानून से अच्छी तरह परिचित थे।[११]

ऊपर उद्धृत की गयी—राजेन्द्र प्रसाद और जवाहरलाल नेहरू की—बात को थोड़ी देर के लिए छोड़ दें तो

> ''महत्त्वपूर्ण बात यह थी कि संविधान-सभा का कोई भी सदस्य एक पल को भी यह नहीं मान सकता था कि आज़ाद भारत का उसका ख़याल किसी भी तरह से बाक़ी भारतवासियों के ख़याल से कुछ अलग भी हो सकता है।...सीमित मताधिकार के आधार पर निर्वाचित होने या अधिकांशत: सुविधा-सम्पन्न पृष्ठभूमि से आने के तथ्य ने भी उनके मन में अपने इरादों की पवित्रता अथवा स्वतन्त्र भारत के ढाँचे की रूपरेखा बनाने की अपनी क्षमता के प्रति विश्वास को कतई कम नहीं किया था।''[१२]

भारतीय संविधान-सभा में जुदा-जुदा, मुख़्तलिफ आवाज़ों की बहुलता रही है। ये सभी राष्ट्र-निर्माण के अपने-अपने स्वप्न को गति और आकार प्रदान करने की ज़िम्मेवारी से लबरेज थे। राजेन्द्र प्रसाद को मुस्लिम लीग की अनुपस्थिति अतिरिक्त ज़िम्मेवारी का अहसास कराती थी। इसे उन्होंने सार्वजनिक तौर पर स्वीकार किया था। पर महात्मा गांधी और अम्बेडकर की अनुपस्थिति पर एक तरह की चुप्पी थी। गांधीजी तो राष्ट्रवाद की इन्हीं आवाज़ों में समाहित मान लिये जाते हैं—हालाँकि यह एक हद तक ही

ठीक है—जिनका प्रतिनिधित्व जवाहरलाल नेहरू सरीखे नेता कांग्रेस पार्टी द्वारा कर रहे थे। महात्मा गांधी को राष्ट्रवाद की उन आवाज़ों में पूर्णतया शरीक मान लेने पर, ब्रिटिश शासन के अन्तिम सालों में, भारत के शीर्ष राजनीतिक-वैचारिक समूहों के बीच मौजूद आपसी अन्तर्द्वन्द्व ओझल हो जाता है। गांधीजी और नेतृत्वकारी लोगों के बीच भावी भारत के सपना को लेकर अन्तर्द्वन्द्व ज़्यादा गहरा था। गांधीजी के वारिस माने जाने वाले जवाहरलाल नेहरू भावी भारत के निर्माण में, गांधीजी के विचार से अपनी असहमति जाहिर कर चुके थे।[१३]

भारत की आज़ादी निकट आ रही थी और महात्मा गांधी के प्रभाव और आदर्श कांग्रेस पार्टी के भीतर अपना वजूद धीरे-धीरे खोते जा रहे थे। आज़ादी के निकट आने के साथ, संविधान-सभा के निर्माण के समय, कई चुनौतियाँ दरपेश आ रही थीं। स्टेनली वोलपर्ट ने जवाहरलाल नेहरू को इस बाबत उद्धृत किया है "भारतीय राज्यों की तरफ़ से कुछ दिक़्क़तें पेश आयीं। यह सुझाव रखा गया है कि संविधान-सभा में आने के लिए उनके लिए, दरवाज़े खुले रखने चाहिए। हमें घटनाओं के दबाव पर भरोसा करना चाहिए, जो ज़ाहिर है काफ़ी ज़बरदस्त होगा और बड़ी तादाद में लोग शामिल होंगे। ख़ासतौर पर अगर उन्हें यह अहसास हो जाय कि ब्रिटिश सरकार से उन्हें कोई मदद नहीं मिलने जा रही है। मुझे यक़ीन है कि संविधान-सभा का बनना ही एक ऐसी ताक़त को जन्म देगा कि कोई भी उसके सामने टिक नहीं पायेगा।"[१४] ऐसी परिस्थिति में, जवाहरलाल नेहरू कांग्रेस अध्यक्ष निर्वाचित हुए। अध्यक्ष बनने के दो दिनों बाद, १० जुलाई को, प्रेस के समक्ष नेहरूजी ने कहा—"कांग्रेस ने वायसराय या कैबिनेट मिशन से संविधान-सभा को लेकर कोई प्रतिबद्धता जाहिर नहीं की है।"[१५] आदित्य निगम ने नोट किया है कि यद्यपि पं. नेहरू की यह बात सीधे तौर पर ब्रिटिश हुकूमत के लिए कही गयी थी, परन्तु इसके ज़रिये मोहम्मद अली जिन्ना और मुस्लिम लीग को भी सम्बोधित किया गया था। निगम के मुताबिक, पं. नेहरू को यह उम्मीद थी कि जब तक संविधान-सभा में कांग्रेस के सदस्यों का बहुमत रहेगा, किसी प्रकार की 'ग्रुपिंग' नहीं होगी। इसी पृष्ठभूमि में, नौ दिनों के बाद, डॉ. भीमराव अम्बेडकर, मुस्लिम लीग के समर्थन से, बतौर निर्दलीय उम्मीदवार, बंगाल से निर्वाचित हुए। देश-विभाजन के बाद सारी स्थितियाँ और

सत्ता–समीकरण बदल गये। मुल्क के बँटवारे के कारण, संविधान–सभा में, डॉ. अम्बेडकर ने अपनी सीट खो दी। तदुपरान्त कांग्रेस ने डॉ. अम्बेडकर को बम्बई से नामांकित किया, इस सीट से जयकर को इस्तीफा दिलाकर। अप्रैल १९४८ में पण्डित नेहरू ने इन्हें अपना क़ानून मन्त्री भी बनाया।

संविधान–सभा में, हिन्दी के सन्दर्भ में, हुए बहसोमुबाहिसे का अध्ययन करने से पहले यह उल्लेख करना ज़रूरी है कि संविधान–सभा ने विभिन्न समितियाँ–उपसमितियाँ (पन्द्रह से अधिक) बनाकर अपना काम आरम्भ किया। इनमें आठ ख़ास समितियाँ थीं। रूल्स और स्टीयरिंग (अध्यक्ष—राजेन्द्र प्रसाद), एडवाइजरी और प्रोविंशियल कंस्टीट्यूशन (अध्यक्ष-पटेल) यूनियन पावर, यूनियन कंस्टीट्यूशन और स्टेट (अध्यक्ष- नेहरू)। इन्हीं ख़ास कमिटियों में से एक थी,—प्रारूप समिति (Drafting Committee); इसका गठन २९ अगस्त १९४७ को भारतीय संविधान का प्रारूप निर्मित करने हेतु हुआ। सात सदस्यों वाली इस प्रारूप समिति के अध्यक्ष डॉ. भीमराव अम्बेडकर थे। सदस्य थे—के.एम. मुंशी, डी.पी. खेतान, मुहम्मद सादुल्ला, बी.एल. मित्तर, एन. गोपालस्वामी आयंगर, अल्लादि कृष्णास्वामी अय्यर। कालान्तर में, डी.पी. खेतान की जगह टी.टी. कृष्णाचारी और बी.एल. मित्तर के बदले एन. माधवन राय आ गये।

राष्ट्रीय भाषा का सवाल

भारतीय संविधान–सभा में हिन्दी के सम्बन्ध में महत्त्वपूर्ण वाद–विवाद ४ नवम्बर १९४८ को शुरू हुआ। संविधान सभा में सम्पन्न भाषा सम्बन्धी विचार–विमर्श पर आधारित इस निबन्ध में कालक्रमिक पद्धति का अनुसरण किया गया है, ताकि पूर्व पक्ष और उत्तर पक्ष समझा जा सके; बहस की निरन्तरता तथा दिशा ज़ाहिर हो सके।

बहस का आगाज़ करते हुए सेठ गोविन्द दास[१६] ने अध्यक्ष से पूछा कि—"मैं यह जानना चाहता हूँ कि जब तक हमारी भाषा कौन होगी, यह निर्णय नहीं हो जाता है, तब तक जो धाराएँ हम अँग्रेज़ी में पास करेंगे, वे क्या उस निर्णय के बाद फिर से हिन्दी में आयेंगी।"[१७] अध्यक्ष ने इस सवाल का जवाब देते हुए कहा, "हाँ, ज़रूर उन सब धाराओं को फिर से जिस भाषा में निश्चय करेंगे, बहस होगी और उस वक़्त बहस किसी धारा के

सम्बन्ध में नहीं होगी। सिर्फ़ यह देखा जायेगा कि ठीक तर्जुमा हुआ है या नहीं। इसलिए मैं यह समझता हूँ कि हम इस वक़्त जो बहस करें, वह अँग्रेज़ी ड्राफ्ट पर करें, क्योंकि सब लोगों ने उस पर विचार किया है और जिन्होंने तैयार किया है, उन्होंने उसी भाषा में तैयार किया है। उसके बाद आख़िरी रूप जब मालूम हो जायेगा तो हम आपके सामने उसका अनुवाद रखेंगे और आप उसको मंज़ूर करेंगे।''[१८] बालकृष्ण शर्मा 'नवीन'[१९] ने सेठ गोविन्द दास के द्वारा पूछे गये 'बड़े महत्त्वपूर्ण प्रश्न' की ओर अध्यक्ष का ध्यान आकृष्ट कराते हुए कहा,

> ''(मैंने) इस प्रस्ताव की सूचना दी थी कि भारत की राष्ट्रभाषा हिन्दी हो और उसकी लिपि देवनागरी हो। अत: इस प्रश्न का उठना स्वाभाविक है कि जब हम अपने विधान के एक-एक खण्ड पर विचार करेंगे तो वह कौन-सी भाषा होगी, जिसमें कि हमारा विधान स्वीकृत हुआ समझा जायेगा। इसलिए मेरा सुझाव यह है कि जब हम विधान के खण्डों पर विचार करें तो उसके एक अध्याय को समाप्त करने के पश्चात् हम उसको पुन: हिन्दी में लें और प्रत्येक खण्ड को जिस रूप में, उसे सभा ने संशोधित किया है और जैसा कि इस सभा की अनुवाद-समिति ने उसका अनुवाद किया है, वैसा ही पास करें।''[२०]

इनकी चिन्ता थी कि अगर अँग्रेज़ी वाले संविधान पर बहस कर, स्वीकार कर लेंगे तो मूल संविधान यही माना जायेगा। इनका प्रस्ताव मान लेने में परेशानी यह थी कि जो लोग हिन्दी नहीं जानते, वे बहस में कैसे भाग लेते? इसे सुलझाते हुए 'नवीन' ने कहा कि ऐसे मित्रों को अपने 'साथियों की सद्‌बुद्धि पर निर्भर रहना चाहिए' क्योंकि जो लोग अँग्रेज़ी नहीं जानते हैं वे आपकी सद्‌बुद्धि पर निर्भर हैं। बालकृष्ण शर्मा 'नवीन' के सुझाव पर बोलते हुए अध्यक्ष डॉ. राजेन्द्र प्रसाद ने कहा—

> ''हमारे पास कई अनुवाद तैयार हैं। हिन्दी का अनुवाद है, उर्दू का अनुवाद है और हिन्दुस्तानी का अनुवाद है। जैसे ही यह प्रश्न तय कर लिया जायेगा कि हमारी राष्ट्रभाषा क्या हो, हम एक समिति बना देंगे, जो उसी भाषा में तैयार किये हुए अनुवाद को ले लेगी और यह देखेगी कि अनुवाद अक्षरश: अँग्रेज़ी भाषा के अनुरूप है अथवा नहीं।...जिन लोगों के हाथ में विधान के प्रारूप बनाने का कार्य सौंपा गया था, उनकी सामर्थ्य को ध्यान में रखते हुए यह बात प्रगट है कि विधान का प्रारूप अँग्रेज़ी में बनाने के अतिरिक्त हमारे लिए कोई और गति न थी। मेरे विचार से तो इससे कोई क्षति नहीं हुई है,

किन्तु जब किसी अनुच्छेद को यह सभा अँग्रेज़ी में अन्तिम रूप से स्वीकार कर लेगी तब यथासम्भव पूर्ण और ठीक अनुवाद हम करायेंगे और उस भाषा में करायेंगे जिसे विधान परिषद राष्ट्रीय प्रयोजनों के लिए मान्यता देगी। अत: मैं सदस्यों से यह निवेदन करूँगा कि भाषा के प्रश्न पर जो वाद-विवाद होगा, उसको वे अभी से आरम्भ न करें। कुछ समय बाद यह वाद-विवाद होगा, किन्तु मैं यह वचन देता हूँ कि ज्यों ही उस प्रश्न का निपटारा हो जायेगा तब ही, जिस भाषा को हम स्वीकार करेंगे उसी भाषा में किये गये अनुवाद को हम फिर से जँचवायेंगे या दूसरा अनुवाद करायेंगे और सभा की स्वीकृति के लिए हम उस अनूदित विधान को सभा के सामने रखेंगे।''[२१]

अध्यक्ष की बात सुनकर, सेठ गोविन्द दास ने कहा कि ''आपने स्पष्ट कह दिया था कि जिस समय हमारे सामने विधान लाया जायेगा, उस समय उसका मूल हमारी भाषा में होगा। मैंने उस समय आपसे इस बारे में प्रश्न भी किया था और आपने उसके उत्तर में भी यही कहा था कि जो विधान हमारे सामने आयेगा, वह मूल में हमारी भाषा में होगा। अब, आज डॉक्टर अम्बेडकर साहब जो विधान हमारे सामने ला रहे हैं, वह अँग्रेज़ी में है। तो फिर वह 'मूल', जिसके लिए आपने आश्वासन दिया था, हमारी भाषा में किस समय लाया जायेगा?''[२२] बालकृष्ण शर्मा ने अध्यक्ष को सुझाव दिया कि

''विधान के एक-एक खण्ड पर विचार करने के पूर्व क्या यह उपयुक्त नहीं होगा कि आप कृपा कर राष्ट्रीय भाषा के प्रश्न को ले लें और उसका निर्णय कर लें। क्योंकि यदि हम सबसे पहले राष्ट्रीय भाषा के प्रश्न को ले लें और उसका निर्णय कर लें तो सदैव के लिए झगड़े का अन्त हो जायेगा।''[२३]

सेठ गोविन्द दास और बालकृष्ण शर्मा 'नवीन' की बात से असहमति ज़ाहिर करते हुए अध्यक्ष ने कहा कि

''जिन कारणों के आधार पर आप भाषा के प्रश्न को पहले लेना चाहते हैं, उन्हीं आधार पर मैं इसे बाद में विचार करने के लिए हटाना चाहता हूँ।...मेरा यह विचार है कि उत्तेजनापूर्ण वातावरण होने के पूर्व शान्त वातावरण में मौलिक अधिकारों पर वाद-विवाद करना अधिक उपयुक्त होगा।...आरम्भ में ही यह बात ठीक नहीं कि यहाँ कटुता का वातावरण कायम हो जाय।''[२४]

इस बहस में हस्तक्षेप करते हुए आर. वी. धुलेकर[२५] ने कहा कि ''हमारी राष्ट्रभाषा में ही यह विधान बनना चाहिए और अँग्रेज़ी भाषा का जो विधान

बनेगा वह उसका तरजुमा समझा जाना चाहिए।''[२६] अध्यक्ष ने इसके जवाब में कहा कि ''असेम्बली को अधिकार है कि वह कह दे कि हिन्दी या उर्दू, जिस भाषा में चाहें, विधान पास होगा और उसको मूल समझा जायेगा। दूसरे सब उसके तरजुमें समझे जायेंगे।''[२७] संविधान-सभा के एक सदस्य सुरेशचन्द्र मजूमदार[२८] ने अनुवाद योजना में शामिल भाषाओं के विस्तार पर बल देते हुए कहा कि ''विधान निर्माण के कार्य में यह आवश्यक है कि हमारे देश की जनता उसे समझ सके चाहे उनके बोलचाल की भाषा कोई भी हो।...राष्ट्रभाषा कोई-सी भी क्यों न हो...इसलिए मेरी यह प्रार्थना है कि आप अपनी अनुवाद योजना में कम-से-कम भारत की प्रमुख भाषाओं को तो कृपापूर्वक सम्मिलित कर लें और मेरे विचार से आपके लिए यह प्रबन्ध करना कठिन नहीं होगा।''[२९] अलगूराय शास्त्री[३०] ने बहस में भाग लेते हुए कहा कि

> ''पिछले अधिवेशन में आपने यह घोषणा की थी कि जो विधान यहाँ पर आयेगा, वह हिन्दी भाषा में होगा और उसका अनुवाद अँग्रेज़ी में हो सकता है। आज आपके वक्तव्य से यह निराशा हुई कि जो बहस और वाद-विवाद हम इस विधान के सम्बन्ध में करने जा रहे हैं, उनका वही ड्राफ्ट हमारे सामने आयेगा जो अँग्रेज़ी में ड्राफ्टिंग कमिटी ने तैयार किया है।...इस सभा को इंग्लिस्तान की पार्लियामेंट नहीं बनाना है। एक ऐसा देश जिसकी अपनी भाषा है, वह एक विदेशी भाषा में अपना पहला, स्वतन्त्रता का, विधान बनाये, यह एक बहुत ही लज्जाजनक बात होगी। इस विधान का प्राथमिक अंश ही यह है कि 'हम भारत के लोग' अपने को विधान दे रहे हैं।...'हम भारत के लोग' से तात्पर्य केवल उन चन्द आदमियों से ही नहीं है, जो कि यहाँ पर बैठे हैं, बल्कि भारत की जो मूक जनता है, उससे है और जिसके प्रतिनिधि होकर हम यहाँ पर काम कर रहे हैं। हम जो विधान यहाँ दे रहे हैं, वह उसी भाषा में होना चाहिए जिसको हम समझते हैं। खेद की बात है कि हमारे बहुत से पुराने नेता लोग कहने लगे हैं कि भाषा का प्रश्न सुलझा नहीं है। अभी हमारी भाषा में सुधार नहीं हुआ है और अभी अँग्रेज़ी को रहना ही पड़ेगा।''[३१]

अलगूराय शास्त्री का प्रतिवाद करते हुए अध्यक्ष ने कहा कि

> ''आप फिर वही बहस करते जा रहे हैं जिसकी कोई ज़रूरत नहीं है, क्योंकि यह बात मानी हुई है। सब लोग मानते हैं कि हम अपनी भाषा में कांस्टीट्यूशन बना सकते हैं, और बनायेंगे।''[३२]

संविधान-सभा में ४ नवम्बर को हुए इस बहस-मुबाहिसा में सेठ गोविन्द दास, बालकृष्ण शर्मा नवीन, आर.वी. धुलेकर और अलगूराय शास्त्री ने इस बात पर इसरार किया कि पहले राष्ट्रभाषा तय कर ली जाय। राष्ट्रभाषा के तय होने के पश्चात् उसमें लिखे गये संविधान को मूल माना जाये तथा दूसरी भाषाओं को उसका अनुवाद। इन लोगों की बातों से यह भी ज़ाहिर होता है कि, चूँकि राष्ट्रभाषा हिन्दी ही बनेगी लिहाज़ा, हिन्दी में ही विधान तैयार हो। आर. वी. धुलेकर ने तो अँग्रेज़ी से तरजुमा किये गये विधान अपनाने को, राष्ट्र के लिए 'अपमानजनक' माना-बताया है; अलगूराय शास्त्री ने भारत की 'मूक जनता' की भाषा में विधान बनाने और उसी भाषा में बहस करने पर जोर दिया है। इनके मुताबिक संविधान में वर्णित 'हम भारत के लोग' का आशय उन चन्द लोगों से नहीं है, जो संविधान-सभा में बैठे हैं। शास्त्रीजी ने विदेशी भाषा में संविधान बनाने को, 'लज्जाजनक' बताया है।

अलबत्ता हिन्दी के पक्ष में बोलनेवालों, इन लोगों, की बात में एक स्तर पर राष्ट्र का विस्तार—अवाम की भाषा पर बल देने के कारण—करने की कोशिश दिखती है, जबकि अध्यक्ष राजेन्द्र प्रसाद का जवाब रणनीतिक लगता है। ऐसा लगता है गोया निकट भविष्य में राष्ट्रभाषा को लेकर संविधान-सभा में होनेवाले गरमाहट, अन्तर्द्वन्द्व और सदस्यों के मत-विभाजन का अन्देशा इन्हें हो गया था। इसलिए वे भाषा का मसला सबसे आख़िर में लाना चाहते थे। राजेन्द्र प्रसाद ने यह कहा था कि हमारी भावनाएँ चाहे जो कुछ चाहें, लेकिन हमें यह स्वीकार करना पड़ेगा कि संविधान का मसविदा बनाने वाले ज़्यादातर लोग, ख़ुद को हिन्दी की तुलना में अँग्रेज़ी में, अच्छे ढंग से व्यक्त कर सकते हैं। इन्होंने अपनी बात स्पष्ट करते हुए यह भी कहा कि केवल अँग्रेज़ी या हिन्दी में अभिव्यंजना का ही प्रश्न नहीं है; बल्कि पाश्चात्य विधानों से विचार भी लिए गये हैं। राजेन्द्र प्रसाद का यह कथन बताता है कि स्वतन्त्र भारत को परिचालित करने वाले लोगों की मजबूरी क्या थी। संविधान बनाने वाले अपने को, यहाँ की भाषा की तुलना में, अँग्रेज़ी में ही बेहतर ढंग से अभिव्यक्त कर सकते थे। आख़िर इसकी वजह क्या थी? इसकी बड़ी वजह थी—संविधान-निर्माताओं का मानसिक गठन और वैचारिक परवरिश की प्रकृति। साथ ही, संविधान-निर्माताओं का पाश्चात्य विधानों से विचार, पद और

शब्दावली लेना। यानी स्वतन्त्र भारत में, इस देश की ज़रूरत के हिसाब से एक नया संविधान गढ़ने की बजाय, अन्य मुल्कों का विधान श्रेयस्कर समझा गया। यहाँ संविधान-निर्माताओं की मंशा पर सवाल नहीं खड़ा किया जा रहा है। इनके इरादे भले ही नेक थे, परन्तु भावी भारत की नियति का निर्धारण इससे हो रहा था। इसके साथ ही अँग्रेज़ी के आज तक कायम और बढ़ते जा रहे वर्चस्व का बीज भी इस मजबूरी में छिपा दिखता है, जिसे डॉ. राजेन्द्र प्रसाद ने ज़ाहिर किया था। इसी दिन (४ नवम्बर, १९४८) सुरेशचन्द्र मजूमदार का इस बात पर बल देना कि राष्ट्रभाषा चाहे जो भाषा बने, पर संविधान की अनुवाद-योजना में, हिन्दी और उर्दू के साथ-साथ, भारत की प्रमुख भाषाओं को सम्मिलित कर लें तो प्रत्येक व्यक्ति के लिए विधान को समझना सुगम हो जायेगा लोकतान्त्रिक माँग थी। इसी में वे बीज छिपे हैं, जब लोकतन्त्र के विस्तार के साथ-साथ भाषायी अस्मिताओं की टकराहट भी, एक बिन्दु के बाद, अवश्यम्भावी थी।

हिन्दी पर साम्राज्यवाद का आरोप

संविधान-सभा में संविधान-निर्माण की भाषा को लेकर जिस तरह से सवाल उठे, उससे यह स्पष्ट संकेत मिल गया कि इस मुद्दे को सुलझाना आसान नहीं होगा। 'मूक जनता' की भाषा में संविधान लिखने और 'राष्ट्रभाषा' को प्रतिष्ठित करने की संविधान-निर्माताओं की सदिच्छा जटिल वास्तविकताओं से घिर चुकी थीं। संविधान-सभा की अगली बैठक (६ नवम्बर) में भाषायी विवाद छाया रहा। इस दिन राष्ट्रभाषा क्या हो, भाषायी आधार पर राज्यों का बँटवारा हो या नहीं; इस मुद्दे पर बहसें होती रहीं। ४ नवम्बर को हुए वाद-विवाद में, हिन्दी समर्थकों द्वारा राष्ट्रभाषा के मसले को पहले तय करने और हिन्दी वाले विधान को, मूल संविधान मानने के लिए जोर देने पर, टी.टी. कृष्णामाचारी और पण्डित लक्ष्मीकान्त मैत्र ने कहा कि यहाँ 'हिन्दी इंपीरियलिज्म' और 'लिंग्विस्टिक फैनेटिसिज्म' कायम किया जा रहा है।[३३]

संविधान-सभा में, कुछेक सदस्यों द्वारा हिन्दी के ख़िलाफ़ लगाये आरोप और हिन्दी-पक्षधरों के विरोध की ऐसी धारणाओं का खण्डन करते हुए,

जय नारायण व्यास[३४] ने 'हिन्दी इंपीरियलिज्म' और 'लिंग्विस्टिक फैनेटिसिज्म' का आरोप ख़ारिज किया।[३५] साथ ही यह ठीक सवाल किया कि अगर हम अँग्रेज़ी अपना सकते हैं तो हिन्दी क्यों नहीं ? हिन्दी विरोधियों से इन्होंने उचित ही कहा कि अगर आप हिन्दी को नहीं अपनाते तो हिम्मत करके कह दीजिए कि अँग्रेज़ी हमारी नेशनल लैंग्वेज है। एक लैंग्वेज नहीं बनाने पर, व्यासजी के मुताबिक, 'ख़तरा यह नहीं है कि अँग्रेज़ी हमारे ऊपर लद जायेगी, बल्कि ख़तरा यह है कि लिंग्विस्टिक प्राविंसेज की बात बढ़कर लिंग्विस्टिक कंट्रीज के रूप में परिणत हो जायेगी।' ग़ौरतलब यह भी है कि हिन्दी का विरोध करनेवाले तमाम लोग अँग्रेज़ी-समर्थक नहीं थे और न ही सभी लोग अँग्रेज़ी को राष्ट्रभाषा बनाना ही चाहते थे। हिन्दी और अँग्रेज़ी के आधार पर विभाजन सभा की जटिलता को नज़रंदाज़ करता है। इन बातों के अलावा जयनारायण व्यास के तर्कों में एक क़िस्म की दुविधा भी दिखती है। राष्ट्रभाषा के लागू होने पर प्रान्तीय भाषाएँ ख़त्म नहीं होगी, नहीं होनी चाहिए, यहाँ तक तो ठीक है; परन्तु, व्यास के मुताबिक, जो जगह अँग्रेज़ी को मिली हुई है, वह भी ख़त्म नहीं होगी। सवाल है कि अँग्रेज़ी राज के दौर से और उनसे सत्ता हस्तान्तरण के बाद, संविधान-सभा में हो रहे वाद-विवाद-संवाद के दौरान, अँग्रेज़ी की क्या जगह थी ? क्या अँग्रेज़ी को इस जगह से बग़ैर बेदख़ल किये, हिन्दी राष्ट्रभाषा ('राजभाषा' के अर्थ में) बन सकती थी ?

बालकृष्ण शर्मा 'नवीन' ने राष्ट्रभाषा हिन्दी के पक्ष में बोलनेवाले लोगों के वक्तव्य को, टी.टी. कृष्णमाचारी और लक्ष्मीकान्त मैत्र द्वारा सन्देह और रोष की दृष्टि से देखने पर दुःख प्रगट किया। अपनी बात का इस रूप में प्रभाव देखा, और कहा कि 'मैं हज़ार बार क्षमा याचना करता हूँ।' साथ ही कहा कि ''हम यह चाहते हैं कि दक्षिण का सारा दल...अपने इस प्राचीन देश को एक भाषा प्रदान करने के लिए हम जो प्रयत्न करें, उसमें हमारी सहायता करें।''[३६]

विचारणीय है कि कुछ प्रतिनिधि, हिन्दी-समर्थकों में 'फैनेटिसिज्म' क्यों देख रहे थे ? 'हिन्दी इम्पीरियलिज्म' लादने की बात क्यों कर रहे थे ? 'हिन्दी इम्पीरियलिज्म' की बात उठाकर अँग्रेज़ी की हैसियत बरकरार रखने की यह रणनीति तो नहीं है? 'हिन्दी इम्पीरियलिज्म' की बात करनेवाले लोगों ने कभी भी 'अँग्रेज़ी इम्पीरियलिज्म' का सवाल क्यों

नहीं उठाया? ये दोनों प्रश्न संविधान-सभा तक महदूद नहीं हैं, वर्तमान में भी मौजूँ हैं। इसी के साथ, यह प्रश्न भी उठता है कि हिन्दी का सवाल सामने लाने के दौरान, अँग्रेज़ी से तर्जुमा की बात 'अपमानजनक' और 'लज्जाजनक' बताने में, 'दक्षिण भारतीयों' ने ऐसा स्वर तो नहीं समझ लिया? आख़िरकार उन प्रतिनिधियों तक हिन्दी समर्थकों का पक्ष ठीक-ठीक क्यों नहीं सम्प्रेषित हुआ? क्या हिन्दी समर्थकों की आवाज़ में कट्टरपन भरा था?

साम्राज्यवाद विरोधी संघर्ष के दौरान, राष्ट्रवाद के नाम पर, किसी भी स्तर पर नया साम्राज्य स्थापित न हो, यह निहायत आवश्यक होता है। आख़िर वह कौन-सा बिन्दु होगा, जहाँ हिन्दी इतर भाषी लोगों के लिए, हिन्दी राष्ट्रभाषा का निर्णय परेशान करने वाला नहीं होगा? हिन्दी समर्थकों की सफ़ाई देने से लगता है कि उनकी मंशा वह नहीं थी, जैसा 'दक्षिण भारत' के प्रतिनिधियों ने समझ लिया। अगर हिन्दी समर्थकों के नहीं चाहते हुए भी, उनकी बातों से, ऐसा सम्प्रेषित हो रहा था तो भी अफ़सोसनाक है।

इसी दिन (६ नवम्बर) एस. नागप्पा ने कहा "क्या मैं यह प्रार्थना कर सकता हूँ कि जो सदस्य अँग्रेज़ी में बोल सकते हैं, वे अँग्रेज़ी ही में बोलें।"[३७] इनके बाद पं. ठाकुरदास भार्गव ने कहा कि "चूँकि मेरे मित्र यही चाहते हैं कि मैं अँग्रेज़ी में बोलूँ, इसलिए मैं उनकी इच्छाओं की पूर्ति नतमस्तक होकर करना चाहता हूँ। यह सच है कि हिन्दी में बोलने में मुझे अधिक सुविधा होती है, परन्तु साथ ही मैं यह भी चाहता हूँ कि इस सभा के सभी सदस्य मेरी बातों को समझें।"[३८] पं. ठाकुरदास भार्गव को हिन्दी में बोलने में सहूलियत होती, पर एस. नागप्पा की बात का सम्मान करते हुए, इन्होंने अँग्रेज़ी में बोलना स्वीकार किया। इसका एक मतलब यह है कि संविधान-सभा के सदस्यों के बीच, आपसी संवाद के लिए, अँग्रेज़ी ज़्यादा लाभप्रद साबित हो रही थी। अलबत्ता कुछ लोग ऐसे भी थे, जो अँग्रेज़ी नहीं समझते थे।

रायबहादुर लाला राजकंवर ने भी राष्ट्रभाषा के प्रश्न को बहुत महत्त्वपूर्ण विषय मानते हुए, इसे हल करने पर बल दिया। इनके मुताबिक :

> "यह विधान की भाषा का प्रश्न नहीं है परन्तु राष्ट्र की भाषा और देश की भाषा का प्रश्न है। एक राष्ट्रभाषा अति आवश्यक है, क्योंकि इससे जो एकता

और सुगठन हो सकता है, वह अन्य किसी भी प्रकार नहीं हो सकता। प्रान्तीय सीमाओं के पुनर्निश्चयन के समान ही कुछ प्रान्तीय भाषाओं को प्राधान्य देने के लिए भी प्रयत्न किये जा रहे हैं और उनके सम्बन्ध में मांग की गयी है। यह स्वाभाविक है। अँग्रेज़ी भाषा को ही लीजिए, जो हमारे भूतपूर्व विदेशी शासकों के प्रभुत्व के फलस्वरूप इस वृहत देश के एक कोने से लेकर दूसरे कोने तक फैल गयी। परन्तु राष्ट्रभाषा होने के लिए आवश्यक है कि वह केवल बुद्धिमान लोगों तक ही सीमित न रहे, बल्कि साधारण लोगों की भी भाषा हो जाय। वह ऐसी भाषा होनी चाहिए, जिसे सभी वर्गों के अधिकांश लोग बोलते हों और समझते हों।[३९]

सरलता बने कसौटी

राष्ट्रभाषा की अहमियत और ज़रूरत तथा हिन्दी की दावेदारी पर तार्किक बातें कहने वाले रायबहादुर लाला राजकंवर, संस्कृत के बारे में सोचते हैं कि ''संस्कृत भारत की भाषाओं की ही नहीं, बल्कि संसार की भाषाओं की जननी है।''[४०] इस (निराधार) मान्यता को माननेवाले राजकंवर ने सरलता को, बिलकुल ठीक ही, राष्ट्रभाषा के लिए कसौटी बनाया है। इस पैमाने पर संस्कृत को ख़ारिज भी कर दिया है। इसके साथ ही साधारण लोगों की भाषा न होने की वजह से यह उचित नहीं माना है कि हिन्दी अपनी ज़रूरतों के लिए संस्कृत पर निर्भर रहे।[४१] उर्दू के बारे में अपनी राय प्रगट करते हुए, इन्होंने कहा ''राष्ट्रीय और सरकारी भाषा तो अवश्य ही देवनागरी लिपि में लिखी हुई हिन्दी होनी चाहिए, परन्तु दूसरी भाषा मेरे विचार से उर्दू होनी चाहिए।''[४२]

सारंगधर दास[४३] ने भी हिन्दी को राष्ट्रभाषा के लिए उपयुक्त मानते हुए कहा कि

> ''हमारी एक राष्ट्रभाषा अवश्य होनी चाहिए। इस सम्बन्ध में भी हमारे पास विभिन्न प्रान्तीय भाषाएँ हैं, जिनमें कुछ तो बहुत ही विकसित हो गयी हैं और सम्पन्न स्थिति में आ गयी हैं और कुछ ऐसी हैं जो पिछड़ी हुई हैं। इस तरह विभिन्न प्रान्तीय भाषाओं के बीच एक स्पर्धा उत्पन्न हो गयी है।...हिन्दी के सिवाय अन्य कोई भी भाषा इस (राष्ट्रभाषा की) कसौटी पर ठीक नहीं उतर सकती है।[४४]

दक्षिण भारत के प्रतिनिधियों को जवाब देते हुए, इन्होंने कहा—

> ''मुझे आश्चर्य होता है कि अन्य अहिन्दी भाषी मित्र, ख़ासकर दक्षिण भारत के बन्धु हिन्दी को राष्ट्रभाषा बनाने की जो मांग है, उसको भाषा सम्बन्धी साम्राज्यवाद समझते हैं। मैं नहीं देखता कि इसमें भाषागत साम्राज्यवाद की क्या बात है। अगर दक्षिण भारत के लोग अँग्रेज़ी के सिवाय अन्य कोई भाषा नहीं बोल सकते हैं तो क्या इससे उनका अभिप्राय है कि मद्रास प्रान्त में रहने वाली करोड़ों जनता अँग्रेज़ी समझती है।...हमें अँग्रेज़ी को हटाना ही होगा किन्तु साथ ही हिन्दी के हिमायतियों से यह भी कहूँगा कि हम इसे तुरन्त नहीं हटा सकते हैं।''[४५]

संविधान-सभा में किसी भाषा में बोलने की माँग करना, उस भाषा में महज़ अभिव्यक्ति का मसला नहीं था; बल्कि इससे प्रतिबिम्बित होती थी आकांक्षा, जिसे निकट भविष्य में हक़ीक़त बननी थी। संविधान-सभा के सदस्य विचार-विमर्श के लिए, जिस भाषा को ज़रिया बनाते, उसे एक सत्ता भी हासिल हो रही थी, अन्य भाषाओं पर वरीयता मिल रही थी। सबके लिए समान रूप से सरल भाषा राष्ट्रभाषा बने, यह लोकतान्त्रिक माँग थी। सरलता एक कसौटी बने, वाजिब थी और तार्किक भी। अलबत्ता 'सरलता' जाँचने का प्रतिमान, जटिल है। एक भाषा किसी इलाक़े के लिए सरल होगी तो दूसरे इलाक़े के लिए कठिन। ऐसे में, बहुभाषी मुल्क में उसी तर्क का आना स्वाभाविक है कि जिस भाषा को बहुमत सरल माने। प्रकारान्तर से यह तर्क बहुसंख्यक भाषा के पक्ष में जाता है। भारत में यह भाषा हिन्दी होती। लोकतान्त्रिक तरीक़े से हिन्दी का पक्ष मजबूत होता। परन्तु कई लोगों को, इसमें बहुसंख्यक लोगों के 'वर्चस्व' की बू आती थी। लिहाज़ा, लोकतान्त्रिक तर्क भी जटिलताओं का शिकार बनने को अभिशप्त था।

रायबहादुर लाला राजकंवर ने उर्दू के पक्ष में जो तर्क दिये, जिसके परिणामस्वरूप इसे दूसरी भाषा बनायी जानी चाहिए, उसमें दो बातें हैं। पहली बात उर्दू की ख़ासियत है—आशुलिपि होना। लेकिन दूसरी बात, उर्दू का मुसलमानों के साथ रिश्ता देखना, व्यावहारिक सच्चाई को ज़ाहिर करता है। यह सच्चाई उन्नीसवीं सदी की रस्साकशी का परिणाम है। इतिहास के उस दौर में, भाषा का रिश्ता धर्म के साथ स्थापित करने की कोशिश हुई। सैद्धान्तिक तौर पर यह बिलकुल सही है कि भाषा धर्म-

विशेष की नहीं होती। पर एक बड़े कालखंड तक हुई रस्साकशी से यह झूठा-सच, लोगों के मन-मिज़ाज में, स्थापित हो गया। मुस्लिम-लीग की भाषायी राजनीति ने इसे और पुख़्ता बनाया। इसीलिए कहा गया कि उर्दू को दूसरी भाषा का दर्जा देना, मुसलमानों के प्रति 'सदिच्छा' की अभिव्यक्ति साबित होगी। इस 'सदिच्छा' पर तीन-चार करोड़ की 'संख्या' का असर है और 'मुस्लिम लीग' की ग़ैर मौजूदगी तथा मुल्क के बँटवारे के कारण पनपी 'जिम्मेवारी' का भी।

हिन्दी एक-रूप अनेक

संविधान-सभा में, हिन्दी को राष्ट्रभाषा बनाने के पक्ष में जितनी दलीलें दी जा रही थीं, उनकी काट में उतने ही सवाल भी आ खड़े हुए थे। मसला, भाषा के चुनाव से, एक कदम आगे बढक़र, यहाँ पहुँच चुका था कि आख़िर जिस भाषा को राष्ट्रभाषा के आसन की अधिकारिणी बताया जा रहा है, वह क्या है? उसका स्वरूप क्या है? और क्या पूरे देश में वह एक ही रूप में बोली-बरती जाती है? संविधान-सभा की बैठक (८ नवम्बर) में 'हिन्दी क्या है' और 'हिन्दुस्तानी का सवाल' सामने आया। हुसैन इमाम ने कहा :

> "भाषा सम्बन्धी प्रश्न को लेकर आज जो भावना लोगों में व्याप्त है, उसके विरुद्ध में कुछ नहीं कहूँगा। अँग्रेज़ी भाषा को अभी कुछ दिनों तक जारी रखना आवश्यक है।...जहाँ तक हिन्दी का प्रश्न है उस पर कोई मतभेद नहीं है, पर इस सम्बन्ध में यह जानना ज़रूरी है कि आख़िर हिन्दी है क्या? व्यक्तिगत रूप से मैं उस हिन्दी को अपनाने के लिए तैयार हूँ जिसमें सरदार पटेल बोलते हैं...वह उर्दू भाषी क्षेत्र से नहीं आये हैं। वह गुजराती हैं और ऐसी हिन्दी बोलते हैं, जो देश में सर्वत्र बोली जाती है।...वह हिन्दुस्तानी...या आप चाहे जो नाम इसे दें...के सिवाय और कुछ नहीं।...इस सम्बन्ध में भी हमें यह बताया गया है कि हम गांधीजी की विचारधारा का अनुगमन कर रहे हैं। किन्तु लोग यह भूल जाते हैं कि आख़िरी वक़्त तक महात्मा गांधी हिन्दुस्तानी के समर्थक थे। वह देवनागरी और उर्दू दोनों लिपियों में लिखी जानेवाली हिन्दुस्तानी के पक्ष में थे।"[४६]

हुसैन इमाम ने बतौर लिपि देवनागरी को, सर्वोत्तम माना। साथ ही, देवनागरी

और उर्दू लिपियों में लिखी हिन्दुस्तानी को, राष्ट्रभाषा मानने पर जोर दिया। अलबत्ता इन्होंने, भाषा के स्वरूप के सन्दर्भ में, हिन्दी–समर्थकों से असहमति ज़ाहिर की। संविधान–सभा की सदस्य एजाज रसूल ने कहा :

> ''यह सच है कि ऐसी भाषा को राष्ट्रभाषा बनाना चाहिए जो देश भर में अधिक बोली और समझी जाती हो और इस सम्बन्ध में इस तथ्य को अस्वीकार नहीं कर सकती कि हिन्दी वह भाषा है, जिसे अधिकांश देशवासी बोलते और समझते हैं। किन्तु हिन्दी शब्द की जो व्याख्या आज बहुमत वाला वर्ग करता है, वह ग़लत है। यह तो मानना ही होगा कि हिन्दी और हिन्दुस्तानी में कोई बड़ा भेद नहीं है। प्रत्येक व्यक्ति इस तथ्य को स्वीकार करेगा कि जो भाषा देश में आज बोली जाती है, चाहे मुसलमानों द्वारा हो या हिन्दुओं द्वारा वह उस भाषा से बिलकुल ही भिन्न है, जिसे हिन्दी के समर्थक हिन्दी कहते हैं और जिसके लिए वे इतनी वकालत कर रहे हैं। ये लोग जिस भाषा का पक्ष प्रतिपादन कर रहे हैं, वह है संस्कृतनिष्ठ हिन्दी, जिसे देश का केवल एक छोटा–सा वर्ग ही समझ पाता है। अगर हम गाँवों की ओर देखें तो मालूम होगा कि जो भाषा देहातों में बोली जाती है, वह यहाँ की तथाकथित हिन्दी से सर्वथा भिन्न है।...मैं सहमत हूँ कि देवनागरी लिपि में हिन्दी हमें सीखनी होगी, किन्तु इस परिवर्तन को अपनाने के लिए हमें कुछ समय अवश्य मिलना चाहिए।...मैं तो यही सिफ़ारिश करूँगी कि देवनागरी लिपि में लिखी हिन्दी ही अन्ततोगत्वा राष्ट्रभाषा होगी, पर इस सम्बन्ध में हमें एक मध्यवर्ती समय निश्चित कर देना चाहिए...लगभग १५ वर्षों का समय रख लीजिए और इस बीच दोनों लिपियों में लिखी हिन्दुस्तानी ही देश की भाषा मानी जाय।''[४७]

इसके बाद पं. जवाहरलाल नेहरू ने एक लम्बा भाषण किया। इन्होंने 'भाषा के आधार पर प्रान्त–रचना' और 'राष्ट्रभाषा' के प्रश्न को 'भविष्य के जीवन एवं शासन–दृष्टि' से 'महत्त्वपूर्ण' माना। परन्तु इसे इतना महत्त्वपूर्ण नहीं माना कि इसे 'आज और अभी' तय करना आवश्यक हो। पं. नेहरू चाहते थे कि ये सवाल 'शान्ति और सद्‌भावना के वातावरण में' विद्वतापूर्ण ढंग से विचार करके सुलझाये जायें, न कि वर्तमान उत्तेजना की अवस्था में; क्योंकि उत्तेजना में दिमाग़ साफ़ नहीं होता। पं. नेहरू ने भाषा सम्बन्धी प्रश्न के बारे में कहा—

> ''नितान्त आवश्यक बात है कि प्रत्येक देश, और स्वतन्त्र देश तो अनिवार्य रूप से अपनी ही भाषा में अपना सारा काम करे। मैं यहाँ अँग्रेज़ी में बोल

रहा हूँ और इसी तरह हमारे अन्य कई साथियों को भी यहाँ अँग्रेज़ी में ही बोलना पड़ता है। इससे ही ज़ाहिर है कि हममें कुछ कमी है। कमी हममें ज़रूर है और इसे हमें स्वीकार करना चाहिए। हम इस कमी को दूर करेंगे। किन्तु अगर हम भाषा बदलने पर जोर देते हैं, इस दिशा में अविलम्ब कोई परिवर्तन लाने की चेष्टा करते हैं तो इससे हम असंख्य मतभेदों में फँस जायेंगे और सम्भवत: हमारा समूचा विधान यों ही रुका पड़ा रह जायेगा। मैं सभा से कहूँगा कि यह कोई बुद्धिमानी की बात न होगी। व्यक्ति के जीवन के लिए और राष्ट्र के लिए भाषा का बड़ा ही महत्त्व है और चूँकि यह एक बड़ा महत्त्वपूर्ण विषय है, हमें इस पर गम्भीरतापूर्वक विचार करना चाहिए। महत्त्वपूर्ण होने के नाते यह एक ऐसा विषय है, जिस पर हमें शीघ्र ही ध्यान देना चाहिए। किन्तु साथ ही यह भी बात है कि विषय के महत्त्वपूर्ण होने के नाते इसमें शीघ्रता करने से हमारे उद्देश्य को हानि पहुँच सकती है। इसमें कुछ परस्पर विरोध हैं। यदि किसी आवश्यक प्रश्न के सम्बन्ध में हम बहुमत द्वारा देश के विभिन्न भागों में रहनेवाले अनिच्छुक अल्पमत पर अथवा इस सभा के ही अल्पमत पर कोई निर्णय जबर्दस्ती लाद लेते हैं तो इससे वस्तुत: हम जो उद्देश्य सिद्ध करने चले हैं, उसमें हमें सफलता नहीं प्राप्त होगी।''[४८]

प्रधानमन्त्री नेहरू की बातें लोकतान्त्रिक मूल्यों के पक्ष में हैं, परन्तु भाषा का मसला तत्काल मुल्तवी रखने का उनका प्रस्ताव, उस दौर के उत्तेजक वातावरण को शान्त करने के लिए, किया गया प्रतीत होता है; ताकि विधान तैयार होने में बाधा नहीं आये। पण्डित नेहरू संविधान-सभा में विरले व्यक्तित्व हैं, जिन्होंने अँग्रेज़ी में बोलने को कमी के तौर पर देखा, स्वीकार किया। इन्होंने राष्ट्रभाषा का मसला महत्त्वपूर्ण मानते हुए भी—किसी भाषा या लिपि का ज़िक्र नहीं किया; कि अमुक भाषा को राष्ट्रभाषा बनानी चाहिए; अथवा अमुक भाषा राष्ट्रभाषा बनने के काबिल है। नेहरू जी ने उस 'हिन्दुस्तानी' का भी नाम नहीं लिया, जिसके वे समर्थक (माने जाते) थे। नेहरू जी के पूर्ववर्ती तक़रीबन सभी वक्ताओं ने किसी-न-किसी भाषा और लिपि का बाज़दफा पक्ष लिया था, या किसी भाषा का पुरजोर विरोध किया था। लिहाज़ा इनकी बातें रणनीतिक लगती हैं ताकि संविधान-सभा के सदस्य 'असंख्यक मतभेदों' में नहीं फँसे और समूचा विधान तैयार हो जाये।

सभा के सदस्य ज्ञानी गुरुमुख सिंह मुसाफ़िर के मुताबिक इस मसला को हमारे विद्वानों और रिसर्च स्कालर्ज ने पेचीदा बना दिया है। इन्होंने चिन्ता

ज़ाहिर की कि हम, पंजाब में भी, हर एक बात मज़हबी रंग देकर बिगाड़ लेते हैं। इन मसलों के मद्देनजर सुझाया "अगर हमें एक ही लिपि लेनी है तो हमें देखना होगा कि इन तीनों में (रोमन, उर्दू और नागरी) कौन-सी लिपि ऐसी है, जिसमें हमारी सारी ज़बानें लिखी जा सकें या अच्छी तरह प्रचलित हो सकें।..."[४९]

ज्ञानी गुरुमुख सिंह मुसाफ़िर ने सुझाव दिया कि एक लिपि में सारी भाषाएँ लिखी जायें तो भाषा का पेचीदा मसला हल हो जायेगा। यह सच है कि भाषा का लिपि से ख़ास लेना-देना नहीं होता; परन्तु यह सुझाव मुश्किल ही नहीं, असम्भव-सा है। इनके मुताबिक, हिन्दी तरजुमा से कुछ बातों का मतलब हिन्दी के समर्थक भी नहीं समझा पाये। ऐसे में सवाल उठता है कि आख़िरकार हिन्दी के समर्थक किस हिन्दी के समर्थक थे? क्या उस हिन्दी के, जिसमें लिखी बातों का मतलब ख़ुद नहीं समझ पाते थे? ऐसी ही हिन्दी के तहत गढ़े गये पारिभाषिक शब्दों के बारे में पं. जवाहरलाल नेहरू ने टिप्पणी की थी कि

> "आज पारिभाषिक शब्दों के लिए जो नये शब्द इस्तेमाल हो रहे हैं, उनमें से बहुत-से इतने असाधारण रूप में बनावटी और सचमुच बेमानी हैं कि मुझे उनसे डर लगता है।"[५०]

ज्ञानी गुरुमुख सिंह मुसाफ़िर ने राष्ट्रभाषा के लिए बिलकुल ठीक चाहा है कि हमारी जबान सादा हो और आमफहम भी।

आर. शंकर जैसे दक्षिण भारत के कुछ सदस्य हिन्दी-उर्दू-हिन्दुस्तानी के झगड़े में पड़े बग़ैर इसे ख़ारिज कर रहे थे। इन्होंने कहा कि

> "यद्यपि दक्षिण में राष्ट्रभाषा हिन्दी-हिन्दुस्तानी का प्रचार करने के लिए बहुत काम किया गया है, परन्तु यदि आप गाँवों में जायें तो आप देखेंगे कि एक प्रतिशत लोग भी हिन्दी नहीं जानते हैं।...निस्सन्देह, सभी जगह लोग हिन्दी के पक्ष में हैं। केवल कुछ समय—दस या बीस वर्ष—देना होगा। इस बीच अँग्रेज़ी का वही स्थान रहना चाहिए, जो अभी तक उसका रहा है। यदि ऐसा हो जाय तो मेरे विचार से भारत के किसी भी भाग से भी कोई व्यक्ति हिन्दी को भारत की राष्ट्रभाषा के रूप में स्वीकार करने में आपत्ति नहीं करेगा।"[५१]

आर. शंकर की इस उम्मीद को इतिहास ने ग़लत ठहरा दिया है कि अँग्रेज़ी

को अगले दस-बीस साल बिना हटाये, हिन्दी से परिचित होने का समय दें तो भारत के किसी भी भाग का कोई व्यक्ति राष्ट्रभाषा के रूप में हिन्दी को अस्वीकार नहीं करेगा। इस बिना पर कि दक्षिण के गाँवों के एक फीसदी लोग भी हिन्दी नहीं जानते, समझते; इन्होंने हिन्दी का विरोध किया था। यह पूछा जा सकता है कि क्या उस दौरान, उन इलाकों के एक फीसदी लोग, अँग्रेज़ी जान-समझ लेते थे? क्या यह तर्क अँग्रेज़ी को जारी रखने मात्र के लिए दिया गया था?

संविधान-सभा की अगली बैठक (९ नवम्बर) में, घनश्याम सिंह गुप्त[५२] ने 'सरल हिन्दुस्तानी' पर सवाल खड़ा करते हुए कहा कि मैं इस सरल हिन्दुस्तानी की खोज में रहा। परन्तु उसे न पा सका। हुसैन इमाम और एजाज़ रसूल सरीखे सदस्य 'हिन्दुस्तानी' की वकालत कर रहे थे। ऐसे में, इन्होंने हिन्दुस्तानी के अस्तित्व पर ही सवाल पेश कर, इसका विरोध किया।[५३] ऐसा प्रतीत होता है कि हिन्दुस्तानी का, जो मोर्चा संविधान-सभा के भीतर बनने लगा था, घनश्याम सिंह गुप्त ने उसे दरकाने की कोशिश की। हिन्दुस्तान का एजेण्डा हिन्दी का पक्ष कमजोर कर सकता था। इस हिन्दुस्तानी के साथ राष्ट्रपिता महात्मा गांधी का नाम जुड़ा था, जिसका बख़ूबी उपयोग हिन्दुस्तानी के समर्थक करने लगे थे। इसके साथ ही जवाहरलाल नेहरू, राजेन्द्र प्रसाद, सरदार वल्लभ भाई पटेल और मौलाना अबुल कलाम आज़ाद सरीखे बड़े नेताओं का समर्थन इसे हासिल था। इस स्थिति में हिन्दुस्तानी, हिन्दी के समक्ष एक मजबूत 'अन्य' के रूप में सामने आने लगी थी। इस हिन्दुस्तानी के साथ अँग्रेज़ी की तरह व्यवहार नहीं किया जा सकता था, कि यह विदेशी ज़ुबान है; लिहाज़ा इसे स्वतन्त्र देश की राष्ट्रभाषा बनाना अपमानजनक होगा। दूसरी बात यह भी थी कि हिन्दुस्तानी के पक्ष में इलाक़े विशेष के लोग नहीं थे। गांधीजी की हत्या के बाद से हिन्दुस्तानी—गांधीजी की कामना की राष्ट्रभाषा—को बाज़दफा भावनात्मक सहारा भी मिल जाता था।

घनश्यामसिंह गुप्त जैसे आर्य समाजी नेताओं का, हिन्दुस्तानी का अस्तित्व ख़ारिज करना स्वाभाविक लगता है, ताकि हिन्दी और उर्दू बचे। ज़ाहिर-सी बात है, हिन्दी और उर्दू में, हिन्दी का पलड़ा भारी पड़ता। क्या सरल भाषा के तौर पर हिन्दुस्तानी का अस्तित्व नकारकर, घनश्याम सिंह गुप्त संस्कृतनिष्ठ हिन्दी—जिसका संविधान-सभा के कई सदस्यों ने विरोध

किया था—का पक्ष परोक्ष रूप से रख रहे थे ? यह सवाल खड़ा करने का आधार है घनश्याम सिंह गुप्त का सरल हिन्दुस्तानी का अस्तित्व ख़ारिज करना, पर संस्कृतनिष्ठ हिन्दी अथवा अरबी-फ़ारसी युक्त उर्दू के मसले पर चुप्पी साधना। ऐसी हिन्दी-उर्दू उनकी चिन्ता के दायरे में नहीं दिखती। बहरहाल, इन्होंने सरल हिन्दुस्तानी के अस्तित्व को नकारने के लिए कहा है कि जब हम प्रारम्भिक पाठ्य-पुस्तकों तक में सरल हिन्दुस्तानी भाषा का प्रयोग नहीं कर सकते तो हमारे क़ानून उस भाषा में कैसे लिखे जा सकते हैं। इसके जवाब के तौर पर यह पूछना वाजिब होगा, कि क्या किसी ने सरल हिन्दुस्तानी में प्रारम्भिक पाठ्य पुस्तकें लिखने की कोशिश की थी, कि इसमें नहीं लिखी जा सकी ? बग़ैर सरल हिन्दुस्तानी में लिखने की कोशिश किये, यह आरोप लगाना कितना उचित एवं तार्किक है ?

संविधान-सभा के कुछेक सदस्यों के मन में महात्मा गांधी के प्रति श्रद्धा-भाव कितना गहरा था, इसे जानने के लिए वी. पोकर साहब बहादुर का वक्तव्य देखा जा सकता है। इस श्रद्धा-भाव का लाभ हिन्दुस्तानी को मिल रहा था। वी. पोकर साहब बहादुर ने कहा कि "प्रश्न यह है कि राष्ट्रभाषा का स्वरूप क्या होना चाहिए ?...मैं आरम्भ में ही यह बता देना चाहता हूँ कि मैं न हिन्दी जानता हूँ, न उर्दू और न हिन्दुस्तानी। इसलिए मैं इस प्रश्न पर तटस्थ होकर विचार कर रहा हूँ।" लिहाज़ा, अपना सुझाव देते हुए, इन्होंने कहा कि

> "इस आदरणीय सभा को केवल इस कारण हिन्दुस्तानी के पक्ष में निश्चय करना चाहिए कि राष्ट्रपिता महात्मा गांधी का यही पवित्र मत था। वे इस भाषा-सम्बन्धी विवाद से अच्छी तरह परिचित थे और वे यह भी जानते थे कि उनका राष्ट्र कैसा है। बहुत सोच विचार के बाद ही उस महान पुरुष ने यह मत प्रकट किया कि नागरी और फ़ारसी लिपियों के साथ हिन्दुस्तानी ही सरकारी भाषा होनी चाहिए।"

गांधीजी के प्रति अतिशय श्रद्धा का ही परिणाम है कि वी. पोकर ने हिन्दुस्तानी का पक्ष लिया। एक तरफ़ गांधीजी के प्रति यह श्रद्धाभाव और दूसरी तरफ़ अँग्रेज़ी को अगले पन्द्रह साल जारी रखने का सुझाव, इनके अन्तर्विरोधों को उजागर करता है।[५४]

इनके बाद एल. कृष्णास्वामी भारती ने भारत के लिए, एक राष्ट्रभाषा का होना, आवश्यक माना। साथ ही स्मरण दिलाया कि इस समय भारत में

एक ही भाषा नहीं है। इन्होंने ख़ुशी ज़ाहिर की कि विधान का मसौदा बनानेवाले इस प्रकार के किसी विवाद में नहीं पड़े हैं। इन्होंने पं. नेहरू की बात का समर्थन करते हुए कहा—

> ''जैसा कि प्रधानमन्त्री महोदय ने कहा है कि राष्ट्रभाषा को निश्चित करने के प्रश्न को इसी स्थान पर और इसी समय छेड़ने की आवश्यकता नहीं है।...यदि इसे बिलकुल स्पष्ट कर दिया जाय तो इस समय जो उत्तेजना और विवाद उपस्थित है, उसका अन्त हो जायेगा। इसे निश्चित रूप से समझ लेना चाहिए कि प्रादेशिक भाषाएँ प्रान्तों के विधान-मंडलों तथा उच्च न्यायालयों दोनों में प्रयुक्त होगी।''[५५]

एल. कृष्णास्वामी भारती राष्ट्रभाषा के प्रश्न को मुल्तवी रखने और अगर निश्चय करना आवश्यक हो तो केन्द्रीय सरकार के लिए, एक भाषा निश्चित करने की, सिफ़ारिश कर रहे थे। इनके बाद के वक्ता किशोरीमोहन त्रिपाठी का कहना था ''हिन्दी को भारत की राष्ट्रभाषा स्वीकार कर लेनी चाहिए। परन्तु मेरा यह अर्थ नहीं है कि विधान के मसौदे के अनुवाद में जिस हिन्दी का प्रयोग किया गया है, उसे स्वीकार करना चाहिए।''[५६] इनके पश्चात विश्वम्भरदयाल त्रिपाठी ने भी राष्ट्रभाषा का सवाल हल करने का सुझाव दिया। इन्होंने राष्ट्रभाषा के साथ-साथ राष्ट्रगान और राष्ट्रीय पताका निश्चित करने पर जोर दिया। इसके साथ ही गाय की रक्षा का प्रश्न भी इन्होंने रखा।[५७] उन्नीसवीं सदी में गाय, नागरी और हिन्दी को लेकर, प्रतीक की जो राजनीति शुरू हुई थी, इनके वक्तव्य में, उसका असर देखा जा सकता है।

देशी भाषा में बने विधान

दक्षिण भारत (चेन्नई) के एक सदस्य एम. सत्यनारायण ने हिन्दुस्तानी का पक्ष लिया। ज़ाहिर है यह थोड़ी अप्रत्याशित बात थी। इन्होंने संविधान-निर्माण की प्रक्रिया पर सवाल खड़ा करते हुए कहा कि—

> ''हमारा यह विधान ऊपर से बन रहा है, नीचे से, ज़मीन से नहीं बन रहा है। यदि हमारा विधान ज़मीन से बनता तो हमारा विधान पहले देशी भाषाओं में बनता। देश के लोग समझते हैं कि...यह विधान उनके लिए बन रहा है न कि किसी और के लिए। हमारा विधान बनाने में अधिकतर अन्तरराष्ट्रीय दृष्टि

रखी जा रही है, बनिस्बत राष्ट्रीय दृष्टि के, बनिस्बत गाँव वालों की दृष्टि के।...यह बहुत ही अच्छा होगा कि हमारी देशी भाषाओं में हमारा विधान बनाया जाय और फिर उसके बाद अँग्रेज़ी में, या दूसरी भाषाओं में, जिनके विधान की नकल की गयी है और जिनको हमें अपना विधान दिखलाना है, उनके लिए उसका अनुवाद कर दिया जाय।''[५८]

एम. सत्यनारायण ने संविधान-निर्माण की प्रक्रिया और इसके मक़सद पर मानीखेज सवाल खड़ा किया है। भारतीय गाँव और बहुसंख्यक अवाम को नज़रअन्दाज़ कर जिस विधान की रचना हो रही थी, उसमें अवाम की भाषा का उपेक्षित होना स्वाभाविक था। एम. सत्यनारायण के सवालों के आलोक में देखें, जहाँ राष्ट्रीय दृष्टि की बनिस्बत अन्तरराष्ट्रीय दृष्टि पर बल दिया जा रहा था तो भारतीय राष्ट्र-राज्य के भावी चरित्र का पूर्वानुमान सही प्रतीत होता है।

एम. सत्यनारायण के बाद सुरेशचन्द्र मजूमदार[५९] ने कहा कि ''दुर्भाग्य से इस विषय पर बहुत ही उत्तेजनापूर्ण विवाद और कलह मचा हुआ है।...मैं अपने सभी देशवासियों से यह भी प्रार्थना करता हूँ कि वे कोई ऐसी बात न करें, जिससे हिन्दी अथवा हिन्दुस्तानी के राष्ट्रभाषा होने के अधिकार को हानि पहुँचे।''[६०] मजूमदार ने सभी भारतीय भाषाओं का प्रोत्साहन आवश्यक माना। साथ ही, हिन्दी अथवा हिन्दुस्तानी के पक्ष में सहमति जतायी। मजूमदार भी उन लोगों की श्रेणी में आते हैं, जो राष्ट्रभाषा के लिए हिन्दी अथवा हिन्दुस्तानी का प्रयोग करते हैं। ग़ौरतलब है कि हिन्दी और हिन्दुस्तानी का फ़र्क़, संविधान-सभा की बहस के पहले, स्पष्ट हो गया था। संविधान-सभा की बहस में भी इन दोनों के पक्ष में अलग-अलग लोग थे। लिहाज़ा यह सवाल उठता है कि हिन्दी और हिन्दुस्तानी में से कौन? क्या इन दोनों में से जिसका पलड़ा भारी होगा, मजूमदार उसके पक्ष में थे? मजूमदार के बाद मैसूर के एस.वी. कृष्णमूर्ति राव[६१] ने कहा कि ''दक्षिण भारत की भाषाओं में स्वतन्त्रता से संस्कृत से शब्द लिये गये हैं। द्राविड़ भाषाओं में तत्सम शब्द भी हैं और तद्भव शब्द भी। मैं यह अनुभव करता हूँ कि देवनागरी लिपि के साथ हिन्दी हमें स्वीकार्य होगी, परन्तु मेरे विचार से उसे हम पर एकाएक न लादा जाना चाहिए, क्योंकि दक्षिण भारत के निवासियों की संख्या अत्यधिक है।''[६२]

संविधान-सभा में, इन चार दिनों (यानी ४, ६, ८, ९ नवम्बर १९४८)

तक, राष्ट्रभाषा का मसला छाया रहा। इसमें हिन्दी, हिन्दुस्तानी, अँग्रेज़ी के पक्ष-विपक्ष में आवाज़ें उठती रहीं। ख़ास बात यह है कि दक्षिण भारत के भी कुछ सदस्यों ने हिन्दी, हिन्दुस्तानी के पक्ष में अपनी राय ज़ाहिर की। भले ही इसे एकाएक 'लादने' का विरोध किया हो। उत्तर भारत के कुछ सदस्यों ने हिन्दी, तो कुछ ने हिन्दुस्तानी के विरोध में अपनी बात रखी। लिहाज़ा दक्षिण भारत को हिन्दी या हिन्दुस्तानी के विरोध की कैटेगरी और उत्तर भारत को इसके पक्ष की कैटेगरी, मानना-बताना तार्किक और वाजिब नहीं है।

राजनीति से दूर : सत्ता के पास

राष्ट्रभाषा का यह मसला दिनानुदिन कितना कठिन होता जा रहा था, प्रधानमन्त्री जवाहरलाल नेहरू के एक निबन्ध से भी, इज़हार होता है। पं. नेहरू ने फ़रवरी १९४९ में एक आलेख लिखा, 'राष्ट्र-भाषा का प्रश्न'। यह आलेख उनकी किताब 'राजनीति से दूर' में शामिल है। इस पर, संविधान-सभा में, भाषायी मुद्दे पर हुई गहमागहमी का असर देखा जा सकता है। यह निबन्ध इस मुद्दे की गम्भीरता की तरफ़ भी इशारा करता है, जिसने भारत के प्रधानमन्त्री को इस विषय पर अपनी निजी राय प्रगट करने के लिए प्रेरित किया। साथ ही, यह निबन्ध, इस मसले पर पं. नेहरू की चिन्ता और उनके पक्ष को भी उजागर करता है। पं. नेहरू ने लिखा है कि ''मैं यह लेख प्रधानमन्त्री की हैसियत से नहीं, बल्कि एक लेखक और एक ऐसे शख़्स के तौर पर लिख रहा हूँ, जिसे भाषा के सवाल में गहरी दिलचस्पी है।''[६३] ऐसा लगता है, नेहरूजी का यह कहना कि, बाहैसियत प्रधानमन्त्री यह लेख नहीं लिख रहा हूँ, रणनीति मात्र है। ताकि इसमें व्यक्त विचारों को देश के प्रधानमन्त्री की राय समझकर, इसका विरोध या समर्थन शुरू न हो जाय। पं. नेहरू का मन इस सवाल पर लिखने का क्यों बना? ''इस प्रश्न में मेरी (नेहरू) दिलचस्पी उसके राजनैतिक और बदक़िस्मती से साम्प्रदायिक पहलुओं के कारण है। लेकिन इनसे कहीं ज़्यादा महत्त्वपूर्ण इस प्रश्न के अधिक विशाल सांस्कृतिक पहलू हैं। मेरा विश्वास है कि लगभग दूसरी हर चीज़ के बनिस्बत भाषा किसी राष्ट्र के चरित्र की ज़्यादा बड़ी कसौटी है।''[६४] नेहरू जी की इस

बात से तत्कालीन समस्याओं का पता चलता है। भाषा के सवाल जैसे विशाल सांस्कृतिक पहलू के साथ, उस दौर में, राजनीतिक प्रश्न और साम्प्रदायिक नज़रिया भी जुड़ गया था। उस दौरान प्रान्तीय भाषाओं के विकास का सवाल भी उठने लगा था। संविधान-सभा के कुछ सदस्यों ने आशंका व्यक्त की थी कि हिन्दी के राष्ट्रभाषा बनने पर, जनपदीय भाषाओं पर, हिन्दी का वर्चस्व स्थापित होगा। साथ ही इन भाषाओं का विकास बाधित भी होगा। इस आशंका को ख़ारिज करते हुए पं. नेहरू ने लिखा

> ''हिन्दुस्तान में हम अपनी प्रान्तीय भाषाओं का विकास करने के लिए बँधे हुए हैं और यह ठीक ही है कि हमारी महान प्रान्तीय भाषाओं का विकास हो। साथ ही हमें एक अखिल भारतीय भाषा भी चाहिए। यह भाषा अँग्रेज़ी या कोई विदेशी ज़बान नहीं हो सकती, हालाँकि मैं मानता हूँ कि उसकी जगत-व्यापी स्थिति और हिन्दुस्तान में उसके वर्तमान व्यापक ज्ञान के कारण अँग्रेज़ी का हमारी भावी प्रवृत्तियों में महत्त्वपूर्ण हाथ रहेगा। अखिल भारतीय भाषा कोई हो सकती है तो वह सिर्फ़ हिन्दी या हिन्दुस्तानी—कुछ भी कह लीजिए—ही हो सकती है।''[६५]

संविधान-सभा में पं. नेहरू 'हिन्दुस्तानी' के प्रबल समर्थक समझे जाते थे। इस लेख में, इन्होंने भी हिन्दी या हिन्दुस्तानी के बीच फ़र्क़ कर नहीं लिखा है। फिर भी, इतना निश्चयपूर्वक कहा जा सकता है कि इनका आशय हिन्दुस्तानी से है। पं. नेहरू ने अखिल भारतीय भाषा के तौर पर अँग्रेज़ी अथवा किसी भी विदेशी जुबान को स्वीकार करने से इनकार किया है। इसके लिए सिर्फ़ हिन्दुस्तानी को ही (भले ही कुछ लोग इसे हिन्दी कहें) क़ाबिल माना है। हिन्दी या हिन्दुस्तानी नामकरण सम्बन्धी दुविधा को साफ़ करते हुए, लिखा है कि ''यह कोई बड़े महत्त्व की बात नहीं है कि हम इस भाषा को हिन्दी कहें या हिन्दुस्तानी, क्योंकि हक़ीक़त यह है कि हर शब्द के पीछे एक इतिहास होता है और वह किसी-न-किसी निश्चित चीज़ का द्योतक होता है, जिससे उसका अर्थ सीमित हो जाता है। जिस बात के बारे में हमारे दिमाग़ साफ़ रहने चाहिए, वह है भाषा का भीतरी सार और यह कि वह भाषा संसार को किस दृष्टि से देखती है यानी वह सीमित करनेवाली, आत्मनिर्भर, अलग-अलग रहनेवाली और संकीर्ण है या उससे उलटी है? मेरे ख़याल से हमारा लक्ष्य जान-बूझकर ऐसी ज़बान होनी चाहिए, जो इनसे विपरीत गुणों वाली हो और

जिसमें विकास की बड़ी शक्ति हो। शायद और किसी भाषा से अँग्रेज़ी में यह संग्राहकता, लचीलापन और विकास का गुण ज़्यादा है। इसीलिए भाषा की हैसियत से उसका इतना बड़ा महत्त्व है। मैं चाहता हूँ कि हमारी भाषा भी संसार के सामने इसी रूप में आये।''[६६] भाषा के सवाल पर जिस तरीक़े से बहस-मुबाहिसा हो रहा था, उस पर नेहरूजी ने खेद प्रगट किया। साथ ही संकीर्ण बनाने वाले भाषायी राष्ट्रवाद की भी मुखालफत की। ''जिस ढंग से भाषा के सवाल पर आजकल हिन्दुस्तान में वाद-विवाद होता है, उस पर मुझे बहुत दुःख है। इन दलीलों के पीछे पाण्डित्य बहुत थोड़ा है और संस्कृति की समझ तो और भी कम है। उनमें भविष्य की कोई दृष्टि या कल्पना नहीं है।''[६७] अँग्रेज़ी के प्रचलित शब्दों का जिस तरह हिन्दी में अनुवाद हो रहा था, इसका विरोध संविधान-सभा के कुछ सदस्यों ने भी किया था। नेहरूजी ने इस प्रवृत्ति को, भाषा के लिए, हत्यारिनी माना। अनुवाद में गढ़े जा रहे ऐसे पारिभाषिक शब्दों को, इन्होंने असाधारण रूप से बनावटी और सचमुच बेमानी माना था। साथ ही यह भी कहा था कि ऐसे शब्दों से उन्हें डर लगता है। भाषा के आधार पर जिस राजनैतिक निहितार्थ का प्रदर्शन हो रहा था, उस पर टिप्पणी करते हुए इन्होंने लिखा कि

> ''यह आश्चर्य की बात है कि जहाँ हम राष्ट्रवाद की पराकाष्ठा पर पहुँचकर भाषा की इतनी ज़्यादा बातें करते हैं, वहाँ उसकी भक्ति ख़ाली जबानी है, या राजनैतिक उद्देश्यों की खातिर हम उसका दुरुपयोग करते हैं। जिस तरह एक भाषा की सेवा की जानी चाहिए, उस तरह उसकी सेवा बहुत कम की जाती है।''[६८]

भाषा और लिपि की बाबत अपना पक्ष स्पष्ट करते हुए, पं. नेहरू ने लिखा कि

> ''भाषा के नाम का इतना महत्त्व नहीं है, जितना उसकी भीतरी सामग्री का। अखिल भारतीय भाषा की भीतरी सामग्री के बारे में मैंने ऊपर जो ज़िक्र किया है, उसे देखते हुए और जो शब्द आज इस्तेमाल हो रहे हैं, उन्हें उसी तरह काम में लेते हुए हिन्दुस्तानी शब्द ही मेरी पसन्द की सामग्री वाली भाषा के अधिक से अधिक नज़दीक है। रही बात लिपि की, सो स्पष्ट है कि नागरी ही प्रमुख लिपि होगी। लेकिन यहाँ भी चूँकि मेरे विचार से एकांगी बनना सांस्कृतिक और राजनैतिक दोनों दृष्टियों से ग़लत है, इसलिए मेरा ख़याल

> है कि उर्दू लिपि को मान्यता दी जानी चाहिए, और जहाँ माँग हो, वहाँ उसे सिखाया जाना चाहिए।''[६९]

नेहरूजी ने भाषा के रूप में हिन्दुस्तानी का पक्ष लिया है और लिपि के तौर पर प्राथमिक रूप से नागरी का। जहाँ माँग हो, वहाँ उर्दू सिखायी जानी चाहिए। सिर्फ़ नागरी को स्वीकारना एकांगी होता—सांस्कृतिक और राजनैतिक नज़रिये से ग़लत भी। याद रखने लायक बात है कि महात्मा गांधी का भी ऐसा ही मत था। गांधीजी भी हिन्दुस्तानी के पक्षधर थे और मानते थे कि यह नागरी और फ़ारसी—दोनों लिपियों—में लिखी जा सकती है। गांधीजी नागरी और फ़ारसी, इन दोनों, में प्राथमिक तौर पर नागरी को रखते थे।

राष्ट्रभाषा की अग्नि-परीक्षा

भाषा के मसले पर संविधान-सभा की अगली बैठक निर्णायक साबित हुई। १२, १३ और १४ सितम्बर को सम्पन्न वाद-विवाद में नये राष्ट्र की भाषा-नीति को, एक बड़े हद तक, आकार लेना था। डॉ. विमलेश कान्ति वर्मा ने तीन दिनों में सम्पन्न हुए इस वाद-विवाद को ठीक ही 'अग्नि-परीक्षा' शब्द से नवाज़ा है। इस अग्नि-परीक्षा में हिन्दी को समर्थन का सबूत पेश करना था। १२ सितम्बर की बैठक डॉ. राजेन्द्र प्रसाद की अध्यक्षता में सम्पन्न हुई। आगाज़ करते हुए अध्यक्ष ने कहा, जिससे इस मुद्दे की संवेदनशीलता और तत्कालीन राजनीतिक गर्माहट का पता चलता है—

> ''मैं जानता हूँ कि यह एक ऐसा विषय है जो कुछ समय से सदस्यों के विचारों में आन्दोलन पैदा करता रहा है। इस कारण इस वाद-विवाद में जो वक्ता भाग लेंगे, उनसे मैं एक निवेदन करूँगा। मेरा निवेदन किसी विशिष्ट प्रस्थापना के पक्ष में नहीं है, वरन वह उन भाषणों के प्रकार के सम्बन्ध में है, जो सदस्यों द्वारा दिये जायेंगे। हम यह न भूल जायें कि भाषा के प्रश्न पर जो कुछ भी विनिश्चय किया जाता है, उसका पालन समूचे देश द्वारा किया जायेगा। देश के समूचे संविधान में ऐसा अन्य कोई पद नहीं है कि जिसका वास्तविक व्यवहार द्वारा प्रतिदिन, प्रतिघण्टा और मैं तो यहाँ तक कहूँगा कि प्रतिक्षण पालन किया जाना अपेक्षित हो। अत: सदस्यों को यह याद रखना

> होगा कि इस सभा में वाद-विवाद द्वारा किसी बात में सफलता प्राप्त करने से कोई लाभ नहीं होगा। इस सभा का विनिश्चय समूचे देश को मान्य होना चाहिए। यदि हम किसी विशिष्ट प्रस्थापना को बहुमत द्वारा पास करने में सफल हो भी गये, परन्तु यदि वह देश की जनता के किसी विशेष वर्ग को स्वीकार न हुआ, चाहे वह वर्ग उत्तर प्रदेश का हो या दक्षिण देश का हो, तो इस संविधान का पालन करना एक बहुत ही कठिन कार्य हो जायेगा। अतः इस भाषा सम्बन्धी प्रश्न पर जब कोई सदस्य भाषण देने के लिए खड़ा हो तो मैं उनसे यह याद रखने के लिए अति गम्भीर निवेदन करूँगा कि वे एक भी शब्द या पद ऐसा न निकालें, जिससे दूसरे दुःखी हों। जो कुछ कहा जाय, वह संयत भाषा में कहा जाय जिससे कि वह तर्कयुक्त प्रतीत हो और ऐसे विषय में आवेश उत्पन्न करने या भावनाओं को उत्तेजित करने के लिए कोई अपील नहीं होनी चाहिए।''[७०]

राजेन्द्र प्रसाद ने, संविधान-सभा के सदस्यों से अपील करने बाद, यह जानकारी दी कि भाषा सम्बन्धी अनुच्छेदों पर तक़रीबन तीन सौ या इससे भी अधिक संशोधन हैं। इसके बाद संविधान-सभा के सदस्यों ने अपना अभिमत और संशोधन पेश करना शुरू किया। एन. गोपालस्वामी आयंगर[७१] ने कहा :

> ''इन विभिन्न स्थानों में इस समस्या पर बहुत कुछ कहा जा चुका है। इस विषय पर सदैव मतैक्य नहीं रहा है। फिर भी एक बात ऐसी थी कि जिस पर हम सब एक ही परिणाम पर पहुँचे थे कि भारत की किसी एक भाषा को हम समस्त भारत की सार्वजनिक भाषा के रूप में चुन लें और उस भाषा का संघ के सरकारी प्रयोजनों में प्रयोग हो। इस भाषा को चुनने में अनेक बातों पर विचार किया गया। इन वाद-विवादों के अन्त में जिस निर्णय पर पहुँचे, उसको मैं सरलता से न मान सका क्योंकि उसका अर्थ था कि उस भाषा को विदा कर दिया जाय जिसके द्वारा मेरे विचार से हमने स्वतन्त्रता प्राप्त की है। यद्यपि अन्त में मैंने उस निर्णय को स्वीकार किया कि उस भाषा को धीरे-धीरे छोड़ा जाय और उसके स्थान पर हम इस देश की एक भाषा को रखें, पर ऐसा नहीं कि बिना किसी दुःख के मैंने यह निर्णय मान लिया हो। जैसा कि सब माननीय सदस्यों को विदित है कि इस विशिष्ट विषय पर अन्तिम विनिश्चय यह है कि नये संविधान के अधीन संघ के समस्त सरकारी प्रयोजनों के लिए हम हिन्दी भाषा को ग्रहण करें। निस्सन्देह यह एक अन्तिम लक्ष्य है, जिसे प्राप्त करना इसमें यह भाव निस्सन्देह रूप में निहित है कि जब हम उस लक्ष्य को प्राप्त कर लेते हैं तो हमें उस भाषा को विदा करना होगा

जिसमें हममें से कई पले-पोसे हैं और जैसा कि मैं ने कहा था कि जिसकी शक्ति से हमने स्वतन्त्रता प्राप्त की है—मेरा अभिप्राय भाषा (अँग्रेज़ी) से है।''[७२]

एन. गोपालस्वामी आयंगर के इस वक्तव्य में अँग्रेज़ी के हटने की कसक महसूस की जा सकती है। इन्होंने यह स्वीकार किया है कि हममें से कई अँग्रेज़ी भाषा में ही पले-बढ़े हैं। अपनी कसक व्यक्त करने के बाद, कहा कि जब तक हिन्दी उस सीमा तक उन्नत न हो जाय कि वह विधि-निर्माण तथा विधि-निर्वाचन के लिए उपयुक्त वाहक बन सके और उसके बाद संसद पूर्ण विचार कर इस परिणाम पर पहुँचे कि वह अँग्रेज़ी भाषा का स्थान ले सकेगी, तब तक सर्वोच्च न्यायालय तथा उच्च न्यायालयों में अँग्रेज़ी का प्रयोग होता रहेगा। इन्होंने अनुमान जताया कि अँग्रेज़ी १५ वर्ष से ज़्यादा समय तक के लिए रहेगी। आयंगर ने सभा से यह निवेदन किया कि इस सवाल पर 'विशुद्ध लक्ष्यमूलक दृष्टिकोण' से ध्यान दें। महज़ भावनाओं से अथवा किसी भी बात के पुनरुत्थान के प्रति किसी प्रकार की निष्ठा से हम प्रभावित न हों। हमें इस विषय पर व्यावहारिक दृष्टिकोण से विचार करना है। हमें उस तन्त्र को ग्रहण करना है जो उसके लिए सबसे अधिक लाभदायक हो जो कुछ हम भविष्य में करना चाहते हैं। बकौल आयंगर यदि इस विषय पर सभा में मत विभाजन करना पड़ा तो यह एक बहुत ही दु:खदायी बात होगी। ऐसे प्रमुख विषय पर, किसी एक परिणाम पर पहुँचने में अपनी असमर्थता का, वह एक बड़ा ही निराशाजनक उदाहरण होगा।

एन. गोपालस्वामी आयंगर के भाषण और विस्तृत संशोधन—जिसे 'मुंशी-आयंगर फार्मूला' भी कहा जाता है—पेश करने के बाद, सेठ गोविन्ददास ने अध्यक्ष को सम्बोधित करते हुए कहा कि ''मेरे लिए आज यह एक समस्या है कि सभा को किस भाषा में सम्बोधित करूँ।'' यह सुनकर सभा के सदस्य नज़ीरुद्दीन अहमद ने इसे एक 'औचित्य प्रश्न' की संज्ञा दी और कहा कि माननीय सदस्य जब हिन्दी का समर्थन कर रहे हैं, लिहाज़ा उन्हें अँग्रेज़ी में नहीं बोलना चाहिए। परन्तु, अध्यक्ष ने इसमें 'औचित्य प्रश्न' देखने से इनकार किया। साथ ही यह कहा कि सभा के किसी भी सदस्य को हिन्दी में या अँग्रेज़ी में या किसी अन्य भारतीय भाषा में बोलने का हक़ है। अध्यक्ष की बात सुनकर सेठ गोविन्ददास ने फिर कहा कि 'मैं इस

बात पर पिछले कुछ दिनों से विचार करता रहा कि मैं अँग्रेज़ी में बोलूँ या उस राज की भाषा में बोलूँ, जो आज इस सभा द्वारा स्वीकार की जायेगी।' इन्हें पूरा यक़ीन था कि हिन्दी ही, सभा द्वारा राष्ट्रभाषा के रूप में, स्वीकृत होगी। इन्होंने कहा कि "मैं यह नहीं चाहता हूँ कि हमारे देश के इतिहास के अभिलेखों में यह बात रहे कि जब मैं हिन्दी को अपने देश की राजभाषा बनाने के पक्ष में भाषण दे रहा था मैं अँग्रेज़ी में, एक विदेशी भाषा में बोला और इस कारण मैं हिन्दी में बोलना चाहता हूँ। मुझे विश्वास है कि यदि दक्षिण भारत के मेरे मित्र मेरे भाषण को ध्यानपूर्वक सुनेंगे तो मैं ऐसी भाषा में बोलने का प्रयत्न करूँगा कि मैं जो कुछ कहूँगा उसके एक-एक शब्द को वे समझ सकें।"[७३] सेठ गोविन्ददास का यह वक्तव्य सुनकर एस. नागप्पा ने इसे 'औचित्य प्रश्न' बताते हुए कहा कि 'सेठ गोविन्ददास जो कुछ कहेंगे...उसे हमें समझाये बग़ैर ही विजय प्राप्त करना' चाहते हैं। मौके की नज़ाकत को भाँपते हुए पण्डित गोविन्द मालवीय[७४] ने संविधान-सभा के हिन्दी समर्थक, सदस्यों की तरफ़ से निवेदन किया कि सेठ गोविन्ददास अँग्रेज़ी में भाषण करें। पण्डित गोविन्द मालवीय का यह 'निवेदन' ज़रूरी था; वरन मुख्य बात आने से पहले, भाषण की भाषा पर ही वाद-विवाद बढ़ने की सम्भावना थी। सेठ गोविन्ददास ने १२ सितम्बर को अपने जीवन का अत्यन्त महत्त्वपूर्ण दिन बताया तथा हर्ष प्रकट करते हुए, कहा कि—

> "मीलों चलकर और उनके घरों पर जाकर, उनके प्रान्तों में जाकर इस विषय पर मैं इस विधान परिषद के सदस्यों से अनुनय-विनय करता रहा हूँ।...मैं अपने दक्षिण भारत के माननीय सदस्यों और जिन प्रान्तों में हिन्दी भाषा नहीं बोली जाती, उन प्रान्तों के सब माननीय सदस्यों का अत्यन्त अनुग्रहीत हूँ कि उन्होंने कम-से-कम एक बात स्वीकार कर ली। वह बात यह है कि चाहे आप उसे राष्ट्रभाषा कहें, चाहे आप उसे राज्य भाषा कहें, वह हिन्दी ही हो सकती है और उसकी लिपि देवनागरी...अंकों का एक प्रश्न है, जो यहाँ पर सभी लोगों के हृदयों में एक क्षोभ उत्पन्न कर रहा है। मेरी समझ में नहीं आता कि इसमें क्षोभ की क्या आवश्यकता है। मैं माननीय सदस्यों का ध्यान गत दो या तीन वर्षों की घटनाओं की ओर ले जाना चाहता हूँ। जब पहले-पहल मैंने भाषा और लिपि का प्रश्न उनके सामने रखा, तब अंकों का प्रश्न उन्होंने नहीं उठाया था। आज वह प्रश्न जितने महत्त्व का हमारे दक्षिण भारत के बन्धुओं को दिखायी देता है, उस समय उन्होंने इसे उस दृष्टि से नहीं देखा

> था। मैं उनकी स्मरण शक्ति को ताज़ा करने के लिए उस फार्मूले को पढ़ना चाहता हूँ, जिस पर उन्होंने बहुत बड़ी संख्या में हस्ताक्षर किये थे। यह फार्मूला यहाँ मैं पढ़ता हूँ, हिन्दी और अँग्रेज़ी दोनों में। हम लोग इस बात के पक्ष में हैं कि भारत के विधान में यह रखा जाय कि राष्ट्रभाषा और राष्ट्रलिपि हिन्दी और देवनागरी होगी। राष्ट्र संघ पार्लियामेंट में सब काम हिन्दी और देवनागरी अक्षरों के द्वारा अथवा उस समय तक के लिए, जो संघ पार्लियामेंट निश्चित करे, अँग्रेज़ी में होगा।''[७५]

सेठ गोविन्ददास के इस वक्तव्य पर काजी सैयद करीमुद्दीन[७६] ने पूछा कि 'श्रीमान, सभा में यह कौन-सा लेख पढ़ा जा रहा है।' जवाब देते हुए सेठ गोविन्ददास ने बताया कि यही 'वह डॉक्यूमेंट है, जिस पर वहाँ के सदस्यों ने हस्ताक्षर किये थे और जो फार्मूला भाषा के सम्बन्ध में उन्होंने स्वीकार किया था। इस फार्मूले पर साधारण सदस्यों के हस्ताक्षर नहीं है। हमारे मद्रास के श्री गोपालस्वामी आयंगर ने इस पर हस्ताक्षर किये हैं। डॉ. पट्टाभि सीतारमैया, श्री प्रोफ़ेसर रंगा, श्री अलगेसन, श्री थिरुमल राव, श्री अनंत शयनम् आयंगर, श्री काला वेंकट राव, बम्बई के श्री निजलिंगप्पा, श्री जेठे, श्री पाटस्कर, श्री गुप्ते इत्यादि, बंगाल के श्री मैत्र, श्री मजूमदार, श्री गुहा, श्री सुरेन्द्र मोहन घोष और दूसरे सज्जन। उड़ीसा के श्री विश्वनाथ दास, श्री बी. दास, श्री लक्ष्मीनारायण साहु, श्री युधिष्ठिर सिंह और असम के श्री रोहिणी कुमार, श्री चालिहा ने भी इस पर हस्ताक्षर किये हैं। हिन्दी भाषा-भाषी सभी सदस्यों के इस पर हस्ताक्षर हैं।'[७७] सेठ गोविन्द दास जब यह दस्तावेज़ पढ़ रहे थे, वेंकेटराव ने पूछा कि 'मेरा नाम क्यों लिया जा रहा है? मेरे प्रति जो निर्देश है, उसे मैं नहीं समझता हूँ।' गोविन्द दास ने बताया कि आपने इस दस्तावेज़ पर हस्ताक्षर कर, देवनागरी के पक्ष में सहमति ज़ाहिर की थी; आपने देवनागरी अंकों को भी स्वीकार किया था। यह सुनने के बाद वेंकटराव शान्त हो गये।

असल में नागरी लिपि को स्वीकार करने के बावजूद, अंकों के मामले में इसे अस्वीकार किया जा रहा था। इसलिए सेठ गोविन्ददास ने उक्त डॉक्यूमेंट पर हस्ताक्षर करने वाले लोगों के नाम बताकर कहा कि 'न्यूमरल्स सवाल...हाल का ही उठा हुआ है और इस सवाल को उस समय किसी ने महत्त्व नहीं दिया था। अंक के अलावा गोपालस्वामी आयंगर की इस धारणा—पन्द्रह वर्ष के बाद भी एक लम्बे समय तक हिन्दी को अँग्रेज़ी

का स्थान नहीं लेने देना चाहिए—से भी हिन्दी-समर्थक, उचित ही असहमत थे, आयंगर की यह सिफ़ारिश कांग्रेस कार्यकारिणी समिति के मत के भी विरुद्ध है। कांग्रेस कार्यकारिणी ने कहा था 'धीरे-धीरे इस बात का प्रयत्न करना चाहिए कि पन्द्रह वर्ष में अँग्रेज़ी का स्थान हिन्दी ले ले और पन्द्रह वर्ष में या उसके पश्चात इस देश में अँग्रेज़ी का स्थान न रहे।' अंक का प्रश्न और अँग्रेज़ी कितने वर्षों तक रहनी चाहिए के अलावा तीसरा मुद्दा था—जिन प्रान्तों में हिन्दी स्वीकृत थी, जिन प्रान्तों की अदालतों में हिन्दी में कामकाज हो रहा था, वहाँ भी अँग्रेज़ी लागू करने की सिफ़ारिश। सेठ गोविन्द दास ने वाजिब ही, संयुक्त प्रान्त (उत्तर प्रदेश) का उदाहरण देकर, कहा कि वहाँ सारे बिलों के मसविदे, सारे प्रस्ताव, सारे प्रश्न हिन्दी में ही होते हैं।' लेकिन आयंगर जी की धारा में कहा गया है कि 'सारे बिल, सारे इस तरह के जितने कार्य हैं, वह अँग्रेज़ी में हों।' गोविन्द दास ने बिलकुल ठीक समझा था कि यह 'मामले को आगे न बढ़ाकर पीछे हटाना हुआ।' इसे हिन्दी-समर्थक कैसे स्वीकार कर सकते थे कि जिन प्रान्तों में हिन्दी में काम चल रहा है, वहाँ भी अँग्रेज़ी 'लादी' जाय। जहाँ कचहरियों में सुचारू रूप से हिन्दी में काम चल रहा है, वहाँ अँग्रेज़ी को 'लादा' जाय। गोविन्द दास ने अपने समर्थन में, ६-७ अगस्त १९४९ को दिल्ली में सम्पन्न 'राष्ट्रीय भाषा सम्मेलन' से निकले प्रस्तावों की याद दिलायी।[७८] और कहा कि 'आयंगर साहब ने जो धारा यहाँ पर पेश की है, उसमें उन्होंने यद्यपि हिन्दी और देवनागरी लिपि को स्वीकार किया है, पर उसी के साथ उस धारा को ध्यानपूर्वक देखने से यह प्रयत्न दिखायी देता है कि वह समय दूर से दूर रखा जा रहा है, जब हिन्दी अँग्रेज़ी का स्थान ले सके।'

सेठ गोविन्द दास ने आयंगर द्वारा प्रस्तावित संशोधनों पर न केवल अपना विरोध दर्ज़ कराया, बल्कि हिन्दी समर्थकों पर लगाये जा रहे साम्प्रदायिक होने के आरोपों का भी खण्डन किया। उन्होंने कहा :

> ''हम हिन्दी का पक्ष लेनेवालों पर एक आक्षेप होनेवाला है कि हम इस विषय को साम्प्रदायिकता की दृष्टि से देखते हैं। यह आक्षेप हमारे बड़े-बड़े नेताओं ने हम पर किया है। मैं उनसे कहना चाहता हूँ कि जहाँ तक हम लोगों का सम्बन्ध है, हम इस विषय को साम्प्रदायिकता की दृष्टि से जरा भी नहीं देखते। हम इस विषय को राष्ट्रीय दृष्टि से देखते हैं।...हिन्दी आन्दोलन करने वालों को साम्प्रदायिक कहना यहाँ एक बड़ा भारी अन्याय है।''[७९]

सेठ गोविन्ददास का मानना ठीक है कि उर्दू सिर्फ़ मुसलमानों की भाषा नहीं है, इस भाषा में देश के बड़े-बड़े हिन्दू विद्वानों और कवियों ने भी रचनाएँ की है। गोविन्ददास को उर्दू से प्रेम भी है, परन्तु बग़ैर कोई आधार पेश किये, इनका यह निर्णय निकालना कि हिन्दी-समर्थक साम्प्रदायिक नहीं है, बल्कि उर्दू के समर्थक साम्प्रदायिक हैं; न तो उचित है, न तार्किक। सेठ गोविन्ददास के बाद नज़ीरुद्दीन अहमद ने कहा—

> ''इतने महत्त्वपूर्ण विषय पर, जिसका प्रभाव चौंतीस करोड़ व्यक्तियों पर पड़ता है, कोई झगड़ा नहीं होना चाहिए। परन्तु साथ-ही-साथ मैं यह भी कहूँगा कि जल्दबाजी में कोई अनुचित समझौता भी नहीं होना चाहिए।...मैं अहिन्दी भाषा-भाषी क्षेत्रों के दृष्टिकोण से कह रहा हूँ यदि आपको हिन्दी सीखनी हैं तो एक विदेशी भाषा के रूप में आपको उसे सीखना है। अपनी मातृभाषा आप बिना साक्षरता के सीख सकते हैं परन्तु किसी विदेशी भाषा को आप पुस्तक द्वारा ही सीख सकते हैं।...हमारी जनता में कम-से-कम ४५ प्रतिशत पूर्णतया निरक्षर हैं। क्या यह बात तर्क के सामने टिक सकती है कि आप भारत की जनता को राजभाषा के रूप में हिन्दी एकदम सिखा सकते हैं? आप ऐसा नहीं कर सकते। मैं निवेदन करता हूँ कि भारत की जनता पर राष्ट्रभाषा का आरोपण करने के पूर्व यह आवश्यक है कि जनता को साक्षर बनाने का आन्दोलन हो और जो लोग नहीं चाहते हैं, उन पर एक विदेशी भाषा का आरोपण करने के पूर्व प्रत्येक क्षेत्र में साक्षरता का अधिकतम प्रतिशत होना चाहिए।''[८०]

नज़ीरुद्दीन अहमद ने अँग्रेज़ी का समर्थन किया। इनके मुताबिक 'अहिन्दी भाषी' इलाक़े के लिए हिन्दी 'विदेशी भाषा' की तरह है। सवाल उठता है कि जब अँग्रेज़ी सरीखी विदेशी भाषा को अहिन्दी भाषी इलाक़े के लोग सीख सकते हैं, तो हिन्दी क्यों नहीं? साक्षरता का प्रतिशत अगर हिन्दी सीखने के लिए आवश्यक है तो क्या अँग्रेज़ी सीखने के लिए नहीं है? जब हिन्दी और अँग्रेज़ी, दोनों, 'अहिन्दी भाषी' इलाक़े के लोगों को नये सिरे से, सीखना होगा तो वे हिन्दी ही क्यों न सीखें? आख़िरकार नज़ीरुद्दीन अहमद अँग्रेज़ी के पक्ष में क्यों हैं? क्या महज़ इसलिए कि हिन्दी इस लायक नहीं है कि उसे राष्ट्रभाषा का दर्जा दिया जा सके? अथवा इसके पीछे कोई और कारण है? क्या एन. गोपालस्वामी आयंगर की तरह, नज़ीरुद्दीन अहमद भी, अपनी वर्ग-स्थिति के कारण अँग्रेज़ी के पक्ष में खड़े हैं? एन. गोपालस्वामी आयंगर और नज़ीरुद्दीन अहमद के तर्कों में

फ़र्क़ ग़ौरतलब है। एक समान वर्ग-स्थिति की वजह से, एक स्तर पर, दोनों अँग्रेज़ी के समर्थक हैं। पर अहमद ने हिन्दी की बजाय संस्कृत का पक्ष लिया। संस्कृत की श्रेष्ठता साबित करने वास्ते कई देशी-विदेशी विद्वानों का उद्धरण पेश कर, कहा कि संस्कृत 'एक बहुत उच्च कोटि की भाषा है।' संस्कृत के पक्ष में मुखर वक्तव्य देने के बाद नज़ीरुद्दीन अहमद ने लिपि का मुद्दा उठाया। हिन्दी लिपि का दोष बताकर, इसका पक्ष कमजोर साबित किया।[८१] इस सवाल को उठाने के बाद नज़ीरुद्दीन अहमद ने संस्कृत का पक्ष लेते हुए कहा कि 'यदि हमें कोई भाषा स्वीकार करनी है तो वह भाषा उन्नत, उच्च कोटि की और सर्वोत्तम होनी चाहिए।' कहना होगा श्री अहमद ने संस्कृत का पक्ष मजबूत बताने के क्रम में ख़ुद ग़लत तर्क का उपयोग किया है। हिन्दी की कमजोरी बताने के लिए, इन्होंने इसकी लिपि को दोषपूर्ण बताया। अब इस हास्यास्पद तर्क पर क्या कहा जाय? इतिहास के जिस दौर में नज़ीरुद्दीन अहमद हिन्दी की लिपि की गड़बड़ी साबित कर संस्कृत की सिफ़ारिश कर रहे थे, उस दौर में (और अब भी) संस्कृत भी उसी लिपि में लिखी जाती थी, जिस लिपि में हिन्दी। तो क्या नज़ीरुद्दीन अहमद को इस प्राथमिक बात की भी जानकारी नहीं थी? अथवा हिन्दी विरोध के उबाल में ऐसी ग़लती कर बैठे? वजह चाहे जो हो, दोनों स्थितियाँ अफ़सोसनाक हैं। अगर पहली बात सच है तो यह कितना दुखद है कि लिपि सम्बन्धी प्राथमिक स्थिति नहीं जाननेवाला व्यक्ति हिन्दी के ख़िलाफ़ भाषण कर रहा था। अगर दूसरी बात सच है तो पूछा जा सकता है जो नज़ीरुद्दीन अहमद यह कह रहे थे कि "देशभक्ति की भावनाओं से प्रेरित होकर भी मैं तथ्यों की ओर से आँखें नहीं भींच सकता हूँ", आख़िरकार हिन्दी के अन्धविरोध के दौरान, लिपि सम्बन्धी प्राथमिक तथ्य कैसे भुला देते हैं कि संस्कृत और हिन्दी दोनों की लिपि एक ही है। ऐसा लगता है कि हिन्दी का विरोध और संस्कृत के समर्थन का कारण दूसरा है। इस कारण का खुलासा करते हुए, श्री अहमद बताते हैं कि संस्कृत को राष्ट्रभाषा के रूप में स्वीकारने का "सरल-सा कारण यह है कि वह सबके लिए निष्पक्ष रूप से कठिन है। हिन्दी भाषा-भाषी क्षेत्रों के लिए हिन्दी सरल है, पर अन्य क्षेत्रों के लिए वह कठिन है। मैं आपको एक ऐसी भाषा देता हूँ जो सबसे अधिक उन्नत तथा उच्च कोटि की है और वह निष्पक्ष रूप से कठिन है, उसका सीखना सबके लिए समान रूप से कठिन है। भाषा चुनने में कुछ निष्पक्षता होनी चाहिए।"[८२]

यही वह बिन्दु है जहाँ, नज़ीरुद्दीन अहमद और एन. गोपालस्वामी आयंगर एक–दूसरे से, अलग होते हैं। अहमद अँग्रेज़ी के पक्ष में तो हैं पर यदि अँग्रेज़ी न बने तो संस्कृत इस जगह पर लागू हो, ऐसा चाहते थे।

गोकि नज़ीरुद्दीन अहमद अँग्रेज़ी के पक्ष में थे और इसके नहीं बनने की स्थिति में, संस्कृत के साथ। क़ाबिलेग़ौर है कि संस्कृत को राष्ट्रभाषा/राजभाषा बनाने की मांग से निर्मित हो गया, हिन्दी के बरअक्स संस्कृत का पक्ष। हिन्दी के बरअक्स यह एक नया 'अन्य' था। एक मजबूत 'अन्य'। संस्कृत के तरफ़दारों की एक कोटि बनाना जटिल–उपक्रम है; भिन्न शख़्सियत, वैचारिकी, भाषा और इलाक़े के कारण। संविधान–सभा में अठाईस सदस्यों ने संस्कृत के पक्ष में संशोधन पेश किया था।[८३] इनमें नज़ीरुद्दीन अहमद और डॉ. अम्बेडकर का नाम अप्रत्याशित लगता है। अहमद मुस्लिम लीग में सक्रिय रहे थे तो डॉ. अम्बेडकर दलित हितों के मुखर प्रवक्ता; जिनसे संस्कृत की दूरी समझी जाती है। इस मुद्दे पर ऐसे लोग साथ थे, जो अन्य मामले में भिन्न रुख़ अपनाते थे। अहमद और डॉ. अम्बेडकर के अलावा संस्कृत के तरफ़दारों में टी.टी. कृष्णामाचारी, एल. के. मैत्र और डॉ. श्यामाप्रसाद मुखर्जी प्रमुख थे। संस्कृत का सबसे मजबूत पहलू था—समान रूप से कठिन होना। कठिन होने के बावजूद यह देशी और प्राचीन भाषा थी। पौराणिक भाषा होने के कारण लोगों का भावनात्मक लगाव था। इस भाषा में श्रेष्ठ साहित्य उपलब्ध थे। संस्कृत का मराठी, तमिल, मलयालम सरीखी भाषाओं से एक रिश्ता भी था। संस्कृत का पक्ष, इसकी 'निष्पक्षता' बताने के लिए अहमद ने कहा था कि अगर हिन्दी राजभाषा बनती है तो सरकारी नौकरियों—ख़ासतौर से सिविल सेवा में—अहिन्दी भाषी बच्चे पिछड़ जायेंगे, हिन्दीभाषी बच्चे आसानी से काबिज़ हो जायेंगे। इसलिए 'सरलता' की बजाय 'कठिन' को 'राजभाषा' बनाने की वकालत की गयी।

एस. वी. कृष्णमूर्ति राव ने गोपालस्वामी आयंगर के संशोधन का ज़िक्र करते हुए कहा कि जब संशाोधन दिया जा रहा था तो ''मैंने सोचा कि हमने झगड़े का अन्त कर दिया है और भाषा के विषय पर विनिश्चय कर लिया है।...परन्तु दुर्भाग्यवश इस संकल्प पर इतने संशोधनों की सूचना दी गयी है कि उनकी संख्या को देखकर मैं घबरा गया और मैं सोचता हूँ कि यह अच्छा होगा कि इस प्रश्न को भावी संसद के विनिश्चय पर छोड़ दिया

जाय गत दो वर्षों से हम इस प्रश्न पर बक–झक करते रहे हैं।'' भाषा के मुद्दे पर यथास्थिति का पक्ष लेकर, अंक के मसला पर भी इन्होंने नागरी अंक की जगह कथित अन्तरराष्ट्रीय अंकों की वकालत की। पर इसके साथ ही कहा कि—

> ''आज हिन्दी केवल एक प्रादेशिक भाषा तथा प्रान्तीय भाषा है, और केवल इसीलिए कि बत्तीस करोड़ लोगों में से लगभग दस करोड़ लोगों द्वारा वह बोली जाती है, हम उसे सार्वजनिक भाषा के स्तर पर ले जा रहे हैं। मैं भारत में बोली जानेवाली सब भाषाओं को–तमिल, तेलुगू, कन्नड़, मलयालम, बंगला, गुजराती और अन्य सब भाषाओं को अपनी राष्ट्रभाषाएँ कहूँगा। परन्तु संघ के प्रयोजनों के लिए हम एक भाषा चाहते हैं और हिन्दी को वह भाषा मानने के लिए तैयार हैं पर हिन्दी को अभी एक ऐसी भाषा के रूप में तैयार होना है कि उसका प्रभाव राष्ट्रीय जीवन के समस्त अंगों में प्रकट हो और इसके लिए उसे बहुत उन्नति करनी चाहिए।''[८४]

हिन्दी की उन्नत स्थिति नहीं है; साबित करने के लिए, इन्होंने कुछ शब्दों को पेश किया और बताया कि हिन्दी में भिन्न–भिन्न लोग, इसके लिए, जुदा–जुदा शब्दों का उपयोग करते हैं। राव के इस तर्क के सन्दर्भ में कहना होगा कि एक शब्द के लिए अगर किसी भाषा में कई शब्द मौजूद हैं तो यह ताक़त है, न कि कमजोरी। कृष्णमूर्ति राव ने यह भी कहा कि—

> ''गोविन्ददासजी, टण्डनजी या गुप्ताजी इनमें से कोई, तमिल लोगों में जाकर रहें और तमिल भाषा को बोलना सीखें। मैं कहूँगा कि इसमें जितना समय लगे, वह हिन्दी भाषा का दक्षिण में पुन:स्थापन करने के लिए पर्याप्त है। उनको पन्द्रह वर्ष ही नहीं, वरन बीस या पच्चीस वर्ष लगेंगे।''[८५]

श्री राव संविधान–सभा में सम्भवतया पहले शख़्स हैं जिन्होंने हिन्दी–समर्थकों से तमिल सीखने की अपेक्षा प्रगट की। इस कामना में, भविष्य में बने, त्रिभाषा–सूत्र का बीज देखा जा सकता है। इनकी बात भी यथास्थिति के पूर्णतया पक्ष में है। पर इसके लिए दिया गया तर्क बड़े हद तक उचित है और विश्वसनीय भी। अगर हिन्दी के नेता अहिन्दी भाषी लोगों से निश्चित अवधि में हिन्दी सीखने की उम्मीद जता सकते हैं तो अहिन्दी भाषी लोगों द्वारा भी कुछेक हिन्दी समर्थकों से, अन्य भारतीय भाषा सीखने की, अपेक्षा वाजिब है।

इसके बाद मौलाना हिफजुर्रहमान[८६] ने अपना संशोधन पेश किया कि हिन्दी की जगह हिन्दुस्तानी जबान होनी चाहिए, स्क्रिप्ट देवनागरी और उर्दू दोनों होने चाहिए तथा जिस-जिस जगह या आर्टिकल में "हमारे मुअज्ज़िज़ दोस्त गोपालस्वामी आयंगर ने हिन्दी का ज़िक्र किया है, उस आर्टिकल में हिन्दी की जगह हिन्दुस्तानी इस्तेमाल होनी चाहिए और जिस-जिस जगह उन्होंने हिन्दुस्तानी का ज़िक्र किया है, वहाँ पर हिन्दी और उर्दू होनी चाहिए और इस हिन्दुस्तानी को इतना 'डेवलप' किया जाय ताकि उसमें उर्दू, हिन्दी, बंगाली और हिन्दुस्तान की तमाम ज़बानें समा सकें और पूरी तरह तरक्की दे सकें।"[८७] मौलाना हिफजुर्रहमान ने हिन्दुस्तानी के पक्ष में महात्मा गांधी को याद किया। साथ ही सेठ गोविन्ददास द्वारा उर्दू पर लगाये आरोपों का खण्डन करते हुए कहा कि "उर्दू बाहर की ज़बान है', इससे ज़्यादा ग़लत बात दूसरी नहीं है। आज हमारे दिमाग़ में यह चीज़ आ गयी है जिसकी वजह से हम महात्माजी के बनाये उसूल को अपने हाथ से मिटाने की कोशिश कर रहे हैं।"[८८] सच तो यह है कि सेठ गोविन्द दास ने उर्दू को न तो बाहर की ज़ुबान कहा और न ही मुसलमानों की भाषा। उर्दू भाषा ज़्यादातर देश के बाहर की ओर ही देखती रही है, उर्दू साहित्य में जिन जीव-जन्तु, प्रकृति, मिथकीय चरित्र, पौराणिक नायक-नायिकाओं के चित्रण हैं, वे अधिकतर भारत की नहीं हैं, बाहर की हैं; ऐसा कहा था गोविन्द दास ने; यह सच भी है। उल्लेखनीय है कि इसमें भी दास ने 'अधिकतर' शब्द का प्रयोग किया है, बिलकुल नकारा नहीं है। मौलाना हिफजुर्रहमान और सेठ गोविन्द दास, दोनों उन समाज-मनोवैज्ञानिक वजहों की पड़ताल नहीं करते, जिसके परिणामस्वरूप उर्दू साहित्य में ऐसा होता है। गोविन्द दास का उर्दू भाषा और साहित्य की वस्तुस्थिति के बारे में सही आकलन पेश करने के बावजूद उर्दू वालों को साम्प्रदायिक कहना, अवास्तविक तथा अतिरेक है; तो हिफजुर्रहमान का उर्दू-भाषा-साहित्य की वस्तु स्थिति के बारे में, दास के कथन को सिरे से ख़ारिज करना भी उत्साहजनित अतिरेक ही है।

दूसरे दिन (१३ सितम्बर) अध्यक्ष डॉ. राजेन्द्र प्रसाद द्वारा सभा की शुरुआत करने के बाद आर.वी. धुलेकर ने संशोधन पेश करते वक़्त ख़ुशी ज़ाहिर की कि "देवनागरी लिपि सहित हिन्दी इस देश की राजभाषा हो गयी है।" संविधान-सभा के कुछ सदस्यों द्वारा यह कहने पर कि 'अभी नहीं' हुई

है, धुलेकर ने कहा कि

> "यह एक तथ्य है। आप उस दिन को न आने देने के लिए कितना ही प्रयास क्यों न करें यद्यपि मैं उसे सुदिन समझता हूँ, किन्तु भले ही आप उसे कुदिन समझें परन्तु वह दिन आ ही गया है। आप कितना ही विरोध क्यों न करें किन्तु देश ने यह निर्णय कर ही लिया है। हिन्दी इस देश में सर्वत्र बोली जाने लगी है और अब वह घर कर गयी है। भाषाओं के बीच तनातनी रही और वे एक-दूसरे से बाजी मारने की कोशिश में रही। जो भाषा शक्ति-सम्पन्न थी और वे जिसमें राष्ट्रभाषा के तत्व थे, वही आज देश की राष्ट्रभाषा हो सकी है। वह (हिन्दी) राजभाषा है और वह राष्ट्रभाषा भी है। आपको इस पर आपत्ति हो सकती है। आप भले ही अन्य किसी राष्ट्र के हों किन्तु मैं भारतीय राष्ट्र का, हिन्दी राष्ट्र का, हिन्दुस्तानी राष्ट्र का हूँ। आपमें से कुछ लोग चाहते हैं कि संस्कृत राष्ट्रभाषा हो जाय। मेरा निवेदन है कि संस्कृत अन्तरराष्ट्रीय भाषा है, वह विश्व की भाषा है। आप देखेंगे कि हिन्दी के राजभाषा तथा राष्ट्रभाषा हो जाने के पश्चात संस्कृत किसी दिन विश्व की भाषा हो जायेगी।...आज चूँकि हमें राष्ट्रीयता से प्रेम है, इसलिए मैं यह कहता हूँ कि हिन्दी राष्ट्रभाषा है। आप कहते हैं कि हिन्दी राजभाषा है, किन्तु मैं यह कहता हूँ कि वह राष्ट्रभाषा है। आपका यह कथन ग़लत है कि हिन्दी राजभाषा है।...मैं श्री गोपालस्वामी आयंगर से नम्रतापूर्वक कहता हूँ मैं आपकी भाषा नहीं समझता हूँ। आप भी मेरी भाषा नहीं समझते हैं। आप इस देश की भाषा से पिछले चालीस वर्षों तक परिचित नहीं थे, इसलिए आज आप मेरी भाषा नहीं समझ सकते।...मैं यह स्वीकार करता हूँ कि आज मैं उनकी भाषा को नहीं समझता हूँ और आगे चलकर भी नहीं समझूँगा। वे अँग्रेज़ी भाषा के समर्थन में तर्क उपस्थित कर रहे हैं। श्रीमान वे सदा यही विचार करते थे कि स्वराज्य नहीं आयेगा।"[८९]

श्री धुलेकर की 'कट्टर' भावनात्मक बातों को सुनते हुए बीच-बीच में संविधान-सभा के अध्यक्ष डॉ. राजेन्द्र प्रसाद, प्रधानमन्त्री पं. जवाहरलाल नेहरू सहित कुछेक सदस्यों ने नकारात्मक टिप्पणियाँ भी की। राजेन्द्र प्रसाद ने तो यहाँ तक कहा कि मेरे विचार से आप अपने पक्ष का समर्थन नहीं कर रहे हैं। आर.वी. धुलेकर के बाद पण्डित लक्ष्मीकान्त मैत्र[९०] ने संस्कृत को राजभाषा और राष्ट्रभाषा बनाने की मांग की। संस्कृत के पक्ष में कई विदेशी विद्वानों के मत उद्धृत कर, इस भाषा को भारतीय सभ्यता और संस्कृति के वैभव, राष्ट्रीय सम्पत्ति और भारतीय भाषाओं का स्रोत

और उनकी जननी बताकर इसका पक्ष पुष्ट किया। बकौल मैत्र :

> ''सभा की इस समय की भावनाओं को देखते हुए मुझे वास्तव में इसका भय है कि बहुमत से चाहे जो भी संशोधन स्वीकार किया जाय, अर्थात् चाहे देवनागरी लिपि और भारतीय अंकों के अन्तरराष्ट्रीय रूपों के साथ हिन्दी के सम्बन्ध में मेरे माननीय मित्र श्री गोपालस्वामी आयंगर द्वारा मसौदा समिति की ओर से उपस्थित प्रस्ताव स्वीकार किया जाय अथवा दूसरे वर्ग का, अर्थात् पूर्ण हिन्दी और सब कुछ हिन्दी ही में चाहनेवाले वर्ग का प्रस्ताव स्वीकार किया जाय, हारा हुआ वर्ग उस सभा से हताश होकर और बहुत कटुता लेकर बाहर जायेगा। इसी कारण मैं सभा से यह आग्रह करने के लिए आगे बढ़ा हूँ कि केवल संस्कृत को ही भारत की राष्ट्रभाषा के रूप में स्वीकार किया जाय और अन्य किसी भाषा को स्वीकार न किया जाय। श्री गोपालस्वामी आयंगर ने जो मसौदा उपस्थित किया है, उसमें हिन्दी के स्थान पर संस्कृत रखी जाय और तत्स्थानी परिवर्तन किये जायें...संघ की भाषाओं की सूची में संस्कृत का भी उल्लेख किया जाय।''[९१]

पण्डित लक्ष्मीकान्त मैत्र ने नज़ीरुद्दीन अहमद की तरह सीधे तौर पर संस्कृत को निष्पक्ष साबित करने हेतु आधार के तौर पर समान रूप से कठिन होना नहीं बताया, पर भाषाओं के आपसी विवाद में इन्हें भी ऐसा लगा कि संस्कृत पर तक़रीबन सभी हामी भरेंगे। नज़ीरुद्दीन अहमद से लक्ष्मीकान्त मैत्र इस मायने में अलग हैं कि इन्होंने संस्कृत को भारतीय संस्कृति, ऋषि-परम्परा आदि से जोड़ा। पर यहाँ यह भी कहा जा सकता है कि पं. मैत्र अपने वक्तव्य में संस्कृत से कुछ ज़्यादा ही अपेक्षा पाल रहे थे। एक तरफ़ संस्कृत के पक्ष में बढ़-चढक़र बोलना और दूसरी तरफ़ अँग्रेज़ी के लिए यह कहना कि 'अगर इस देश से अँग्रेज़ी भाषा को निकालने की कोशिश की गयी तो भारत में फिर बर्बरता फैल जायेगी' अपने आप में दिलचस्प है।

फ्रैंक ऐंथनी[९२] ने हिन्दी को राष्ट्रभाषा मानते हुए, इसके लिए रोमन लिपि की सिफ़ारिश की। यह एक नया मसला था। बकौल फ्रैंक ऐंथनी :

> ''मुझे विश्वास है कि यदि हम हिन्दी के लिए रोमन लिपि को स्वीकार कर लेंगे तो प्रान्तीय भाषाओं के लिए भी उसे स्वीकार करने में कोई कठिनाई नहीं होगी। इससे आप तुरन्त ही प्रान्तों के आपस के सामाजिक, सांस्कृतिक और भाषा-सम्बन्धी व्यवहार को बहुत आगे बढ़ा देंगे।...इसके लिए साहस

और कल्पना की आवश्यकता है, इसके लिए आवश्यकता है भावना और प्रतिक्रियावादी शक्तियों के वश में न आने की और उनका विरोध करने की।''[९३]

फ्रैंक ऐंथनी पहले मान कर चल रहे थे कि हिन्दी भारत की राष्ट्रभाषा बनेगी। संविधान-सभा में वाद-विवाद-संवाद के बाद इनके विचार बदल गये। एंथनी देवनागरी लिपि जानते थे। इसे सरल लिपि भी मानते थे। बावजूद इसके, बग़ैर कोई तर्क दिये, राष्ट्रीय एकता के लिए देवनागरी को हटाकर रोमन लिपि की सिफ़ारिश कर रहे थे। बहस में हिस्सा लेते हुए काजी सैयद करीमुद्दीन ने तरमीम पेश की कि ''प्रौढ़ मताधिकार के आधार पर संसद का निर्वाचन होने के छह महीने के अन्दर संसद विधि द्वारा राष्ट्रभाषा को निर्धारित करे।...अगर यह मंजूर न हो तो हिन्दुस्तान की नेशनल-लेंग्वेज हिन्दुस्तानी होनी चाहिए।''[९४] इनके मुताबिक देवनागरी लिपि में हिन्दी को राष्ट्र-भाषा बनाने की कोशिश सम्भवतया एक प्रतिक्रिया है, पाकिस्तान द्वारा उर्दू को अपनी राष्ट्रभाषा लागू करने की प्रतिक्रिया।[९५]

संविधान-सभा में बहस के दौरान कई दफे राष्ट्रभाषा और राजभाषा का प्रयोग पर्याय के तौर पर होता था। कुछेक वक्ता—जिनमें हिन्दी के समर्थक भी शामिल थे—'राष्ट्रभाषा' कहते-कहते, बीच-बीच में 'राजभाषा' शब्द का उपयोग भी करने लगते थे। जबकि कुछ लोग इसे अलगाकर प्रयोग करते थे। अलगाकर प्रयोग करने वाले कुछ लोग हिन्दी को राष्ट्रभाषा की जगह राजभाषा बनाना चाहते थे। ऐसे लोगों का विरोध और हिन्दी का समर्थन करते हुए, लक्ष्मी नारायण साहू[९६] ने कहा कि ''उत्कल का आदमी होते हुए भी इस बारे में मैं पूरी सम्मति देता हूँ कि राष्ट्रभाषा हिन्दी होनी चाहिए।...अभी तक कोई कहते हैं कि राष्ट्रभाषा हम नहीं जानते हैं, इसको ऑफिसियल लैंग्वेज मानते हैं। यह बहुत दुःख की बात है। जब हम भारत वर्ष को एक राष्ट्र समझते हैं और बनाने के लिए कोशिश करते हैं, तब तो ऑफिसियल लैंग्वेज ही क्यों, इसको नेशनल लैंग्वेज भी बोलना चाहिए।''[९७] साथ ही अँग्रेज़ी के प्रति आसक्त लोगों के प्रति, तीख़ी राय व्यक्त करते हुए, कहा कि :

> ''अँग्रेज़ी का जो मोह है, वह कुछ लोगों में इतना है कि वह समझते हैं कि जब अँग्रेज़ी नहीं होगी तो हम मर जायेंगे। यह तो ऐसा ही हुआ कि शराब पीना बन्द हो जाय तो कुछ लोग मर जायेंगे। अगर अँग्रेज़ी जाने से कुछ थोड़े

आदमी मर जाते हैं तो क्या हुआ? हमें तो सारे राष्ट्र और देश का हित ध्यान में रखकर कदम उठाना चाहिए।''[९८]

संविधान-सभा के सदस्यों को, संविधान-सभा के निर्णयों के साथ, अपने-अपने चुनाव क्षेत्रों में, आम जनता के बीच, जाना था। ज़ाहिर है मतदाताओं का एक अप्रत्यक्ष दबाव भी काम कर रहा था। लक्ष्मी नारायण साहू ने संविधान-सभा के उन सदस्यों की आलोचना की, जो हिन्दी को नेशनल लैंग्वेज की बजाय ऑफिसियल लैंग्वेज कहते थे। पर, टी.ए. रामलिंगम् चेट्टियार[९९] ने हिन्दी के लिए 'राष्ट्रभाषा' शब्द का प्रयोग ग़ैरमुनासिब माना। इनके मुताबिक :

''दक्षिणात्यों के लिए यह (भाषा का प्रश्न) एक बहुत ही कठिन समस्या है। दक्षिण के लिए यह प्रश्न जीवन और मृत्यु का है और यह आवश्यक है कि इसे यथोचित रूप से हल किया जाय। श्रीमान यहाँ जो निर्णय किया जायेगा, उसे लेकर दक्षिण के प्रतिनिधियों को अपने लोगों के सामने जाना होगा और आप समझ सकते हैं कि उसका क्या महत्त्व होगा। उत्तर भारत के मेरे मित्रों ने मुझे बताया है कि यदि वे अंकों के मामले में झुकें तो मतदाता उनकी आलोचना करेंगे और जब वे चुनाव में खड़े होंगे तो उनका जीवन संकट में पड़ जायेगा। जब हम अपनी भाषाओं को छोड़कर और उत्तर की भाषा को अपनाकर अपने प्रान्तों में अपने निर्वाचकों के सामने जायेंगे तो हमारी क्या दशा होगी? इन लोगों को इसकी चिन्ता नहीं है कि हम किस स्थिति में पड़ जायेंगे।...हमारे क्षेत्रों की भाषाएँ हिन्दी से अधिक विकसित हैं और उनका साहित्य भी हिन्दी के साहित्य से अधिक वृहत है। यदि हम हिन्दी को स्वीकार करने जा रहे हैं तो वह इस कारण नहीं कि संस्कृत के समान वह अन्य भाषाओं की जननी है। इस प्रकार की कोई बात नहीं है। हम उसे केवल इस कारण स्वीकार करने जा रहे हैं कि बहुत से लोगों की भाषा हिन्दी है। यह बात भी नहीं है कि इस देश के अधिकांश लोग हिन्दी भाषी हैं। केवल बात इतनी है कि भारत में जो भाषाएँ बोली जाती हैं, उनमें से हिन्दी बोलने वालों की संख्या सबसे अधिक है। उसके कारण हमने नागरी लिपि सहित हिन्दी को राजभाषा मान लिया है। किन्तु मैं यह कह चुका हूँ कि आप राष्ट्रभाषा जैसे शब्दों का प्रयोग नहीं कर सकते क्योंकि जिस प्रकार अँग्रेज़ी अथवा अन्य कोई भाषा हमारे लिए राष्ट्रभाषा नहीं है, उसी प्रकार हिन्दी भी राष्ट्रभाषा नहीं है। हमारी अपनी भाषाएँ हैं जो राष्ट्रभाषाएँ हैं और वे हमें उतनी ही प्रिय हैं जितनी प्रिय हिन्दी भाषी लोगों को अपनी भाषा है।''[१००]

इसके साथ ही चेट्टियार ने एक बड़ा सवाल खड़ा किया—राष्ट्र को अपना समझने का प्रश्न अथवा राष्ट्र से अपने जुड़ाव का मसला। बकौल चेट्टियार :

> ''दक्षिण के लोग हताश हो रहे हैं। दक्षिण में शायद ही कहीं स्वतन्त्रता-प्राप्ति की भावना का परिचय मिले। श्रीमान जब हम देश के सबसे उत्तर में इस राजधानी में आते हैं तो हम यह अनुभव करते हैं कि हम परदेसी हैं और हममें यह भावना उत्पन्न नहीं होती कि सारा राष्ट्र और सारा देश हमारा ही है। जब तक दक्षिण के लोगों को यह समझाने का प्रयास नहीं किया जाता कि इस विचार से दक्षिण के लोगों को सन्तोष नहीं होगा, उनके हृदयों में कटुता रह ही जायेगी और यह इस समय नहीं कहा जा सकता कि उसका परिणाम क्या होगा?''[१०१]

इन्होंने दक्षिण के इन सवालों पर ग़ौर फरमाने की ज़रूरत पर बल देने के साथ अन्तरराष्ट्रीय अंकों को स्वीकारने की अपील की। चेट्टियार ने दक्षिण भारतीयों के मन में राष्ट्र के साथ जुड़ाव का सवाल उठाकर, जिस भावी समस्या की आशंका जतलायी, उसे भविष्य ने एक हद तक सही साबित किया।

संविधान-सभा में वाद-विवाद के दौरान राजभाषा अथवा राष्ट्रभाषा के तौर पर बांगला भाषा को स्वीकार करने हेतु एक प्रस्ताव सतीशचन्द्र सामन्त[१०२] ने रखा। कविगुरु रवीन्द्रनाथ टैगोर, और इस भाषा की सम्पन्नता का हवाला देकर इन्होंने प्रस्ताव रखा कि ''बंगला को भारत की राजभाषा अथवा राष्ट्रभाषा के रूप में स्वीकार किया जाय।''[१०३] बांगला की ओर ध्यान आकृष्ट कराने हेतु कहा कि ''अपने स्वातन्त्र्य-संग्राम में हमें महान गीत 'वन्दे मातरम' से प्रेरणा मिली है। इस मन्त्र के लिए सहस्रों लोगों ने यह बलिदान दिया। वन्दे मातरम के लिए सहस्रों लोगों ने अपना धन, सम्पत्ति सभी कुछ बलिदान कर दिया। इस गीत से भारत के प्रत्येक व्यक्ति को प्रेरणा मिली थी। इस गीत को बंकिमचन्द्र चटर्जी ने रचा था और यह हमें उनकी पुस्तक 'आनन्द मठ' से प्राप्त हुआ था। आप अपनी राष्ट्रभाषा और राजभाषा को चुनने जा रहे हैं, इस कारण मैं आपके दिल व दिमाग़ को इस ओर आकृष्ट करना चाहता हूँ।''[१०४] बेशक स्वाधीनता-संग्राम में शिरकत करनेवाले अमर सेनानियों को 'वन्दे मातरम' से भी प्रेरणा मिली थी। यह गीत 'आनन्दमठ' से लिया गया है। बांगला में लिखा गया यह उपन्यास, महान लेखक बंकिम बाबू ने रचा था। परन्तु गीत के

जिस हिस्से से आज़ादी के दीवानों को प्रेरणा मिलती थी, वह बांगला में नहीं बल्कि संस्कृत में रचा गया है। बांगला भाषा को मजबूती से प्रस्तुत करने के उत्साह में, श्री सामन्त ने इस बात को भुला दिया है।

संविधान-सभा में अँग्रेज़ी, संस्कृत और बांगला को राष्ट्रभाषा बनाने हेतु प्रस्ताव रखा गया। संविधान-सभा के सदस्य अलगू राय शास्त्री ने संस्कृत की महत्ता स्वीकार करने के बावजूद, राष्ट्रभाषा हेतु इसे ख़ारिज किया। श्री शास्त्री ने कहा कि :

> ''जितनी यहाँ भाषाएँ हैं, उनका जन्म संस्कृत से ही हुआ है और संस्कृत के अक्षय भण्डार से सब भाषाओं ने अपने शब्द लिये हैं। लेकिन वह जो वृद्धा माता है, आज वह इस तख़्त पर नहीं बैठ सकती। उसकी इन बेटियों में जो ज्येष्ठा है और श्रेष्ठ हो और सबसे बड़ी हो, वह बैठ सकती है।''[१०५]

संस्कृत को ख़ारिज कर, अलगू राय शास्त्री ने हिन्दी और नागरी लिपि का पक्ष लिया। अँग्रेज़ी का विरोध और हिन्दी का समर्थन करते हुए शास्त्रीजी ने कहा कि अँग्रेज़ी भाषा एक विदेशी भाषा थी। इस देश में उसका जन्म नहीं हुआ। वह विदेशियों के ज़रिये इस देश में लायी गयी थी और जिन्होंने अपनी आसानी के लिए, अपने राज्य का काम चलाने के लिए इसको इस देश में थोपा था। मैं आपसे यह पूछना चाहता हूँ कि क्या आप इतना परिश्रम अपनी भाषा 'हिन्दी' सीखने के लिए नहीं कर सकते हैं ? अँग्रेज़ी भाषा सीखने के लिए जब आपने इतने कष्ट सहे हैं तो हिन्दी भाषा तो उससे भी सरल है और थोड़ी-सी मेहनत करने पर वह सरलता से सीखी जा सकती है।[१०६] शास्त्री जी न्यूमरल्स के झगड़े को बिला वजह मानते थे। इनके मुताबिक अंक तो देवनागरी लिपि में इनक्लूडेड है। लिहाज़ा इसे भी स्वीकार कर लेना चाहिए।

संविधान-सभा में डॉ. श्यामा प्रसाद मुखर्जी ने भी हिन्दी का समर्थन किया, पर, बकौल मुकर्जी ''यदि मुझे अकेले इच्छानुसार किसी भाषा को चुनने दिया जाता तो मैं संस्कृत को चुनता।''[१०७] डॉ. मुखर्जी हिन्दी के किसी ख़ास रूप को प्रामाणिक मानने को 'बुरी बात' मानते थे। इन्होंने नागरी लिपि को स्वीकार करने के बावजूद अंक के लिए कथित अन्तरराष्ट्रीय अंकों की सिफ़ारिश की। किसी भी स्थान-विशेष की हिन्दी को तवज्जो देने की बजाय, हर इलाक़े की हिन्दी को स्वीकृत कर, डॉ. मुखर्जी का

बहुवचन के तौर पर हिन्दी (हिन्दियों) का पक्ष लेना, एक सकारात्मक पहलू है।

संविधान-सभा में, एक तरफ़, हिन्दी के समर्थक हिन्दी को राष्ट्रभाषा और राजभाषा के तौर पर स्वीकार करने हेतु इसरार कर रहे थे। वहीं, दूसरी तरफ़, ऐसे लोग भी थे, जो इस मसला को भावी संसद के लिए, मुल्तवी करना चाहते थे। काजी सैयद करीमुद्दीन की ही तरह संविधान-सभा के एक और सदस्य पी.टी. चाको[१०८] ने भी ऐसा मत जाहिर किया था। पी.टी. चाको अँग्रेज़ी को 'बहुत ही व्यंजना सम्पन्न, शब्द-सम्पन्न तथा सरल और सुबोध भाषा' मानते थे। इन्हें यह भी लगता था कि 'भारत जैसे महान देश की राष्ट्रभाषा भी महान होनी चाहिए।' और 'भारत की कुछ भाषाओं में वास्तव में बहुत सुन्दर साहित्य है।' पर इनके विचार से किसी भी भारतीय भाषा में अच्छा वैज्ञानिक साहित्य नहीं है। लिहाज़ा, यदि "भारत की वर्तमान भाषाओं में से किसी भाषा को राष्ट्रभाषा के रूप में स्वीकार करेंगे तो हम राष्ट्रीय प्रगति के मार्ग में बाधा डालेंगे। वह हमारी उच्च शिक्षा के लिए बाधक सिद्ध हो सकती है।"[१०९] अंकों के सवाल पर भी संविधान-सभा में मुखर विवाद था। इस पर बोलते हुए श्री चाको ने कहा :

> "अंकों जैसे छोटे प्रश्न के सम्बन्ध में हमें जिस हठ-धर्मिता का परिचय मिला है और इस सभा के एक वर्ग ने यह प्रमाणित करने के लिए कि जीवन के लिए सबसे उपयोगी वस्तु देवनागरी अंक ही हैं, जिन विचारों को व्यक्त किया है, उन्हें ध्यान में रखते हुए मेरे विचार से उचित यही होगा कि हम इस प्रश्न को अधिक गम्भीर लोगों के निर्णय के लिए छोड़ दें। हम यह आशा कर सकते हैं कि हमारी आनेवाली पीढ़ियाँ अधिक सहिष्णु और बुद्धिमान होंगी और वे एकमत से इस प्रश्न को हल कर सकेंगी। हमारी असहिष्णुता के कारण भारत का विभाजन हो चुका है जो कुछ रह गया है, उसे अब हम विभाजित न करें। आनेवाली पीढियों पर किसी भाषा को न थोप कर हमें इस प्रश्न को उन्हीं के निर्णय के लिए छोड़ देना चाहिए।"[११०]

इस वक्तव्य से पता चलता है कि अंक का प्रश्न कितना गम्भीर बन चुका था। भावी पीढ़ियों के लिए इन सवालों को टालना, अपने वक़्त की जटिल चुनौतियों से पलायन है और आनेवाले वक़्त से कुछ ज़्यादा अपेक्षा भी। कारण कि भविष्य में इन सवालों को और ज़्यादा जटिल होना था।

हिन्दी भाषी प्रान्तों का प्रभुत्व

संविधान-सभा के कुछ सदस्य हिन्दी को राजभाषा के रूप में भी स्वीकारने हेतु तैयार थे; परन्तु उनके मन में आशंकाएँ भी थीं। बी. दास[१११] ऐसे ही एक सदस्य थे। अपनी आशंकाओं के मद्देनजर श्री दास को लगता था कि :

> "यदि मैं अपनी भावनाओं को नहीं व्यक्त करूँगा तो मैं अपने प्रति, अपने अन्त:करण के प्रति और अपने ईश्वर के प्रति सत्यनिष्ठा नहीं रख सकूँगा। पिछले तीन सप्ताहों से मैं कई आशंकाओं से पीड़ित रहा हूँ और वे संयुक्त प्रान्त और मध्य प्रान्त के मेरे मित्रों की उद्दण्ड प्रवृत्ति के कारण और भी बढ़ गयी हैं। यदि मैं उन्हें सच्चाई से नहीं व्यक्त करूँगा तो मैं अपने महान नेता स्वर्गीय महात्मा गांधी के प्रति भी सत्यनिष्ठा नहीं रख सकूँगा।"[११२]

इन्हें आशंका थी कि यदि हिन्दी पन्द्रह वर्षों के बाद राजभाषा के तौर पर लागू हो जायेगी, तब "संयुक्त प्रान्त और मध्य प्रान्त जैसे हिन्दी भाषी प्रान्तों के लोगों का देश की सिविल सर्विस तथा अन्य सेवाओं में प्रभुत्व रहेगा।" इसलिए "अच्छा यही होगा कि संस्कृत को राज्य की सरकारी भाषा के रूप में स्वीकार किया जाए ताकि उस भाषा पर, जो सभी भाषाओं की जननी है, सभी लोगों का समान अधिकार हो। तब इस सभा में उपस्थित संयुक्त प्रान्त तथा मध्य प्रान्त के नेताओं तथा उड़ीसा अथवा मद्रास के नेताओं की सन्तानों के बीच किसी प्रकार की प्रतिस्पर्धा नहीं होगी। वे सभी संस्कृत सीखेंगे" अंकों के मुद्दे पर श्री दास ने नागरी अंकों के साथ अन्तरराष्ट्रीय अंकों की भी सिफ़ारिश की।

संविधान-सभा के सदस्य डॉ. पी. सुब्बारायन[११३] ने प्रस्ताव रखा कि हिन्दुस्तानी को स्वीकार किया जाय, पर इसकी लिपि रोमन हो। सुब्बारायन ने हिन्दुस्तानी के साथ गांधीजी का नाम जोड़ा और रोमन लिपि के लिए कहा कि इस 'लिपि के कारण हमारा संसार से सम्बन्ध बना रहेगा।'[११४] अंक के मामले में इन्होंने अँग्रेज़ी अंकों की सिफ़ारिश की। इसके साथ ही, अँग्रेज़ी भाषा को परिशिष्ट में चौदहवीं भाषा के तौर पर शामिल किया जाय, माँग की। कथित अन्तरराष्ट्रीय अंकों का समर्थन कुलाधार चलिहा[११५] ने भी किया। पर भाषा के तौर पर इन्होंने संस्कृत की वकालत की।

इस बहस-मुबाहिसे के दौरान कुछ स्वर ऐसे भी थे जो कन्हैयालाल

माणिकलाल मुंशी और एन. गोपालस्वामी आयंगर द्वारा प्रस्तावित सुझावों का समर्थन करते थे। रेवरेण्ड जिरोम डिसूजा[११६] ने मुंशी और आयंगर द्वारा प्रस्तुत प्रस्ताव का समर्थन, एकता की भावना कायम रहे इस कारण, किया। बी. एम. गुप्त[११७] ने भी मुंशी-आयंगर फार्मूला का समर्थन किया। साथ ही संस्कृत का विरोध करते हुए कहा कि संस्कृत की—

> ''महानता से मोहित होने पर भी, मैं यह स्वीकार नहीं कर सकता कि संस्कृत जनसाधारण की भाषा हो सकती है और मैं यह भी स्वीकार नहीं कर सकता कि संस्कृतनिष्ठ हिन्दी भी जनसाधारण की भाषा हो सकती है।...कृत्रिम संस्कृतनिष्ठ हिन्दी द्वारा अपने और जनसाधारण के बीच एक कृत्रिम दीवार न खड़ी करें। हम भविष्य में अपनी भाषा का विकास इस प्रकार करें कि उसे जनसाधारण आसानी से समझ सकें। मैं अपने हिन्दी भाषी मित्रों से अपील करता हूँ कि वे अपने लक्ष्य को नीचा न करें। वे हिन्दी को राजभाषा के पद पर ही प्रतिष्ठित करके सन्तोष न कर लें, बल्कि उसे सारे राष्ट्र की राष्ट्रभाषा भी बनायें।''[११८]

एन. गोपालस्वामी आयंगर के प्रस्तावित सुझावों ने, भारत के प्रधानमन्त्री जवाहरलाल नेहरू को भी, प्रभावित किया था। पं. नेहरू हमेशा से राष्ट्रभाषा के सवाल को व्यावहारिक धरातल पर हल करने के पक्षधर थे और आयंगर के सुझावों को वह किसी हद तक तर्कसंगत समझ रहे थे; इसलिए, उन्होंने आयंगर के प्रस्ताव का समर्थन किया। अलबत्ता वे इसमें कुछ सुधार भी चाहते थे। इन्होंने कहा कि

> ''मैं इस संशोधन (आयंगर द्वारा प्रस्तावित) का समर्थन करता हूँ, वह इस कारण नहीं कि मैं यह समझता हूँ कि वह हर प्रकार समुपयुक्त है क्योंकि यदि मुझे पूरी स्वतन्त्रता दी जाय तो मैं उसमें जहाँ-तहाँ परिवर्तन करना चाहूँगा। किन्तु मैं यह जानता हूँ कि बराबर कोशिश करने पर तथा विचार-विमर्श करने पर हम इस नतीजे पर पहुँचे हैं और उसके फलस्वरूप एक सुसम्बद्ध चीज़ पैदा हुई है।''[११९]

पं. नेहरू ने, अपने भाषण में, राष्ट्रपिता को याद किया। महात्मा गांधी की भाषा सम्बन्धी राय को ज़ाहिर करते हुए, कहा कि—

> ''उन्होंने (राष्ट्रपिता) सबसे पहले हमें यह शिक्षा दी कि यद्यपि अँग्रेज़ी भाषा एक महान भाषा है—मेरा भी यही विचार है कि अँग्रेज़ी से हमारा बहुत हित साधन हुआ है और उसके द्वारा हमने बहुत कुछ सीखा है तथा उन्नति की

है—किन्तु किसी विदेशी भाषा से कोई राष्ट्र महान नहीं हो सकता। आख़िर क्यों? क्योंकि कोई भी विदेशी भाषा लोगों की भाषा नहीं हो सकती। उसमें दो श्रेणियाँ स्थापित हो जाती हैं। एक श्रेणी उन लोगों की जो विदेशी भाषा की शैली के अनुसार विचार करते हैं और कार्य करते हैं और एक श्रेणी उन लोगों की जो दूसरी ही दुनिया में बसते हैं। इसलिए राष्ट्रपिता ने हमें यह शिक्षा दी कि हम अपना अधिक-से-अधिक काम अपनी ही भाषा में करने का प्रयास करें।''

महात्मा गांधी की इस धारणा से सहमति जाहिर करते हुए पं. नेहरू ने कहा—

''यह सच है कि हम स्वयं तथा हमारे करोड़ों लोग एक विदेशी भाषा के सहारे बहुत आगे नहीं जा सकते हैं। इसलिए चाहे अँग्रेज़ी भाषा कितनी ही महान क्यों न हो—और वास्तव में वह महान है भी—हमें अपना राष्ट्रीय कार्य, अपना सार्वजनिक तथा निजी कार्य, जहाँ तक सम्भव हो सके, अपनी विभिन्न भाषाओं में तथा विशेषत: उस भाषा में करना है, जिसे आप सारे भारत में प्रयोग में लाने के लिए चुनें।...हमने अँग्रेज़ी इस कारण स्वीकार की कि वह विजेता की भाषा थी। जब हमने उसे स्वीकार किया तो इस कारण नहीं स्वीकार किया कि वह एक महत्त्वपूर्ण भाषा है, यद्यपि वह उस समय भी एक बहुत ही महत्त्वपूर्ण भाषा थी। हमने उसे केवल इस कारण स्वीकार किया कि हम पर अंग्रेजों का प्रभुत्व था। उसने हमारे लिए विदेशी विचारधारा, विदेशी विज्ञान आदि के द्वार खोल दिये और उसके द्वारा हमने बहुत कुछ सीखा। अँग्रेज़ी भाषा द्वारा हमने जो कुछ सीखा है, उसके लिए हमें उसका कृतज्ञ होना चाहिए। किन्तु साथ ही उसने हम अँग्रेज़ी जानने वालों और अँग्रेज़ी न जानने वालों के बीच एक बहुत बड़ी खाई पैदा कर दी जो किसी भी राष्ट्र के लिए घातक सिद्ध होती। सम्भवत: हम आज इसे सहन नहीं कर सकते। इसी कारण यह समस्या भी है।''[१२०]

पं. नेहरू के इस भाषण के आधार पर कहा जा सकता है कि अँग्रेज़ी का महत्त्व स्वीकारने के बावजूद वे इसे राष्ट्रभाषा बनाने के पक्ष में नहीं थे। साथ ही संस्कृत सरीखी भाषा—जिसका गौरवशाली अतीत था—के पक्ष में भी नहीं। ज़ाहिर है वे हिन्दी के पक्ष में थे। इन्होंने कहा कि—

''इस संशोधन में हमने 'हिन्दी' शब्द को स्वीकार किया है। मुझे 'हिन्दी' शब्द पर कोई आपत्ति नहीं है। मुझे वह पसन्द है। मुझे इस सम्बन्ध में थोड़ा-सा भय था कि अन्य लोगों को सम्भवत: इसके सीमित अर्थ का ही बोध

हो।...कुछ विषयों के सम्बन्ध में हम अपने विचार हिन्दी में अधिक उपयुक्त ढंग से व्यक्त कर सकते हैं और कुछ विषयों में उर्दू में अधिक उपयुक्त ढंग से व्यक्त कर सकते हैं। मैं यह कहना चाहता हूँ कि मैं इन दोनों माध्यमों को चाहता हूँ क्योंकि इनसे हिन्दी, जो देश की राजभाषा तथा राष्ट्रभाषा होने जा रही है, सशक्त होगी।''[१२१]

भाषा के सम्बन्ध में अपनी राय ज़ाहिर करने के बाद नेहरूजी ने अंक के मसले पर कहा कि—

''आप हिन्दी अंकों का भी प्रयोग कर सकते हैं जो कोई हिन्दी अंकों को सीखेगा, वह उन्हें पढ़ भी सकेगा और जब चाहे लिख भी सकेगा। किन्तु यदि आप इन अन्तरराष्ट्रीय अंकों को राजकीय प्रयोजनों तक ही सीमित करने की बात सोचें तो मैं यह बता चुका हूँ कि आप कठिनाई में पड़ जायेंगे।...मैं यह विश्वासपूर्वक कह सकता हूँ कि यदि हम इन प्रयोजनों के लिए अन्तरराष्ट्रीय अंकों को प्रयोग नहीं करेंगे तो हम पिछड़ जायेंगे।''[१२२]

नागरी लिपि की हिन्दी का पक्ष लेने के बावजूद पण्डित जवाहरलाल नेहरू ने कथित 'अन्तरराष्ट्रीय' अंकों के राजकीय प्रयोजनों तक सीमित प्रयोग के परिणाम के तौर पर कहा कि हम पिछड़ जायेंगे; समझ से परे है।

प्रधानमन्त्री पण्डित जवाहरलाल नेहरू के विस्तृत भाषण के बाद पण्डित रविशंकर शुक्ल[१२३] ने कहा कि 'अपने इतने प्रतिष्ठित देशवासियों का विरोध करने में कष्ट होता है, किन्तु राष्ट्रों के इतिहास में कई अवसर ऐसे भी आते हैं, जब अपनी बात कहने के अतिरिक्त और कोई चारा नहीं रह जाता।' संविधान-सभा की बहसों से पता चलता है कि भाषा के साथ अंक का सवाल भी उलझता जा रहा था। पण्डित रविशंकर शुक्ल ने, हिन्दी भाषा और देवनागरी लिपि का समर्थन करते हुए अंक के मुद्दे पर, कहा कि—

''इन्हें (अंक को) भाषा के प्रश्न के साथ मिलाकर भ्रम उत्पन्न न किया जाय। हम सभी जानते हैं कि उन्हें समझना कठिन नहीं है। हिन्दी के अंक हिन्दी भाषा के अंग के रूप में प्रयोग किये जायें और जिन प्रयोजनों के लिए अँग्रेज़ी अंकों की आवश्यकता हो, उन्हें स्वतन्त्र रूप से प्रयोग किया जाय।''[१२४]

पण्डित शुक्ल के बाद, १३ सितम्बर के आख़िरी वक्ता, राम सहाय[१२५] ने गोपाल स्वामी आयंगर के प्रस्ताव का समर्थन किया। संविधान-सभा में

कई वक्ताओं ने कहा था कि हिन्दी, फ़िलहाल, इतनी विकसित नहीं है कि उसमें क़ानून आदि को अभिव्यक्त किया जा सके। इस बिना पर अँग्रेज़ी का पक्ष मजबूत बताया जा रहा था। राम सहाय ने इससे असहमति ज़ाहिर की।[१२६]

आख़िरी दिन—अन्तिम निर्णय

अगले दिन यानी १४ सितम्बर को राष्ट्रभाषा, राजभाषा का सवाल हल होना था। अध्यक्ष डॉ. राजेन्द्र प्रसाद ने सदस्यों से कहा कि भाषा के इस मसले पर पेश तक़रीबन तीन सौ संशोधनों पर मत लेने के कार्य में ही एक घण्टा लग जायेगा। इसलिए बहस के चार घण्टों से ही इसके लिए वक़्त निकालना होगा। परन्तु, सेठ गोविन्द दास ने भाषा के इस मामले को अत्यन्त महत्त्वपूर्ण मानते-बताते हुए, अध्यक्ष से प्रार्थना की कि इस पर होनेवाली बहसों को देर शाम तक चलायी जाय। संविधान-सभा के अनेक सदस्यों ने इस पर हामी भरी।

बहस का आगाज़ श्रीमती जी. दुर्गा बाई[१२७] ने बताया कि हिन्दी साहित्य सम्मेलन के पण्डितों ने भारत की राष्ट्रभाषा बनाने की आवश्यकता समझी, उससे काफ़ी पहले हम दक्षिणात्यों ने महात्मा गांधी के आदेश का पालन किया और दक्षिण में हिन्दी प्रचार आरम्भ किया था। हमने पाठशालाएँ चालू कीं और हिन्दी कक्षाएँ आरम्भ की। इस प्रकार बहुत असुविधा से हम हिन्दी के प्रचार और शिक्षा में काफ़ी पहले ही लग गये थे।'' दुर्गाबाई के बयान से पता चलता है कि आज़ादी से पहले दक्षिण के लोग, गांधी जी की प्रेरणा से, हिन्दी का प्रचार कर रहे थे। राष्ट्रभाषा का प्रचार-प्रसार अपना कर्त्तव्य मानते हुए कर रहे थे; आज़ादी के दौरान ऐसी परिस्थितियाँ बनती गयी; हिन्दी के 'कट्टर' समर्थकों का भी इसमें योगदान था; कि दक्षिण में हिन्दी का प्रबल विरोध होने लगा। दुर्गाबाई के भाषण से एक बात और स्पष्ट होती है कि भले ही राष्ट्रभाषा के रूप में नाम 'हिन्दी का लिया जा रहा था, पर इसका आशय हिन्दुस्तानी था।' वे कहती हैं, ''राष्ट्रीय एकता के हितार्थ हिन्दुस्तानी ही भारत की राष्ट्रभाषा बन सकती है।...हम कुछ ख़ास शर्तों पर ही देवनागरी में हिन्दी को स्वीकार करने के लिए सहमत हुए हैं। शर्त है कि वह सर्वसमाविष्ट होनी चाहिए...वह भाषा उन

शब्दों को ग्रहण करने में सक्षम होनी चाहिए जो इस समय प्रयोग में है, चाहे वे उर्दू के हों या किसी अन्य भाषा के हों।'' भाषा के साथ अंक का प्रश्न जटिल रूप धारण करता जा रहा था। हिन्दी समर्थक लिपि के साथ नागरी अंकों को भी लागू कराना चाहते थे, जबकि अनेक कई लोग मानते थे कि जब हमने हिन्दी की लिपि मान ली तो हिन्दी वाले अंक को स्वीकार करने की ज़िद क्यों नहीं छोड़ सकते हैं? अंक को स्वीकार करने के मसले पर, दुर्गाबाई ने कहा कि—

> ''मुझे ऐसा कहने में हिचक है पर कहना ही होगा कि यह तो भाषा-अत्याचार और असहिष्णुता की हद है।...अंकों के प्रश्न पर...इतना ही कहना पर्याप्त है कि इसमें भावना का प्रश्न नहीं होना चाहिए और किसी के लिए यह धर्म का प्रश्न नहीं होना चाहिए। यदि आपके लिए वह धर्म है तो हमारे लिए भी यह धार्मिक मन्त्र बन जायेगा कि हम ऐसी भाषा को स्वीकार न करें, जो हमारी नहीं है।''[१२८]

दुर्गाबाई के मतानुसार, हिन्दी-समर्थकों का भाषायी दृष्टिकोण, अहिन्दीभाषी इलाक़े के उन लोगों को भी अपना विरोधी बना रहा था, जो हिन्दी के समर्थक साबित होते। दुर्गाबाई उत्तर प्रदेश अथवा मध्य प्रदेश की हिन्दी को राष्ट्रभाषा का पद देने की मुख़ालफत कर रही थीं। इनके हिसाब से राष्ट्रभाषा जिस भाषा को बनायी जाय, उसमें सबको समाविष्ट करने की क्षमता हो। भाषा को 'धर्म' या 'भावना' का मुद्दा बनाये जाने का भी विरोध दुर्गाबाई ने किया।

इसी वाद-विवाद के दौरान शंकरराव देव[१२९] ने 'राष्ट्रभाषा' की धारणा पर ही सवाल खड़ा कर दिया। शंकरराव देव ने गोपालस्वामी आयंगर के प्रस्ताव का समर्थन किया, पर साथ ही यह भी जोड़ा कि मैं उनके प्रस्ताव के सभी संशोधनों से सहमत नहीं हूँ। बावजूद इसके निपटारे के मक़सद से समर्थन कर रहा हूँ। इस समर्थन के बाद शंकरराव देव ने संविधान-सभा में एक अलहदा सवाल पेश किया।

> ''अँग्रेज़ी का स्थान लेने वाली भाषा को 'राष्ट्रभाषा' नहीं कहना चाहिए। यदि राष्ट्रभाषा से आपका आशय समस्त देश के लिए एक भाषा से है तो मैं इसके विरुद्ध हूँ। मैं यह सर्वथा स्पष्ट करना चाहता हूँ कि भारत एक राष्ट्र है और मैं भारतीय हूँ पर मेरी भाषा मराठी है।...अतएव इस भाषा के कृत्यों को स्पष्ट कर देना चाहिए। यह भाषा या तो राज्यभाषा होगी या संघ भाषा होगी

या सन्धानीय भाषा होगी क्योंकि हमने अपने देश के लिए सन्धान (संघीय) व्यवस्था स्वीकार की है।''[१३०]

शंकरराव देव ने याद दिलाया कि हिन्दी के सम्बन्ध में कहा गया है—

> ''हिन्दी का प्रसार-वृद्धि करना और उसका विकास करना संघ का कर्त्तव्य होगा ताकि वह भारत की सामासिक संस्कृति के सब तत्वों की अभिव्यक्ति का माध्यम बन सके।''

हिन्दी के लिए कही गयी इस बात की तरफ़ ध्यान आकृष्ट करते हुए कहा कि—

> ''भारत की 'सामासिक संस्कृति' बहुत उम्दा शब्द है। किन्तु मुझे भय है...और भय युक्तिसंगत नहीं होते, साधारणत: वे अयुक्तियुक्त होते हैं किन्तु मनुष्य के जीवन में उनका महत्त्वपूर्ण स्थान होता है—कि इन शब्दों का आशय है कि हमें ऐसी भाषा बनानी चाहिए जिसमें भारत की ये सब विविध संस्कृतियाँ अभिव्यक्त हों।''

संस्कृति शब्द की जटिलता को उद्‍घाटित करते हुए शंकरराव देव ने कहा—

> ''यह बात नहीं है कि मैं इस देश में एक संस्कृति के विकास के विरुद्ध हूँ। मैं यह बताना चाहता हूँ कि 'एक संस्कृति' इस नारे में भयानक आशय सन्निहित है। 'संस्कृति' शब्द का आशय भयानक है। किसी को उसका अर्थ ठीक-ठीक पता नहीं है। राष्ट्रीय स्वयंसेवक संघ के प्रधान संस्कृति के नाम से अपील करते हैं। कोई हमें नहीं बताता कि इस 'संस्कृति' शब्द का ठीक-ठीक अर्थ क्या है? आज जैसा कि इसका निर्वचन किया जाता है और उसे समझा जाता है, उसका अर्थ केवल कुछ लोगों का अनेक पर आधिपत्य होता है।...यह बात नहीं कि हम देश के लिए एक संस्कृति नहीं चाहते। पर हमें इसे मिश्रित संस्कृति कहना चाहिए, फिर भारतीय संस्कृति के विविध अंगों को इस मिश्रित संस्कृति के विकास में अंशदान देने का समान अवसर प्राप्त होगा। यदि आप एक संस्कृति के लिए इस देश से अपील करते हैं तथा उस पर हठ करते हैं तो मेरे लिए इसका अर्थ भारत की आत्मा का हनन है।''[१३१]

'संस्कृति' शब्द के प्रयोग के साथ जुड़ी समस्याओं का खुलासा करने के बाद शंकरराव देव ने कहा कि ''आज यह (भाषा का मसला) सांस्कृतिक या धर्म या परम्परा का प्रश्न नहीं है वरन रोटी और नौकरियों का प्रश्न

है।''[१३२] हिन्दी बहुमत द्वारा बोली जाती है इसी तर्क से हिन्दी को राष्ट्रभाषा बनाने की माँग की जा रही थी। शंकर राव देव ने इस धारणा से भी असहमति जतायी।[१३३] इन्होंने भाषा को रोटी-रोज़गार से सम्बद्ध बताकर, इसके ज़रिये भावनात्मक मुद्दा उभारने वालों का विरोध किया। साथ ही हिन्दी बोलनेवालों की संख्या पर सवाल खड़ा कर, एक साथ दो काम किया। एक, हिन्दी और उसकी जनपदीय भाषाओं/लोकभाषाओं/बोलियों को उससे अलगाया। दो, ऐसा करके हिन्दी की वैधता को कठघरे में खड़ा किया। बहुमत द्वारा बोले जाने के कारण ही हिन्दी का पक्ष मजबूत बना हुआ था। लिहाज़ा, हिन्दी की मजबूती के मुख्य आधार के समक्ष चुनौती पेश की। इसके लिए शंकरराव देव ने हिन्दी बोलने और हिन्दी समझने के बीच फ़र्क़ किया। तार्किक दृष्टि से इनकी बात सही भी है कि जितने लोग हिन्दी समझते हैं, उनमें से सभी हिन्दी बोलते-बरतते नहीं। शंकरराव देव के बाद सरदार हुकुम सिंह[१३४] ने देवनागरी लिपि के स्थान पर रोमन लिपि में हिन्दुस्तानी का प्रस्ताव रखा।[१३५] पंजाब से ताल्लुकात रखने वाले सरदार हुकुम सिंह सरीखे सदस्य, संविधान-सभा में भाषा के सवाल पर, एक अलहदा कोटि निर्मित करने की माँग करते हैं।

संविधान-सभा की इन बहसों में एक 'भाषायी राष्ट्रवाद' उभरता नज़र आ रहा था, मगर उसमें भी समाज की मुख्यधारा से दूर हाशिये पर जीवन-बसर करने वाले आदिवासियों की भाषा बिलकुल हाशिये पर थी। इनका सवाल पहली दफा जयपाल सिंह[१३६] ने उठाया। संविधान-सभा में जयपाल सिंह की आवाज़, एक लिहाज़ से, अलहदा थी। संविधान-सभा में राष्ट्रभाषा पर हो रहे वाद-विवाद-संवाद की प्रकृति को देखकर यह कहा जा सकता है कि राष्ट्रभाषा के सन्दर्भ में हो रही बहस खालिस भाषा पर कम, राष्ट्र के चरित्र और स्वरूप की बहस अधिक है। इस बहस में राष्ट्रवादी नज़रिये से राष्ट्र-राज्य के भविष्य के प्रति व्यक्त चिन्ता महसूस की जा सकती है। इस प्रक्रिया में भाषा का सवाल, भाषा और उसे बोलने वाले तथा राष्ट्र-राज्य के बीच का नाता, अलग-अलग भाषा-भाषी समाज के शैक्षणिक विकास का सवाल और भाषा के साथ लोकतन्त्र के रिश्ता का सवाल हाशिये पर चली गयी प्रतीत होती है। आम अवाम के लिए भाषा का सवाल, जीने का, जीविका का और रोज़मर्रा का मसला होता है। जयपाल सिंह की आवाज़ संविधान-सभा में इसी लिहाज़ से बेहद महत्त्वपूर्ण हो

जाती है। राष्ट्रभाषा की दावेदार किसी भी भाषा के समर्थक समूहों ने जयपाल सिंह से पहले, इनके द्वारा उठाये सवाल पर, ग़ौर नहीं फरमाया था। जयपाल सिंह की आवाज़, एक और भाषा के लिए राष्ट्रवादी दावा नहीं प्रगट कर रही थी बल्कि यह 'राष्ट्र' की उन भाषाओं को शामिल करने की बात करती है जो 'राष्ट्रभाषा' की कल्पना की सीमाओं से बाहर थी। तत्कालीन बिहार से आनेवाले जयपाल सिंह ने संविधान-सभा में आदिवासी भाषाओं का मुद्दा पेश किया। जयपाल सिंह ने कहा :

> "मैं अनुभव करता हूँ कि यदि मैं सदन से यह अनुरोध न करूँ कि अनुसूची ७-क में कुछ आदिवासी भाषाओं को भी शामिल कर दिया जाय, जिन्हें थोड़े से व्यक्ति नहीं, शब्दश: दसियों लाख लोग बोलते हैं तो मैं अपना कर्त्तव्य समुचित रूप से पूरा नहीं कर रहा होऊँगा।"[१३७]

जयपाल सिंह की माँग बिलकुल वाजिब थी। लोकतन्त्र को मजबूत बनाने के लिहाज़ से यह ज़रूरी था कि आदिवासी भाषाओं को भी तवज्जो दी जाय। आदिवासी भाषाओं की तरफ़, संविधान-सभा के अन्य सदस्यों का ध्यान नहीं जाना, संविधान-सभा के चरित्र की बानगी है।

जयपाल सिंह के बाद संविधान-सभा में बहसें अंक के मुद्दे पर और अँग्रेज़ी कितने साल तक रहनी चाहिए, इन सवालों पर होने लगी। पुरुषोत्तमदास टण्डन ने नागरी अंकों को अस्वीकार करने को 'लिपि की कलात्मक पूर्णता के मुख पर चिप्पी' लगाने की संज्ञा दी। जाहिर है, इनका मानना था कि चिप्पी से भाषा और लिपि का सौन्दर्य नष्ट होगा। टण्डनजी ने कहा :

> "हम अंकों को हटाना भी बेहूदा समझते हैं। इससे किसी को कोई लाभ नहीं होता। आप हमसे ऐसी वस्तु छीन रहे हैं जिससे आप धनी नहीं बनते, किन्तु हम अवश्य निर्धन बन जाते हैं।"[१३८]

अँग्रेज़ी कितने साल तक रहनी चाहिए, इस पर भी हिन्दी-समर्थक, आयंगर के प्रस्ताव से, असहमत थे। एक क़ाबिल-ए-ग़ौर बात यह भी है कि पुरुषोत्तमदास टण्डन सरीखे हिन्दी के समर्थक के मन में भी संस्कृत को लेकर असमंजस था। टण्डनजी को लगता था कि संस्कृत को राजकीय प्रयोजन के लिए लागू कराना व्यावहारिक नहीं है; इसलिए हिन्दी को लागू किया जाय। इन्होंने कहा कि "यदि उसे (संस्कृत को) अपनाया जा सके

तो मुझे प्रसन्नता होगी, और मैं उसके पक्ष में मत दूँगा।''[१३९]

टण्डनजी जैसे हिन्दी के समर्थक—जिन्हें कई सदस्य 'कट्टर हिन्दीवाला' मानते थे—के मन में संस्कृत के प्रति यह धारणा क्या बताती है? हिन्दी को कृत्रिम ढंग से संस्कृतनिष्ठ बनाने का जो आरोप हिन्दी समर्थकों पर लगता था, वह बड़े हद तक, सही था। ऐसा लगता है कि संस्कृत को लागू न करा पाने की स्थिति में हिन्दी को संस्कृतनिष्ठ बनाने की कोशिश टण्डनजी जैसे हिन्दी समर्थक कर रहे थे।

भारतीय राजनीति के एक महत्त्वपूर्ण शख़्स, मौलाना अबुल कलाम आज़ाद, पहले मानते थे कि अँग्रेज़ी हटाने के लिए पाँच साल का समय पर्याप्त है। पर, संविधान-सभा में दक्कन और बंगाल के कुछ सदस्यों द्वारा पाँच साल के समय को अपर्याप्त मानते हुए अधिक की माँग की गयी तो आज़ाद ने भी अब अपनी राय बदली। इन्होंने कहा—

> ''मुझे श्री आयंगर की तरमीम से पूरा इत्तफाक़ है कि इसके लिए कम-से-कम पन्द्रह वर्ष की मुद्दत रखनी चाहिए। आपको मालूम है कि मुझसे ज़्यादा इस बात का कोई ख़्वाहिशमन्द नहीं हो सकता कि हम अँग्रेज़ी भाषा की जगह अपनी मुल्की भाषा को राज करते देखें। शायद यह कहना बेजा न होगा कि मैं पहला शख़्स हूँ जिसने असेम्बली में इसकी कोशिश की कि सरकारी बेंच से अँग्रेज़ी की जगह हिन्दुस्तानी की आवाज़ बुलन्द हो। लेकिन मामले के तमाम पहलुओं पर ग़ौर और फिक्र करने के बाद मुझे इस नतीजे पर पहुँचना पड़ा कि इस मामले को हम महज़ अपनी ख़्वाहिश और जज़्बे के मातहत अंजाम नहीं दे सकते। हमें सूरत हाल की मुश्किलों को मानना चाहिए और उसके मुताबिक फ़ैसला करना चाहिए।''[१४०]

हिन्दी-उर्दू-हिन्दुस्तानी के मसले पर अपनी राय ज़ाहिर करते हुए मौलाना आज़ाद ने कहा :

> ''जहाँ तक ज़बान का ताल्लुक है यह बात आमतौर पर मान ली गयी है कि मुल्क की कौमी ज़बान वही ज़बान हो सकती है जो उत्तरी हिन्द की जबान है। लेकिन उत्तरी हिन्द की जबान के लिए अब तीन नाम पैदा हो गये हैं उर्दू, हिन्दी, हिन्दुस्तानी। और सारा झगड़ा इस बारे में है कि उसे किस नाम से ताबीर करना चाहिए। कुदरती तौर पर इन तीनों नामों के पीछे जबान के अलग-अलग रूप आकर खड़े हो गये हैं और झगड़ा नाम का नहीं है, उस रूप का है, जो नाम के साथ जुड़ गया है।''[१४१]

मौलाना आज़ाद हिन्दुस्तानी को एक वचन के तौर पर नहीं ले रहे थे। यानी कई हिन्दुस्तानी हो सकती थी। बंगाल की हिन्दुस्तानी कुछ मायने में मुम्बई की हिन्दुस्तानी से भिन्न होगी। स्थानीयता का पुट होगा और वहाँ की खालिस शब्दावली के लिए छूट भी। भाषा के विकास और व्याप्ति के लिए यह लोकतान्त्रिक नज़रिया बेहद कारगर है। लिपि के मसले पर मौलाना आज़ाद ने कहा "दोनों लिपियाँ हमें इख़्तयार कर लेनी चाहिए यानी देवनागरी भी और उर्दू भी।"[१४२] संविधान-सभा में भाषा को लेकर व्याप्त तंगनज़री मौलाना अबुल कलाम आज़ाद ने महसूस की। भाषा को लेकर जो शख़्स इतना लोकतान्त्रिक नज़रिया रखता हो, निश्चयपूर्वक भाषायी संकीर्णता के प्रति एतराज़ करेगा। बकौल आज़ाद—

> "मुझे यह देखकर बड़ी ही मायूसी हुई कि एक तरफ़ से लेकर दूसरी तरफ़ तक हर तरफ़ तंगख़याली छायी हुई है। तंगख़याली, आप समझे नेरोमाइंडनेस-दिमाग़ का छोटा और सिमटा हुआ होना और हर तरह के फैलाव और ऊँचाई से इनकार करना। मैं आपसे कहूँगा कि हम ऐसा तंग दिमाग़ लेकर दुनिया की बड़ी क़ौम नहीं बन सकते।"[१४३]

मौलाना अबुल कलाम आज़ाद ने अंक के सवाल पर भी अन्तरराष्ट्रीय अंक का पक्ष लिया और नागरी समर्थकों में तंगख़याली देखा। नाम और ख़याल दोनों स्तरों पर; मौलाना आज़ाद तो हिन्दुस्तानी के समर्थक थे, पर इन्होंने श्री आयंगर के प्रस्ताव से इत्तफाक ज़ाहिर किया है। जबकि आयंगर के प्रस्ताव में हिन्दुस्तानी शब्द को स्वीकार नहीं किया गया है। ऐसे में, सवाल उठता है कि मौलाना आज़ाद द्वारा आयंगर के प्रस्ताव से 'पूरा इत्तफाक' रखने की वजह क्या है? वे कौन से 'ज़रूरी इसलाहे अमल में' लाये गये हैं, जिससे कि मौलाना आज़ाद सहमत हैं? मौलाना आज़ाद ने इसका कारण बताया है—

> "जहाँ तक ज़बान के नाम का ताल्लुक़ है, हिन्दी ही का नाम रखा गया लेकिन फिर एक दफा बढ़ा कर हिन्दी की नोईयत वाज़ेह करने की कोशिश की है और इस बात पर ज़ोर दिया गया है कि हिन्दुस्तानी भी इसके मफहूम में दाख़िल है।
>
> इस बात पर भी जोर दिया गया है कि हिन्दुस्तानी कल्चर एक कम्पोजिट कल्चर है और हिन्दुस्तान की क़ौमी ज़बान ऐसी होनी चाहिए जो इस कम्पोजिट कल्चर को नुमाया करती हो।

उर्दू ज़बान के बारे में यह बात साफ़ कर दी गयी है कि मुल्क की रिकगनाइज्ड जबानों में से एक ज़बान वह भी है।''[१४४]

मौलाना अबुल कलाम आज़ाद के भाषण का, दो लोगों ने, मुखर विरोध किया। हिन्दी के समर्थक डॉ. रघुवीर[१४५] और उर्दू के पक्षधर मौलाना हसरत मोहानी।[१४६]

डॉ. रघुवीर ने जोर देकर हिन्दुस्तानी को उर्दू ही माना। इन्होंने बताया कि आरम्भ में हिन्दी-उर्दू में बड़ा फ़र्क़ नहीं था। हिन्दी-उर्दू में आये भेद के लिए, इन्होंने उर्दू-लेखकों को, जिम्मेवार माना।[१४७] इनका मानना था कि उर्दू के रचनाकारों ने सारी ग़लती शुरू की, जिसके प्रतिक्रियास्वरूप हिन्दी के लेखकों ने दूरी कायम की। उन्नीसवीं सदी पर हुए शोध इस धारणा का खण्डन करते हैं।[१४८] दरअसल इसके लिए दोनों भाषाओं के लेखक ज़िम्मेवार हैं। क्रिया-प्रतिक्रिया के फार्मूले से उन्नीसवीं सदी की इस जटिलता को नहीं समझा जा सकता। अलगाव की प्रवृत्ति दोनों भाषाओं के लेखकों में, साथ-साथ पनपती-विकसित होती दिखती है। अव्वल तो यह कि इस जटिलता को सामाजिक-आर्थिक मसलों से अलग कर नहीं समझा जा सकता। डॉ. रघुवीर ने अपने मत की पुष्टि के लिए यूरोपीय लेखकों का ज़िक्र किया है। साथ ही इन यूरोपीय लेखकों के असंख्य उद्धरणों को 'सन्देह से परे' माना है। क्या यह कहना ग़ैरवाजिब होगा कि किसी भी धारणा को 'सन्देह से परे' मानना अन्ध श्रद्धा-भाव को बताता है? सच तो यह है कि उन्नीसवीं सदी के यूरोपीय लेखकों ने अपनी ख़ास दृष्टि से ऐसे इतिहास की रचना की थी। इसका असर कई हिन्दी रचनाकारों पर भी दिखता है। राजा शिव प्रसाद 'सितारै-हिन्द' की किताब 'इतिहास तिमिरनाशक' को मिसाल के तौर पर देखा जा सकता है।[१५९]

मौलाना अबुल कलाम आज़ाद की तक़रीर से मौलाना हसरत मौहानी इस कदर नाराज़ हुए कि इन्होंने अध्यक्ष से कहा :

> ''मैं अपना संशोधन वापस लेना चाहता हूँ, जिसकी मैंने सूचना दी थी। क्योंकि कल हमारे प्रधानमन्त्री ने जो रुख़ अपनाया था, उस पर अत्यन्त निराशा है तथा मौलाना अबुल कलाम आज़ाद ने आज जो तोषण नीति अपनायी थी, उस पर मुझे अत्यन्त खेद है। मैं इस मामले पर भाषण देने के अपने अधिकार का भी परित्याग करता हूँ। मैं समस्त बात का ही विरोध करूँगा।''[१५०]

मौलाना मौहानी के इस वक्तव्य से इनकी नाराज़गी के तीख़ेपन का कयास लगाया जा सकता है। मुस्लिम लीग में सक्रिय रहे मौलाना हसरत मौहानी को राष्ट्रवादी अबुल कलाम आज़ाद के विचार में 'तोषण-नीति' दिखना स्वाभाविक है। इनके गुस्से का आलम यह था कि इन्होंने न सिर्फ़ अपने भाषण के अधिकार का परित्याग किया, अपितु समस्त बातों के विरोध की घोषणा कर दी। संविधान-सभा में इस चरम स्थिति तक अन्य कोई नेता नहीं दिखता।

शिब्बन लाल सक्सेना[१५१] ने गोपाल स्वामी आयंगर द्वारा प्रस्तावित मसौदे को 'हिन्दी के समर्थकों के साथ धोखा और संविधान के साथ भी धोखा' कहा। क्योंकि इस मसौदे से 'अँग्रेज़ी बहुत वर्षों के लिए स्थिर बन जायेगी।'[१५२] जबकि मोहम्मद इस्माइल[१५३] ने कहा कि—

> ''अँग्रेज़ी भाषा, जो संघ के प्रयोजन के लिए पन्द्रह वर्ष तक रहेगी, उसे उन पन्द्रह वर्षों के पश्चात् भी जारी रहने दिया जाय, जब तक संसद, दोनों सदनों के कुल सदस्यों के बहुमत से अन्यथा निर्णय न कर दे।''[१५४]

इसी वाद-विवाद के माहौल में, के.एम. मुंशी ने अपना संशोधन पेश किया। के.एम. मुंशी के संशोधन पर एन. गोपालस्वामी आयंगर ने स्वीकृति प्रदान करते हुए संविधान-सभा के 'बड़े संशोधन का प्रस्तावक' होने के नाते प्रसन्नता व्यक्त की।[१५५] आयंगर के संशोधन पर कुछ सदस्यों ने सुझाव भी दिया था। इन पर बोलते हुए, गोपालस्वामी आयंगर ने कहा—

> ''उन्होंने यह सुझाव दिया था कि हिन्दी भाषा की अस्थिर अवस्था के कारण, विशेषत: राजनैतिक, सांविधानिक, वैज्ञानिक आदि शब्दों की कमी के कारण यह वांछनीय है कि एक परिषद या आयोग संविधान के प्रारम्भ होते ही स्थापित होना चाहिए और वह देश के विभिन्न भागों में इस भाषा की समीक्षा करें और शब्दों तथा अभिव्यक्तियों को निश्चित रूप दे। मेरे विचार में श्रीमान देश की वर्तमान दशा में यह बहुत अच्छा सुझाव है। उन्होंने उस आशय का एक प्रस्ताव पेश किया था, किन्तु मैं नहीं समझता कि इस बात को पूरा करने के लिए इस मसौदे में कुछ बढ़ाना ज़रूरी है। उस भाग में एक अनुच्छेद है, जिसमें राज्य को यह निर्देश दिया गया है कि वह हिन्दी भाषा के विकास के लिए कदम उठाये, उसे उन्नत करने के लिए कदम उठाये, जिससे वह हिन्दुस्तानी तथा देश की अन्य भाषाओं की शैलियों, पदावलियों आदि को आत्मसात् कर सके और अपनी शब्दावली की उन्नति

> के लिए मुख्यत: संस्कृत से तथा गौणत: संसार की अन्य सब भाषाओं से शब्द ले सके।''[१५६]

संविधान-सभा में इस बहसो-मुबाहिसे के बाद, अध्यक्ष ने सदस्यों से आग्रह किया कि जो अपने संशोधन वापस लेना चाहते हैं, वे ले सकते हैं। जिन सदस्यों को अपने संशोधन पर वोट कराने की लालसा हो, वे करवा सकते हैं। अध्यक्ष की इस घोषणा के बाद हरगोविन्द पन्त, प्रभुदयाल हिम्मतसिंह, बी.एस. गुप्त, आचार्य जुगलकिशोर, सुरेशचन्द्र मजूमदार, डॉ. रघुवीर, गोकुलभाई दौलतराम भट्ट, मास्टर नन्दलाल, बी.पी. झुनझुनवाला, सेठ गोविन्द दास, पण्डित रविशंकर शुक्ल, अलगूराय शास्त्री, लक्ष्मीकान्त मैत्र, एच.वी. कामत, मौलाना हसरत मोहानी, एल. कृष्णास्वामी भारती, एच.आर गुरु रेड्डी, अरुणचन्द्र गुहा, महबूब अली बेग, डॉ. पी. सुब्बारायन, एस. नागप्पा ने अपने कुछ संशोधन वापस ले लिये तो कुछेक संशोधनों पर मतदान कराने की इच्छा जाहिर की।[१५७]

भारत-विभाजन के पश्चात हिन्दुस्तानी का पलड़ा कमजोर हो गया था। हिन्दुस्तानी पर जिस हिन्दू-मुस्लिम एकता का दायित्व था, मुल्क के बँटवारे ने उसे बड़े हद तक पीछे धकेल दिया था। यही वजह है कि नेहरू, पटेल, राजेन्द्र प्रसाद और आज़ाद सरीखे बड़े नेताओं के समर्थन और महात्मा गांधी की विरासत के बावजूद 'हिन्दुस्तानी' की बजाय 'हिन्दी' नाम अपनाया गया। यह दीगर बात है कि जो अपेक्षा 'हिन्दुस्तानी' से की जाती थी, वही 'हिन्दी' का उत्तरदायित्व बना दी गयी। देश-विभाजन ने हिन्दुस्तानी की वैधता को कमजोर कर दिया था, इसका अहसास हिन्दी के मुखर समर्थकों को भी था। सम्भवत: यही वजह है कि संविधान-सभा के अध्यक्ष डॉ. राजेन्द्र प्रसाद द्वारा भाषा के सवाल पर सामूहिक राय (Consensus) निर्मित करने की सिफ़ारिश को हिन्दी के दूसरे बड़े समर्थक सेठ गोविन्द दास ने ख़ारिज कर मतदान पर जोर दिया था।

अधूरे मन से सुलह

संविधान-सभा में श्री आयंगर द्वारा प्रस्तुत मसौदे पर अपने-अपने नज़रिया के मुताबिक इसका समर्थन-विरोध हुआ। इस मसौदा का ख़ास पक्ष है[१५८]—

''संघ की राजभाषा हिन्दी और लिपि देवनागरी होगी। संघ के राजकीय प्रयोजनों के लिए प्रयोग होनेवाले अंकों का रूप भारतीय अंकों का अन्तरराष्ट्रीय रूप होगा। बावजूद इसके यह भी कहा गया है कि संविधान के प्रारम्भ से पन्द्रह वर्षों तक संघ के उन सभी राजकीय प्रयोजनों के लिए अँग्रेज़ी भाषा प्रयोग की जाती रहेगी, जिनके लिए ऐसे प्रारम्भ के ठीक पहले वह प्रयोग की जाती थी। संसद इस अवधि को बढ़ा भी सकता है। परन्तु राष्ट्रपति इस कालावधि में, आदेश द्वारा संघ के राजकीय प्रयोजनों में से किसी के लिए, अँग्रेज़ी भाषा के साथ-साथ हिन्दी भाषा का तथा भारतीय अंकों के अन्तरराष्ट्रीय रूप के साथ-साथ देवनागरी रूप के प्रयोग का आदेश दे सकेंगे। उच्चतम न्यायालय और उच्च न्यायालय की भाषा, अध्यादेश, अधिनियम और विधेयकों का अधिकारिक पाठ अँग्रेज़ी में होने चाहिए और पन्द्रह वर्षों तक इस प्रावधान को बदलने के लिए कोई भी विधेयक राष्ट्रपति की स्वीकृति के बग़ैर संसद में पेश नहीं किया जा सकेगा।''

राज्यों के बारे में यहाँ कहा गया है कि—

''अनुच्छेद ३४३ एवं ३४७ के उपबन्धों के अधीन रहते हुए राज्य का विधान मंडल विधि द्वारा उस राज्य के राजकीय प्रयोजनों में से सब या किसी के लिए प्रयोग के अर्थ उस राज्य में प्रयुक्त होनेवाली भाषाओं में से किसी एक या अनेक को या हिन्दी को अंगीकार कर सकेगा। परन्तु जब तक राज्य का विधान मंडल विधि द्वारा इससे अन्यथा उपबन्ध न करे तब तक राज्य के भीतर उन राजकीय प्रयोजनों के लिए अँग्रेज़ी भाषा प्रयोग की जाती रहेगी जिनके लिए इस संविधान के प्रारम्भ से ठीक पहले यह प्रयोग की जाती थी।''

हिन्दी के विकास के लिए कहा गया है कि—

''हिन्दी भाषा की प्रसार वृद्धि करना, उसका विकास करना ताकि वह भारत की सामासिक संस्कृति के सब तत्वों की अभिव्यक्ति का माध्यम हो सके, तथा उसकी आत्मीयता में हस्तक्षेप किये बिना हिन्दुस्तानी और आठवीं अनुसूची में उल्लिखित अन्य भारतीय भाषाओं के रूप, शैली और पदावली को आत्मसात् करते हुए तथा जहाँ आवश्यक या वांछनीय हो, वहाँ उसके शब्द-भण्डार के लिए मुख्यत: संस्कृत से तथा गौणत: वैसी उल्लिखित भाषाओं से शब्द ग्रहण करते हुए उसकी समृद्धि निश्चित करना संघ का कर्त्तव्य होगा।''

ग्रेनविल ऑस्टिन के मुताबिक 'मुंशी-आयंगर सूत्र' की जड़ें पहले हुई बहसों में थीं।

> ''मुंशी-आयंगर सूत्र की जड़ें पहले हुई बहसों में स्पष्ट हैं। तथापि, क्षेत्रीय भाषा बोलने वालों के फायदे के लिए समझौते के दो पहलू शामिल किये गये थे, ख़ासतौर पर उल्लेखनीय हैं। वे हैं, संविधान में क्षेत्रीय भाषाओं की सूची बनाना एवं लोक सेवाओं के सम्बन्ध में हिन्दी नहीं बोलने वालों के हितों का सन्दर्भ। इन सेवाओं ने भारत में मध्यम एवं उच्च वर्ग के लिए सम्मान-रोज़गार के एक सबसे बड़ा स्रोत प्रदान किया। संविधान में तेरह जीवित भारतीय भाषाओं की सूची बनाने की योजना अद्‌भुत थी। लेकिन इसका महत्त्व क्या था? मुंशी-आयंगर सूत्र बताते हैं कि प्रत्येक भाषा को भाषा आयोग के समक्ष प्रस्तुत किया जाना चाहिए, बाद में इस बात पर सहमति बनी कि ये भाषाएँ ऐसी स्रोत होनी चाहिए, जिनसे हिन्दी का स्वयं ही विस्तार हो। लेकिन संविधान में सूचीबद्ध किये जाने से, क्षेत्रीय भाषाओं को प्राप्त, वे केवल क्षणिक लाभ थे।''[१५९]

मुंशी-आयंगर सूत्र के परिणाम को लेकर ग्रेनविल ऑस्टिन और ज्योतिरीन्द्र दासगुप्ता एकमत हैं। ऑस्टिन और दास गुप्ता के मुताबिक 'मुंशी-आयंगर फार्मूला' के रूप में समझौता का जो मसौदा तैयार हुआ, उसे संविधान-सभा के साथ-साथ कांग्रेस के सदस्यों के मध्य बहस-मुबाहिसा और सहमति नहीं बनने के परिणाम के तौर पर देखा जाना चाहिए। 'मुंशी-आयंगर फार्मूला' ने ही समझौते के लिए 'राष्ट्रभाषा' (National Language) की जगह 'संघ की राजभाषा' (Official Language of the Union) का प्रयोग किया। इस समझौते में देवनागरी लिपि में लिखी हिन्दी, संघ की राजभाषा हेतु, प्रस्तावित की गयी। अंकों के मामले में राजकीय प्रयोजनों के लिए, भारतीय अंकों के अन्तरराष्ट्रीय रूप की सिफ़ारिश की गयी। 'मुंशी-आयंगर फार्मूले' को मामूली फेरबदल के साथ संविधान-सभा ने स्वीकृति प्रदान की।

दासगुप्ता इस समझौते को हिन्दी-समूह की सफलता के रूप में देखते हैं, जो सही नहीं है। संविधान-सभा ने 'राष्ट्रभाषा' से 'राजभाषा' का सफर किया। समझौते के परिणामस्वरूप जो राजभाषा विधान बना, उसे ग्रेनविल ऑस्टिन ने ठीक ही 'अधूरे मन से हुई सुलह' की संज्ञा से नवाजा है।[१६०] 'राष्ट्रभाषा' से 'राजभाषा' की यात्रा में न तो हिन्दी-समर्थकों की सभी बातें मानी गयी और न विरोधियों की। असफल 'हिन्दुस्तानी' के पक्षधर भी हुए। सफल हुआ, तत्कालीन अँग्रेज़ीदाँ तबका। इस वर्ग की कामनाएँ, बड़े हद तक, पूरी हो गईं। दिलचस्प बात है कि फ्रेंक एंथनी को छोड़ दें

तो इस तबके ने भाषाओं की सूची में 'अँग्रेज़ी' का नाम रखा जाय, इसकी कोशिश नहीं की। पर, वह सब हासिल करा लिया, जो चाहिए था। संविधान-सभा में सभी भारतीय भाषाएँ हारीं, विजयश्री तिलक अँग्रेज़ी के ललाट पर लगा।

अध्याय तीन

बीच बहस में लघुपत्रिकाएँ :
आन्दोलन, संरचना और प्रासंगिकता

हिन्दी साहित्य के अतीत और वर्तमान को पहचानने और विश्लेषित करने की कोई भी कोशिश, लघु-पत्रिकाओं की दुनिया पर नज़र डाले बिना, पूरी नहीं हो सकती। साठ और सत्तर के दशक में उभरे हिन्दी लघु-पत्रिकाओं के विविध-विशद संसार को एक संस्थागत सांस्कृतिक आन्दोलन का रूप देने की कोशिश नब्बे के दशक में की गयी। ख़ास बात यह थी कि यह पहल, कम्युनिस्ट पार्टियों के नेतृत्व में चलने वाले लेखक संगठनों से, अलग तरह की थी। दूसरे, उस समय तक सांस्कृतिक आन्दोलन के लिए ज़रख़ेज़ समझी जाने वाली साहित्य की ज़मीन बदली हुई राजनीतिक-सामाजिक परिस्थितियों में, नयी परिभाषाओं की, माँग कर रही थी। चुनौतियों का स्वरूप पहले जैसा नहीं रह गया था। विचारधारा, प्रतिबद्धता, प्रतिरोध, समाज-रचना, व्यावसायिकता और रचनाशीलता जैसे प्रत्यय संशोधन की माँग कर रहे थे। इस नयी परिस्थिति में साहित्यकारों और लघु-पत्रिकाओं के सम्पादकों को एक ऐसे द्वैध का सामना करना पड़ा जो नये वक़्त की सांस्कृतिक बेचैनियों की नुमाइंदगी कर रहा था।

परिभाषा का प्रश्न

हिन्दी में लघु-पत्रिका का मतलब लघु आकार, प्रसार का लघु दायरा और प्रकाशन की लघु संरचना तो है ही, ख़ास तरह की चेतना से लैस प्रतिरोध की ज़मीन तैयार करने का सांस्कृतिक-राजनीतिक मर्म भी, इन पत्रिकाओं को, व्यावसायिक पत्रिकाओं से अलग करता है। ख़ुद को लघु-पत्रिका या लिटिल मैग़ज़ीन कहने वाले प्रकाशनों की शुरुआत द्वितीय विश्व-युद्ध के दौरान फ्रांस के रज़िस्टेंस समूह से मानी जाती है। ज्याँ पाल सार्त्र जैसी हस्तियाँ इसमें शामिल थीं। चूँकि रज़िस्टेंस समूह की

पत्रिका का तेवर सत्ता के ख़िलाफ़ था इसलिए उसे प्रतिरोध की आवाज़ होने की पहचान मिली। लेकिन, इस इतिहास और सामान्य परिभाषा के बावजूद हिन्दी-क्षेत्र में, इस बारे में, अलग-अलग तरह के विचार मिलते हैं कि लघु-पत्रिका किसे माना जाय किसे नहीं। उन्नीसवीं सदी या उसके उपरान्त जिन लेखकों ने अपनी पत्रिका निकाली, उन्होंने उसे 'लघु' नहीं कहा। वास्तव में विवाद 'लघु' शब्द को लेकर ही है। कुछ लोग लेखकों के छोटे समूह या व्यक्तिगत प्रयास और सीमित साधनों से निकाली जाने वाली सारी पत्रिकाओं को लघु-पत्रिका का दर्जा देते हैं, और कुछ नहीं देते।[१]

रामकृष्ण पाण्डेय ने लघु-पत्रिकाओं के भारतीय परिप्रेक्ष्य को स्पष्ट करते हुए लिखा है कि—

> "एक समय था जब भारतीय भाषाओं में छोटी पत्रिकाओं का एक बड़ा आन्दोलन विकसित हुआ था। उसका मूल स्वर व्यवस्था-विरोध और बड़ी पत्र-पत्रिकाओं की जकड़बंदी से साहित्य को बाहर निकालना था। कहना न होगा कि छोटी पत्रिकाओं के आन्दोलन ने उस राजनीति को सम्पोषित किया जो परिवर्तनकामी थी और सामाजिक रूपान्तरण की पक्षधर थी।"[२]

पाण्डेय ने जिस दौर को 'एक समय था' कहा है वह, साठ-सत्तर का दशक है। इसी दौर में बड़े प्रकाशन समूहों की पत्रिकाओं के बरअक्स (बल्कि प्रतिरोध में) छोटे स्तर पर (व्यक्तिगत या लेखकों के छोटे समूहों द्वारा) कई पत्रिकाओं का प्रकाशन शुरू हुआ। इनके ज़रिये कई रचनाकार उभरे जो भविष्य में महत्त्वपूर्ण साबित हुए। उस दौर में साहित्य ही नहीं, अन्य कई क्षेत्र भी, बदलाव की प्रक्रिया से गुज़र रहे थे।[३] इस आधार पर कहा जा सकता है कि लघु-पत्रिका के मर्म में परिवर्तनकारी राजनीति और बेहतरी की दिशा में सामाजिक रूपान्तरण की आवाज़ गूँजती है, उसमें वर्चस्वशाली विचारों के प्रतिरोध का मुद्दा केन्द्रीय होता है। कथाकार प्रियंवद ने ठीक ही कहा है कि 'विचारशीलता और प्रतिरोध लघु-पत्रिका के मूल स्वर हैं। विचारशीलता से आशय है, अपने समाज और समय के द्वन्द्वों को गहरायी से सम्बोधित करना। प्रतिरोध से आशय है मनुष्य विरोधी संरचनाओं को चिह्नित करके उनकी मुख़ालफ़त करना, इसमें भी मुख्यत: राजनीतिक वर्चस्ववादी सत्ता का। इसके अतिरिक्त लघु-पत्रिका के स्वरूप व उसकी भूमिका को लेकर हमारे पास पहले की

कुछ प्रचलित अवधारणाएँ भी हैं। ये हमारी मदद करती हैं। जैसे कि लघु–पत्रिका अनियतकालीन हो, लघु आकार की हो, साधारण काग़ज़ पर साधारण रूप से छपी हो, कम संख्या में प्रकाशित और साथियों के सहयोग से वितरित हो, उसके पीछे कोई बड़ी पूँजी, प्रतिष्ठान, या सुव्यवस्थित बुनियादी ढाँचा न हो, व्यक्तिगत संसाधनों से निकलती हो, उसका ध्येय आर्थिक उपार्जन न हो, वह किसी विशेष विचारधारा और सत्ता–व्यवस्था का सक्रिय प्रतिरोध हो तथा वह बड़ी पूँजीवादी पत्रिकाओं के आतंक व वर्चस्व को चुनौती देती हो!'[४] प्रियंवद द्वारा दी गयी यह परिभाषा लघु–पत्रिका की सूरत और सीरत स्पष्ट करती है।[५]

आन्दोलन का निर्माण

हालाँकि रचनाकारों के निजी प्रयासों से पत्र–पत्रिकाएँ उन्नीसवीं सदी से ही छपती रही हैं, परन्तु इनका आन्दोलनकारी स्वरूप देश में नक्सली आन्दोलन के प्रस्फुटित होने के बाद ही प्रकट हुआ। इसी के बाद साहित्य में व्यवस्था परिवर्तन की वह बात शिद्दत से उठने लगी, जो एक अरसे से हिन्दी की दुनिया में धीमी पड़ गयी थी। मार्क्सवादी विचारधारा से आवेशित पुराने लेखक और संगठन पुनर्जीवित होने लगे। नये–नये संगठनों का जन्म होने लगा। नये लेखकों और साहित्यकारों के छोटे–छोटे समूहों ने, छोटी–छोटी जगहों से, उस दौर में अपनी सामर्थ्य के अनुसार, छोटी पत्रिकाओं का प्रकाशन और अक्सर मुफ़्त या सामान्य मूल्य पर उनका वितरण निष्ठापूर्ण उत्साह के साथ किया ताकि आम पाठक तक उसकी पहुँच हो सके।[६] पाण्डेय ने उस दौर की छोटी पत्रिकाओं के आन्दोलन की सफलता को रेखांकित करते हुए लिखा है कि 'आन्दोलन इस अर्थ में भी सफल रहा कि साहित्यकार इस बात के मुखापेक्षी नहीं रह गये कि वे बड़ी–बड़ी पत्र–पत्रिकाओं में छपते हैं या नहीं। सेठाश्रयी पत्रिकाओं के बहिष्कार का तो नारा ही चल पड़ा था।'[७] उस दौर में 'ज़रूरी यह हो गया था कि रचित साहित्य सामाजिक परिवर्तन का पक्षधर है या नहीं।'[८]

क़ाबिले गौर है कि 'पारिभाषिक अर्थ में लघु–पत्रिका सातवें दशक के अन्तिम वर्षों में अस्तित्व में आयीं। यह चरण साहित्यिक से अधिक सामाजिक था। स्वाधीनता–आन्दोलन के दौरान लेखकों या हिन्दी सेवी

प्रकाशन संस्थाओं द्वारा जो पत्रिकाएँ निकाली गयी थीं, वे प्रायः एक-एक कर बंद हो चुकी थीं और पत्रिका-प्रकाशन पर इज़ारेदार घराने हावी थे। वहाँ से निकलने वाली पत्रिकाएँ थीं— *धर्मयुग, सारिका, साप्ताहिक हिन्दुस्तान* आदि। इन्हें रंगीन पत्रिका कहा गया। स्वभावतः इनके द्वारा प्रक्षेपित विचारधारा से नयी पीढ़ी के लेखकों की विद्रोहपूर्ण विचारधारा का विरोध था। रंगीन पत्रिकाओं में उनके लिए जगह नहीं थी। इन परिस्थितियों में नये लेखकों ने अपनी अभिव्यक्ति के लिए ख़ुद मंच बनाना शुरू किया और छोटे-छोटे नगरों/क़स्बों में लघु-पत्रिकाएँ निकलने लगीं।"[९] इस आधार पर कहा जा सकता है कि भारतेन्दु युग में लेखकों द्वारा निजी प्रयास से निकाली जा रही पत्रिका को लघु-पत्रिका की श्रेणी में नहीं रखा जा सकता। दरअसल, उस दौर में तो हिन्दी में यही पत्रिकाएँ थीं। लिहाज़ा उस समय 'बृहद्' और 'लघु' के विभाजन की ज़रूरत नहीं थी। बीसवीं सदी के शुरुआती दशकों में यद्यपि इंडियन प्रेस सरीखे व्यावसायिक संस्थान पत्रिका-प्रकाशन में सक्रिय थे, पर इस दौर में भी निजी कोशिशों से होने वाले प्रकाशनों को लघु-पत्रिका नहीं कहा गया। लेकिन वीर भारत तलवार सत्तर के दशक में लघु-पत्रिकाओं के उभार की धारणा से सहमत नहीं हैं। वे इस परिघटना में साठ का दशक भी जोड़ते हैं।

बकौल तलवार—

> "१९६० और ७० के दशक में लघु-पत्रिकाओं की बाढ़ आयी थी। लघु-पत्रिकाओं का साहित्यिक महत्त्व उभार पर था। तब एक-से-एक अच्छी रचनाएँ इन पत्रिकाओं में छपती थीं। उस वक़्त किसी ने भी इन पत्रिकाओं का संगठन नहीं बनाया, न कोई सचेत आन्दोलन चला। फिर भी आज कह सकते हैं कि वह अपने आप में एक आन्दोलन जैसा था, जिसने उस वक़्त धर्मयुग और साप्ताहिक हिन्दुस्तान जैसी बड़ी रंगीन व्यावसायिक पत्रिकाओं को साहित्यिक दृष्टि से परास्त कर दिया था।"[१०]

तलवार की बात से साफ़ पता चलता है कि साठ-सत्तर के दशक में भले ही सचेत आन्दोलन न चला हो, और पत्रिकाओं का संगठन भी न बना हो, पर वह अपने आप में एक आन्दोलन जैसा ही था। वस्तुतः वह नक्सली आन्दोलन द्वारा बनाये वातावरण का प्रतिफल था। जो लोग संगठन आधारित सचेत आन्दोलन की घोषणा साठ-सत्तर के दशक में खोजते हैं, उन्हें निराशा होना स्वाभाविक है।[११] यही कारण है कि रामकृष्ण

पाण्डेय[१२] और रामकुमार कृषक[१३] सरीखे लोग साठ–सत्तर के दशक की छोटी पत्रिकाओं के उभार को भी आन्दोलन मानने पर ज़ोर देते हैं।

लघु–पत्रिकाओं के संगठन और सचेत आन्दोलन का आरम्भ २९–३० अगस्त, १९९२ को कोलकाता में लघु–पत्रिकाओं के सम्पादकों की राष्ट्रीय संगोष्ठी से माना जाता है। कथाकार ज्ञानरंजन[१४] और आलोचक शम्भुनाथ[१५] की पहल पर, निजी स्तर और छोटे समूहों के सहयोग से, पत्रिका निकालने वाले सम्पादकों–लेखकों की राष्ट्रीय संगोष्ठी आयोजित की गयी थी। इसमें हिन्दी के कई सम्पादकों–लेखकों ने हिस्सा लिया था।[१६] संगोष्ठी का विषय 'लघु–पत्रिकाएँ : नयी चुनौतियाँ और दिशाएँ' था।[१७] संगोष्ठी के आरम्भ में संयोजकीय प्रतिवेदन पेश करते हुए शम्भुनाथ ने कहा कि 'लघु–पत्रिकाएँ चुनौती बन रही हैं। इसलिए उनके सामने भी चुनौतियाँ खड़ी हो रही हैं। 'कविवचन सुधा' के प्रकाशन से सर्वप्रथम भारतेन्दु ने ही लघु–पत्रिका की परम्परा आरम्भ की थी और उसके बाद जो सिलसिला शुरू हुआ, उससे सत्ता के दाँत खट्टे होने लगे। एक दूसरे युग में, सन् ६० के आसपास लघु–पत्रिकाओं ने व्यावसायिक पत्रिकाओं से लोहा लिया। जगह–जगह से विभिन्न तेवर की अनगिनत लघु–पत्रिकाएँ निकलीं।' शम्भुनाथ के इस वक्तव्य में, लघु–पत्रिकाओं को अतीत में भारतेन्दु और निकट अतीत में साठ के आस–पास की लघु–पत्रिकाओं से जोड़ना मानीख़ेज़ है। ऐसा करके शम्भुनाथ ने लघु–पत्रिकाओं की विरासत को व्यापकता और गहरायी प्रदान की। उनके मुताबिक लघु–पत्रिकाओं का 'मुख्य अवदान यह नहीं है कि इन्होंने बड़े लेखक बनाये। इन्होंने साहित्य के जनतन्त्रीकरण का व्यापक अवसर दिया, लेखकों और साहित्यिक पत्रिका निकालने वालों का एक प्रखर और व्यापक समुदाय तैयार किया, प्रधान बात यह है।' पर, इसके साथ ही 'लघु–पत्रिका की अवधारणा का सरलीकरण हुआ और पाठक वर्ग घटने लगा। फिर भी, जनता में साहित्य के प्रति आदर था।'[१८] बकौल शम्भुनाथ—

> ''एक तीसरा दौर आया, जो साठ के दशक के उफ़ान जैसा नहीं था, पर जितना था बहुत ठोस और सधा हुआ था। प्रगतिशील और जनवादी पत्रिकाओं के इस दौर में लघु–पत्रिकाओं ने अपनी जड़ें पुख़्ता कीं। नये सिरे से पाठक वर्ग तैयार करना भी आरम्भ किया। तभी इस दौर में विकसित मीडिया ने व्यावसायिक पत्रिकाओं को पतन की ओर ठेला ही—एक–एक कर

व्यावसायिक पत्रिकाएँ बौनी होने लगीं। पर जो भयावह लीला आरम्भ की, वह थी सांस्कृतिक प्रदूषण की। उसके लीला–क्षेत्र में मध्यवर्ग ही नहीं, साधारण वर्ग के लोग भी घिरते जा रहे हैं और उनमें मुद्रित साहित्य के प्रति उदासीनता घर करती जा रही है। फलतः निराशा में साहित्य–सृजन धीमा हो गया है। लेखक प्रदूषित और रीढ़–विहीन पत्रकारिता द्वारा हड़पे जा रहे हैं। साहित्य–सृजन स्थगित करके, रचनाकार क्रीतदास होकर दैनिक पत्रों के लिए 'फ़ास्ट फ़ूड' की कोटि का साहित्य लिखने को मजबूर हैं। इसके अलावा इतिहास की चेतना पर भी संकट आया है और कूपमण्डूकता पनपी है। जीवन के नये यथार्थों का सामना कर विचारधारा के विकास की जगह तिरस्कार की साठोत्तरी प्रवृत्ति भी पुनर्जीवित हुई है। लघु–पत्रिकाओं के सामने नयी चुनौतियों के प्रधान बिन्दु ये ही हैं।''[१९]

जनवादी लेखक संघ के तत्कालीन महासचिव ओमप्रकाश ग्रेवाल ने अपने सन्देश के ज़रिये कहा कि 'सत्तर के दशक में जनवादी प्रगतिशील साहित्य के उभार में तथा उसके प्रसार और विकास में लघु–पत्रिकाओं ने अत्यन्त महत्त्वपूर्ण भूमिका निभायी थी। साहित्य को राजनीति के दबावों और विचारधारात्मक बन्धनों से मुक्त रखने के नाम पर उसे सामाजिक जीवन को प्रभावित करने वाले आधारभूत सवालों से काट देने और पंगु बना डालने वाली प्रवृत्ति तब ज़ोरों पर थी। लघु–पत्रिका आन्दोलन ने इससे टक्कर ली और समकालीन रचनाशीलता को नयी ऊर्जा के साथ व्यक्त होने का मौक़ा मिला। व्यावसायिक पत्रिकाएँ उन दिनों भी पाठकों को घटिया साहित्य की घुट्टी पिलाकर उनकी सौन्दर्याभिरुचियों को भ्रष्ट कर रही थीं और उनकी सामाजिक जागरूकता को कमज़ोर बता रही थी। स्वस्थ और जीवन्त साहित्यिक रचनाओं को सुधी पाठकों तक पहुँचाने और व्यावसायिक पत्रिकाओं के विषाक्त प्रभाव से उन्हें बचाये रखने का काम उन दिनों लघु–पत्रिकाओं ने ही किया। पिछले दो दशकों के दौरान जब कभी सामाजिक जीवन में ऐसे घटना–विकास हुए जिनके कारण समकालीन रचनाशीलता के सामने नयी चुनौतियाँ सामने खड़ी हो गयीं और वह नये रूपों में व्यक्त होने लगीं तो इन गुणात्मक बदलावों को पहचानने का काम भी मुख्य रूप से लघु–पत्रिकाओं में उठायी गयी बहसों के ज़रिये सम्पन्न हुआ।'[२०] उस दौर में लघु–पत्रिका आन्दोलन की ज़रूरत क्यों महसूस की गयी? इसे स्पष्ट करते हुए ग्रेवाल ने लिखा है कि 'इलेक्ट्रॉनिक मीडिया की बढ़ती हुई ताक़त के सामने व्यावसायिक

पत्रिकाओं की भूमिका भी गौण हो गयी है। उपभोक्ता संस्कृति अब टीवी और वीडियो के ज़रिये लोगों के दिलों और दिमाग़ों पर छा जाने और उन्हें अपने कब्ज़े में करने पर तुली हुई है। हमारे समाज में जनता की दुश्मन ताक़तें लोगों के अन्दर नफ़रत और हिंसा का उन्माद पैदा करके उन्हें अपने ही ख़िलाफ़ खड़ा कर रही हैं और सामाजिक जीवन के ताने–बाने को बनाये रखने के लिए ज़रूरी सभ्य व्यवहार की मर्यादाओं को नष्ट कर रही हैं। विश्व के पैमाने पर शान्ति और न्याय के पक्ष में खड़ी ताक़तों को आज बहुत बड़ा धक्का लगा है और साम्राज्यवादी ताक़तों का रुतबा इतना बढ़ गया है कि ग़रीब देशों के साथ मनमाने ढंग से दादागिरी करने में उन्हें कोई हिचक नहीं होती। तीसरी दुनिया के राष्ट्रों को अपमानित करने, उन्हें दबाने और कुचल डालने के उनके प्रयास बढ़ते जा रहे हैं। कर्ज़ों और व्यापार के ज़रिये उन पर ऐसी घातक आर्थिक नीतियाँ थोपी जा रही हैं जिनसे उनका स्वतन्त्र विकास रुक जायेगा और वे साम्राज्यवादी ताक़तों के ग़ुलाम बनकर रह जायेंगे। ऐसी परिस्थितियों में लघु–पत्रिकाओं से जुड़े हुए लेखकों और सम्पादकों द्वारा कठिनाइयों से घिरे हुए महसूस करना और सांस्कृतिक क्षेत्र में सार्थक हस्तक्षेप के औज़ार के रूप में लघु–पत्रिकाओं की उपयोगिता के बारे में उनके मन में अनेक प्रश्न का खड़े हो जाना स्वाभाविक लगेगा। इस विकट स्थिति में अगर हमारे कुछ साथी मायूसी में डूबने लगे हैं और किंकर्तव्यविमूढ़ से दिखायी देने लगे हैं तो यह कोई अचम्भे की बात नहीं है। लेकिन लघु–पत्रिकाएँ आज हमारे लिए पहले से भी ज़्यादा ज़रूरी हो गयी हैं, इनसान की इनसानियत को बनाये रखने के संघर्ष में आज भी लघु–पत्रिकाओं की एक अहम भूमिका निश्चित तौर पर बनी हुई है।' इन कारणों से 'मायूसी के प्रभाव में आ जाना हमारे लिए बहुत महँगा पड़ सकता है।' इसीलिए 'अपनी बौद्धिक सजगता और नैतिक दृढ़ता बनाये रखकर हमें लघु-पत्रिका आन्दोलन की मौजूदा स्थिति का वस्तुपरक विश्लेषण करते हुए उभरने वाली चुनौतियों को व्याख्यायित करना होगा और हमारे सामने खड़ी विभिन्न समस्याओं के मिल–जुल कर उचित समाधान ढूँढ़ने होंगे।'[२१]

शम्भुनाथ और ओमप्रकाश ग्रेवाल के आधार पर कहा जा सकता है कि अगर साठ–सत्तर के दशक में लघु–पत्रिका–आन्दोलन (भले ही वह संगठन बना कर सचेत रूप से नहीं किया गया था) बड़े घरानों से

निकलने वाली 'रंगीन' पत्रिकाओं के विरोध में शुरू हुआ था, तो बीसवीं सदी के अन्तिम दशक का लघु-पत्रिका आन्दोलन इलेक्ट्रॉनिक मीडिया और उस दौर के भू-राजनीतिक-आर्थिक परिदृश्य में क़ायम वर्चस्वमूलक ताक़तों के ख़िलाफ़ आरम्भ हुआ। इससे यह भी स्पष्ट होता है कि साठ-सत्तर के दशक की लघु-पत्रिकाओं की मुख्य दुश्मनी 'रंगीन' साहित्यिक पत्रिकाओं से थी,[२२] पर बीसवीं सदी के अन्तिम दशक के लघु-पत्रिका आन्दोलन ने अपने बरअक्स ज़्यादा बड़े फलक को रेखांकित किया था।

पहली राष्ट्रीय संगोष्ठी में सिर्फ़ सम्पादकों ने ही भाग नहीं लिया था बल्कि लघु-पत्रिका आन्दोलन से सहमति रखने वाले रचनाकारों ने भी हिस्सा लिया था। कवि अरुण कमल ने इस संगोष्ठी में कहा था कि—

> "लघु-पत्रिका आन्दोलन एक बृहत्तर सांस्कृतिक आन्दोलन का ही अंग है। युरोप में भी लिटिल मैग़ज़ीन मूवमेंट और अमेरिका में प्रोटेस्ट मूवमेंट है। जब तक प्रतिवाद का आन्दोलन रहेगा, तब तक लघु-पत्रिकाएँ रहेंगी। लघु-पत्रिकाओं का दायित्व है कि वह अपने आलोचनात्मक और साहित्यिक विवेक की रक्षा करें। हिन्दी लेखक अपने रक्त की अन्तिम बूँद तक लघु-पत्रिकाओं के साथ रहेंगे।"[२३]

अरुण कमल ने आलोचनात्मक और साहित्यिक विवेक की रक्षा का दायित्व लघु-पत्रिकाओं के लिए बताकर इसके सरोकार को और व्यापक बनाया। कहना न होगा कि साहित्यिक विवेक की हिफ़ाज़त तो प्रकारान्तर से साहित्यिक पत्रिकाओं का सीधा मक़सद होता ही है; पर आलोचनात्मक विवेक तो नीर-क्षीर की समझ पैदा करता है। आलोचनात्मक विवेक व्यक्ति में यथास्थिति, यथार्थ एवं प्रदत्त मान्यताओं—जिन्हें सहज एवं स्वाभाविक मान लिया गया है—का वास्तविक परिप्रेक्ष्य में ठीक-ठीक विश्लेषण-मूल्यांकन करने की समझ पैदा करता है। इस लिहाज़ से अरुण कमल के इस वक्तव्य की आख़िरी पंक्ति भावुकता भरी मानी जा सकती है। पर किसी भी आन्दोलन या संघर्ष के आरम्भ में ऐसी भावुकता भी ज़रूरी होती है। कहानीकार इसराइल ने उस गोष्ठी में कहा था कि 'इस युग के तमाम कहानीकार लघु-पत्रिकाओं के बीच से ही आये हैं। एक व्यक्ति द्वारा निकाले जाने के बावजूद लघु-पत्रिका एक सामूहिक अभिव्यक्ति है। वैचारिक क्रान्ति को समय-समय पर लघु-पत्रिकाओं ने ही प्लेटफ़ॉर्म दिया। लघु-पत्रिकाओं को आम पाठक तक पहुँचाने के उपाय ढूँढ़ने

चाहिए'।[२४] बकौल कहानीकार पुन्नी सिंह—

> ''हमारे यहाँ लेखकों से कम सम्पादक और सम्पादकों से भी कम पाठक हैं। पाठक वर्ग बना रहे, इसके लिए ज़रूरी है कि लघु-पत्रिकाएँ निरन्तरता के उपाय ढूँढ़ें। इसके लिए ज़रूरी है कि बड़ा से बड़ा लेखक भी और सम्पादक आपस में मिलकर कार्य करें—एक इकाई के रूप में।''[२५]

यहाँ इसराइल और पुन्नी सिंह एक महत्त्वपूर्ण पहलू की तरफ़ ध्यान खींचते दिखायी देते हैं, और वह है पाठक। किसी भी पत्रिका या पुस्तक की सार्थकता व्यापक पाठक समुदाय तक पहुँचने में ही होती है। वरना लघु-पत्रिकाएँ रचनाकारों की रचनाएँ प्रकाशित करने हेतु रचनाकारों द्वारा निकाली गयी और रचनाकारों मात्र के लिए बन जाती हैं। इनके दायरे का, रचनाकारों तक महदूद होना इनकी बड़ी सीमा है।

संगठन और उसका दायित्व

संगोष्ठी में सर्वसम्मति से राष्ट्रीय स्तर पर लघु-पत्रिका समन्वय समिति नाम से एक संगठन की घोषणा की गयी।[२६] इसका दायित्व था, लघु-पत्रिकाओं के बीच तालमेल और साझा लक्ष्यों की दिशा में काम करना। समिति का काम सुचारु रूप से चलाने के लिए एक १५ सदस्यीय स्थायी समिति गठित की गयी।[२७] इसके दस लक्ष्य और कार्य तय किये गये।[२८] इसमें कहा गया कि समिति विभिन्न लघु-पत्रिकाओं की स्वायत्तता क़ायम रखते हुए न्यूनतम साझा लक्ष्यों के लिए काम करेगी ताकि मौजूदा साहित्य-विरोधी माहौल की चुनौतियों का मिलकर सामना किया जा सके और एक नये सांस्कृतिक जागरण की ओर बढ़ने में मदद मिले। समन्वय समिति में दो प्रस्ताव सर्वसम्मति से पारित हुए। पहला प्रस्ताव *जतन* के सम्पादक तारा पांचाल ने रखा, जिसमें कहा गया था कि 'आज दुनिया में पश्चिमी साम्राज्यवाद का शिकंजा तेज़ी से कसता जा रहा है, जिसके कारण एशिया, अफ्रीका तथा लैटिन अमेरिकी देशों के स्वतन्त्र अस्तित्व और पहचान पर गम्भीर ख़तरा उपस्थित है। दूसरी ओर हमारे समाज में नवजागरण तथा राष्ट्रीय स्वाधीनता संग्राम के ऊँचे आधुनिक आदर्शों को रौंदते हुए साम्प्रदायिक और जातिवादी ताक़तें नये सिरे से सक्रिय हुई हैं। इधर भाषिक पृथकतावाद तथा अन्य संकीर्णताएँ भी पनपी हैं। लोगों को

उनकी सांस्कृतिक जड़ों से विच्छिन्न किया जा रहा है और उपभोक्तावाद फैल रहा है। जन संचार माध्यम द्वारा सांस्कृतिक प्रदूषण फैलाया जा रहा है, जिसके कारण लोग अपसंस्कृति के दल-दल में फँस रहे हैं। बुनियादी मानवीय मूल्य आज गहरे संकट में हैं। लघु-पत्रिकाओं के सवाल पर आयोजित इस राष्ट्रीय संगोष्ठी में हम सभी लेखक और सम्पादक उपर्युक्त स्थितियों से चिन्तित हैं। हम लोग एक स्वर से पश्चिमी साम्राज्यवाद, साम्प्रदायिकता, जातिवाद, भाषिक पृथकतावाद, उपभोक्तावाद एवं सांस्कृतिक प्रदूषण का विरोध करते हैं तथा इनके ख़िलाफ़ साझी लड़ाई का संकल्प लेते हैं। इस लड़ाई में संगठित रूप से हिस्सा लेने के लिए हम सभी लोकतान्त्रिक शक्तियों का आह्वान करते हैं।[२९] दूसरा प्रस्ताव *अब* के सम्पादक अभय ने पेश किया। इस प्रस्ताव में कहा गया था कि—

> "आज़ादी के बाद से ही केन्द्र और राज्य की सरकारें जिस तरह व्यावसायिक अख़बारों और पत्रिकाओं को विज्ञापन देने एवं सांस्कृतिक गतिविधियों के नाम पर जनता के पैसों का अपव्यय करती रही हैं, हम सम्पादक-लेखक उसे एक गम्भीर जनविरोधी और संस्कृति विरोधी कार्य मानते हैं। दूसरी ओर, सरकारों और उसके तन्त्र ने सामाजिक सरोकारों के तहत निकल रही साहित्यिक लघु-पत्रिकाओं को लगातार नज़रअन्दाज़ किया है। निस्सन्देह हम अपनी पत्रिकाएँ समाज और पाठक वर्ग के सहयोग से निकालने के लिए प्रतिबद्ध हैं, लेकिन हम यह भी जानते हैं कि सरकारी संसाधन समाज से ही प्राप्त हैं और विज्ञापन तथा संस्कृति के नाम पर जो भी ख़र्च होता है, उस पर हमारा भी अधिकार है। हम सम्पादक-लेखक सरकारों द्वारा व्यावसायिक पत्र-पत्रिकाओं के पक्ष में अपनायी जा रही इस भेदभावमूलक विज्ञापन नीति का विरोध करते हैं एवं माँग करते हैं कि सरकारें लघु-पत्रिकाओं को भी विज्ञापन दें। वे इस सन्दर्भ में एक ठोस सकारात्मक नीति की शीघ्र घोषणा करें।"[३०]

तारा पांचाल और अभय द्वारा पेश प्रस्तावों से समन्वय समिति के एजेंडे की जानकारी मिलती है। इसमें अपनी भूमिका की पहचान की गयी है जिसके निर्वाह के लिए आर्थिक आधार की भी खोज की गयी है। सरकार द्वारा दिये जा रहे विज्ञापनों पर अधिकार जताना लघु-पत्रिकाओं के बुनियादी आधार बनाने की चिन्ता को ज़ाहिर करता है। 'पहल' के सहयोग से प्रकाशित पहले बुलेटिन में ६३ लघु-पत्रिकाओं की सदस्यता सूची दर्ज़ है।[३१] समन्वय समिति के संचालन हेतु जो कार्यकारिणी बनी, उसकी

पहली बैठक १८ अप्रैल, १९९३ को रायपुर में हुई। इस—

> "बैठक में कलकत्ता सम्मेलन के बाद के सामाजिक-सांस्कृतिक परिदृश्य का बहुआयामी विश्लेषण किया गया एवं सामाजिक जीवन के उच्चतर मूल्यों एवं आदर्शों के सामने साम्प्रदायिकता से उत्पन्न हो गये ख़तरों को रेखांकित किया गया। इस सन्दर्भ में सांस्कृतिक माध्यमों, विशेषकर लघु-पत्रिकाओं की बढ़ी हुई ज़िम्मेदारियों को महसूस करते हुए संकट की इस घड़ी में मिलजुल कर अपनी प्रखरतम भूमिका का ऐतिहासिक दायित्व निभाने की राय क़ायम की गयी।"[३२]

रायपुर की बैठक में राष्ट्रीय लघु-पत्रिका समन्वय समिति की कार्यकारिणी हेतु रामकुमार कृषक *(अलाव)*, विजय गुप्त *(साम्य)*, मूलचन्द गौतम *(परिवेश)* और राजाराम भादू (दिशाबोध) का मनोनयन किया गया।[३३] इसके साथ ही निर्णय लिया गया कि १८-१९ सितम्बर, ९३ को कुरुक्षेत्र, हरियाणा में राष्ट्रीय लघु-पत्रिका समन्वय समिति के राष्ट्रीय सम्मेलन का आयोजन किया जायेगा। कुरुक्षेत्र सम्मेलन को साम्प्रदायिकता के सवाल पर केन्द्रित करने और मुख्य अतिथि के तौर पर असगर अली इंजीनियर को आमन्त्रित करने का निर्णय लिया गया।[३४] इन निर्णयों के आधार पर भी कहा जा सकता है कि समन्वय समिति व्यापक सामाजिक-राजनीतिक सवालों का सामना करने की कोशिश कर रही थी।

बीसवीं सदी के अन्तिम दशक की शुरुआत सोवियत संघ के विघटन से हुई। दुनिया एक ध्रुवीयता की ओर अग्रसर होने लगी। योगेन्द्र यादव के अनुसार 'उस राष्ट्रीय क्षितिज पर एक साथ तीन मकार उभरे।...ये तीन मकार हैं, मण्डल, मन्दिर और मार्केट। विश्वनाथ प्रताप सिंह की सरकार ने अगस्त १९८९ में जब अचानक पिछड़ों के लिए आरक्षण की सिफ़ारिशों को लागू कर दिया तब मण्डल पिछड़ों के उस आन्दोलन का पर्याय बन गया। मन्दिर से तात्पर्य संघ परिवार के राम जन्मभूमि आन्दोलन से है जिसकी परिणति छह दिसम्बर, १९९२ को बाबरी मस्जिद के ध्वंस में हुई। तीसरा मकार यानी मार्केट से आशय आर्थिक उदारीकरण और भूमण्डलीय अर्थव्यवस्था से जुड़ी नीतियों से है। चार दशकों तक समाजवाद का नाम लेने वाले नीति-निर्माताओं ने यकायक उलटे घूम जाने का निर्णय लिया। इस मुद्दे पर जनादेश लेने की तो दूर, उन्होंने मतदाताओं को इसके लिए आगाह भी नहीं किया। १९९१ में कांग्रेस की एक अल्पमत सरकार

के वित्त मन्त्री मनमोहन सिंह ने इन नीतियों की घोषणा करके दुनिया को ही नहीं, भारतवासियों को भी हैरत में डाल दिया। इन नीतियों का नियन्त्रण अब विश्व व्यापार संगठन (डब्ल्यूटीओ) के हाथों में है।'[३५] राष्ट्रीय लघु-पत्रिका समन्वय समिति के समक्ष यही चुनौतियाँ थीं।

इसी दौरान लघु-पत्रिकाओं की भूमिका, आन्दोलन की गति और आयाम पर *संवेद* ने अपना अंक केन्द्रित किया। इस अंक में विजेन्द्र नारायण सिंह,[३६] कर्मेन्दु शिशिर,[३७] शम्भुनाथ,[३८] बहादुर मिश्र,[३९] प्रभाष प्रसाद वर्मा,[४०] अरविन्द कुमार,[४१] बटरोही,[४२] के आलेख और तारानंद,[४३] प्रेमव्रत तिवारी,[४४] रमेश नीलकमल,[४५] राजनारायण वोहरा,[४६] की टिप्पणियाँ प्रकाशित हुईं। इनके अलावा २७ जून, १९९३ को प्रकाशित *आवाज़* में लघु-पत्रिकाओं के सम्पादकों द्वारा लेखकों के प्रति अपनाये जाने वाले रवैये पर सवाल खड़ा किया गया।[४७] इसके साथ ही किसी पत्रिका को पहले पत्रिका के रूप में छापने और फिर उसे ही पुस्तक रूप में सजिल्द कर पुस्तकालयों, विश्वविद्यालयों या सरकारी संस्थानों में बेचने का मसला भी उठाया गया। इस व्यावसायिक पहलू से सम्पादकों का आर्थिक लाभ जुड़ा था, जिसमें लेखकों को कोई हिस्सा नहीं दिया जा रहा था। समन्वय समिति ने अपने बुलेटिन में इस मुद्दे पर कहा कि 'इस पर जल्दबाज़ी में कोई राय नहीं क़ायम की जा सकती।' साथ ही यह भी कहा गया कि—

> ''हम सभी जानते हैं, लोकोन्मुख साहित्य को ज़्यादा से ज़्यादा पाठकों तक पहुँचाना, इसके लिए एक नया पाठक वर्ग तैयार करना और पहले से मौजूद परम्परागत पुस्तक-पाठक वर्ग में अपनी पैठ बनाना लघु-पत्रिका प्रकाशन की मुख्य कार्यनीति होती है। यदि कोई पत्रिका कुछ अंकों को पुस्तक रूप प्रदान कर पहले से मौजूद परम्परागत पुस्तक-पाठक वर्ग में अपनी पैठ बनाती है, तो वह अपने घोषित लक्ष्य को ही आगे बढ़ाती है। ऐसा करके वह अपनी सामग्री को पत्रिका के पाठक वर्ग तक पहुँचाने के साथ-साथ पुस्तकों के पाठक वर्ग तक भी पहुँचा देती है।''

इसी बात को आधार प्रदान करते हुए कहा गया है कि—

> ''यदि हम पुस्तक प्रकाशन के सम्पूर्ण परिदृश्य को देखें तो यह बात पूरी तरह से स्पष्ट हो जायेगी कि हिन्दी की कुछेक ज़िम्मेदार लघु-पत्रिकाओं ने चीनी साहित्य, पाकिस्तानी साहित्य, अफ्रीकी साहित्य, मार्क्सवादी सौन्दर्यशास्त्र, नया इतिहास, राहुल सांकृत्यायन आदि विषयों पर केन्द्रित

अपने विशेषांकों को पुस्तक रूप में करके पुस्तकों के संसार में कितना गुणात्मक परिवर्तन ला दिया है, उसे कितना समृद्ध किया है और एक नया पाठक-वर्ग बनाने के साथ-साथ पहले से मौजूद परम्परागत पुस्तक-पाठक वर्ग में पैठ करने के लक्ष्य को कितने सुनियोजित तरीक़े से आगे बढ़ाया है। इसे व्यावसायिक उपक्रम कदापि नहीं माना जा सकता है।''

लेकिन ऐसा नहीं है कि समन्वय समिति ने यह सब कह कर इस मसले को बिलकुल ख़ारिज कर दिया हो। बल्कि उसने यह भी कहा कि—

''निस्सन्देह इस बिन्दु पर आत्मपरीक्षण की ज़रूरत उन पत्रिकाओं के सन्दर्भ में है जिन्होंने लघु-पत्रिकाओं के कलेवर में जिस-तिस सामग्री को प्रकाशित किया, छापने के लिए लेखकों से पैसे लिए और फिर उसे पुस्तक रूप में करके व्यवसाय का दृष्टिकोण अपनाया। एक ही कार्यप्रणाली में कार्य कर रही विभिन्न लघु-पत्रिकाएँ यदि नीयत के धरातल पर अलग-अलग हैं तो यह सम्पूर्ण रूप से आत्मपरीक्षण का ही मामला है।''[४८]

यहाँ सवाल उठता है कि जिन लघु-पत्रिकाओं की नीयत भी ठीक हो और उन्होंने पत्रिका के अंक को पुस्तक के रूप में प्रकाशित कर 'परम्परागत पुस्तक-पाठक वर्ग में पैठ बनाया हो' तो उसे व्यावसायिक उपक्रम क्यों नहीं माना जाना चाहिए? इस प्रक्रिया के तहत लघु-पत्रिकाओं के प्रकाशक-सम्पादक को मिलने वाले मुनाफ़े में से रचनाकारों को भुगतान क्यों नहीं किया जाता है? उल्लेखनीय है कि सम्पादन-संचालन अवैतनिक-अव्यावसायिक क़रार दे कर कई लघु-पत्रिकाएँ तकनीकी रूप से अपने को भले ही बचा लेती हैं परन्तु परोक्ष-अपरोक्ष रूप से उनके कारोबार पर सवाल उठते रहते हैं।[४९] इन सवालों के मद्देनज़र कथाकार प्रियंवद के सुझाव ग़ौरतलब हैं।[५०]

इन संगठनात्मक-संरचनात्मक सवालों के अलावा भी, लघु-पत्रिकाओं पर भी, प्रश्न खड़े किये जाते रहे हैं। उनकी आलोचना होती रही है। पहले राष्ट्रीय सम्मेलन में रविभूषण की टिप्पणी इस सिलसिले में द्रष्टव्य है।[५१] वैसा ही मत, कुछेक लघु-पत्रिकाओं को देख कर, कर्मेन्दु शिशिर ने भी प्रगट किया था। उनका कहना था कि—

''आज की कई पत्रिकाएँ इतनी बेअसर और अर्थहीन लगती हैं कि उनके निकालने की कोई सार्थकता समझ में नहीं आती। उनमें कहीं समाज और संस्कृति को तात्कालिक और दूरगामी स्तरों पर प्रभावित करने वाली ख़तरनाक

कोशिशों का रेखांकन नहीं मिलता। ये साहित्य की स्वायत्त दुनिया में यशवाली आत्ममुग्धता की शिकार हैं। कुछ तो प्रच्छन्न व्यावसायिकता की विवशता में भी आ गयी हैं...इसलिए लघु-पत्रिकाओं से तल्ख़ आत्मालोचना की अपेक्षा हैं और उनके मुताबिक दायित्वपूर्ण होने की कामना भी।''[५२]

कर्मेन्दु शिशिर के मुताबिक—

''हमारे समय में क्या ज़रूरत है, इसमें क्या ऐसा है, जो सिर्फ़ लघु-पत्रिकाएँ ही दे सकती हैं, बड़ी पत्रिकाएँ नहीं; इसी बिन्दु पर इनकी सार्थकता टिकी है। जिस हद तक वे ऐसा कर पा रही हैं, उसी हद तक इनकी ज़रूरत क़ायम है।''[५३]

इसीलिए—

''लघु-पत्रिकाओं का सम्पादक होना बस इतना नहीं है कि किसी तरह संसाधन जुटा लिया जाय और लेखकों से कहानी, कविता या समीक्षा माँगकर प्रकाशित कर दिया जाय। सम्पादक को समय, समाज और संस्कृति की दशा और दिशा की तफ़सील में जानकारी होनी चाहिए, उससे उपजी समझ होनी चाहिए, करणीय का विवेक होना चाहिए। वे बेहतर समाज के लक्ष्य को ध्यान में रखकर पत्रिका की सामग्री प्रस्तुत करें...।''[५४]

ऐसे मतों पर रायशुमारी करते हुए शम्भुनाथ ने लिखा है कि—

''ऐसा बिलकुल सम्भव है कि सभी लघु-पत्रिकाएँ समान साहित्यिक स्तर की न हों। कुछ बिना किसी नैतिक और वैचारिक बेचैनी के महज़ वाग्विलास या किसी क्षुद्र स्वार्थ की पूर्ति के लिए भी निकली हो सकती हैं। इस हालत में देखना चाहिए कि अन्ततः इनमें साहित्यिक और सामाजिक चेतना का धीरे-धीरे ही सही विकास घटित हो रहा है या नहीं। समझदारी के अभाव में कई साहित्यिक पत्रिकाओं में साहित्यिक चेतना का स्तर बहुत पिछड़ा होता है और व्यापक सम्पर्क के अभाव में वे एक निश्चित दायरे से बाहर झाँक नहीं पातीं। उन्हें उपेक्षा और तिरस्कार की नज़रों से देखने के स्थान पर लघु-पत्रिका की वास्तविक धारणा के निकट लाना होगा। समाज में सभी जगह साहित्यिक और सामाजिक चेतना का स्तर समान नहीं है। अतः यह लघु-पत्रिका आन्दोलन का काम है कि साहित्यिक पत्रिकाओं की स्वायत्तता की रक्षा करते हुए, उनका आपसी सम्पर्क बनाकर वैचारिक अन्तःक्रिया की प्रक्रिया तेज़ करे और साधारण स्तर की साहित्यिक पत्रिकाओं को भी अपने आन्दोलन की धार से पुख़्ता बनाये।''[५५]

आन्दोलन का आधार

समन्वय समिति का दूसरा राष्ट्रीय सम्मेलन कुरुक्षेत्र में न हो कर जमशेदपुर में १४-१५ मई, १९९४ को हुआ। कथाकार भीष्म साहनी की अध्यक्षता में सम्पन्न इस सम्मेलन में रमेश उपाध्याय ने लघु-पत्रिकाओं पर एक पर्चा पढ़ा। उपाध्याय का यह लेख बाद में *उत्तरार्द्ध* में (नवम्बर, १९९४) छपा। इनके 'इस लेख में लघु-पत्रिकाओं की बुरी हालत और उनके सम्पादकों में ग़ैर-ज़िम्मेदारी की प्रवृत्ति के बारे में कई बातें खरी-खरी कही गयी हैं। लेकिन इसमें पत्रिका निकालने वालों की धुन, लगन, उत्साह और संघर्ष के प्रति पर्याप्त संवेदनशीलता नहीं दिखायी देती, यह बात उपरोक्त सम्मेलन में भीष्म साहनी ने भी कही थी।'[५६] *उत्तरार्द्ध* में ही लघु-पत्रिका आन्दोलन पर प्रश्न खड़ा करते हुए वीर भारत तलवार ने लिखा कि 'पिछले कुछ सालों से बाक़ायदा संगठन बनाकर लघु-पत्रिकाओं का एक आन्दोलन खड़ा करने की कोशिश चल रही है। क्या सचमुच ऐसा कोई आन्दोलन खड़ा हो सका है?' बकौल तलवार—

> "आन्दोलन खड़ा करने के लिए कोई आधार होना चाहिए। एक आधार व्यावसायिक पत्रिकाओं का विरोध करना हो सकता है लेकिन आज हिन्दी में व्यावसायिक साहित्यिक पत्रिकाएँ हैं ही कहाँ, जिसका विरोध किया जाय? *सारिका, धर्मयुग* और *साप्ताहिक हिन्दुस्तान* जैसे सेठों के संस्थानों से निकलने वाली पत्रिकाएँ बंद हो चुकी हैं। इसलिए, उन्होंने पूछा कि 'लघु-पत्रिका आन्दोलन किसके विरोध में संगठित होगा? *हंस* के?"[५७]

परन्तु—

> "*हंस* को व्यावसायिक पत्रिका नहीं कहा जा सकता। *हंस* लोकप्रिय पत्रिका है, कुछ साधन-सम्पन्न पत्रिका है लेकिन वह पूँजीवादी और साम्राज्यवादी खेमे का समर्थन करने वाली पत्रिका नहीं है, इनका विरोध करने वाली पत्रिका है। वह अपने लेखकों का आर्थिक शोषण करती है, इसका विरोध करना चाहिए। उसकी सम्पादकीय अनीतियों और मनमानियों की आलोचना करनी चाहिए लेकिन *हंस* के विरोध में लघु-पत्रिकाओं का कोई आन्दोलन खड़ा नहीं किया जा सकता। *हंस* के सम्पादक ने अगर लघु-पत्रिकाओं पर कोई व्यंग्य-कटाक्ष किया है तो उसे भी आन्दोलन का मुद्दा नहीं बनाया जा सकता। *हंस* में बहुत-सी गड़बड़ियाँ हैं, जिसके लिए उसका सम्पादक ज़िम्मेदार है। उसका जवाब लघु-पत्रिकाओं की रचनाओं का स्तर ऊँचा

उठाकर, उनकी उम्र बढ़ाकर और उन्हें नियमित बनाकर ही दिया जा सकता है।''[५८]

लघु-पत्रिका और इसके आन्दोलन पर जो भी सवाल खड़े किये जाते थे, समन्वय समिति के संयुक्त संयोजक शम्भुनाथ उसका जवाब देते थे। शम्भुनाथ ने वीर भारत तलवार के प्रश्नों का जवाब देते हुए *उत्तरार्द्ध* के अगले अंक में लिखा कि *हंस* के विरोध में लघु-पत्रिका आन्दोलन के —

> ''निशाने पर नकली दुश्मनों को अथवा जो दुश्मन नहीं है उन्हें ही, हमारे साथी, पता नहीं किस मकसद से रखना चाहते हैं। हम *हंस* को भी एक लघु-पत्रिका मानते हैं, वह ख़ुद अपने को जो समझे।''[५९]

इसलिए—

> ''लघु-पत्रिका को उसके *(हंस)* विरोध में खड़ा हुआ बताना एक बड़ी ग़लतफ़हमी है। जिस लघु-पत्रिका आन्दोलन की परम्परा इतनी गौरवशाली है, उसका मक़सद इतना छोटा नहीं हो सकता।''[६०]

शम्भुनाथ ने स्पष्ट किया है कि—

> 'हमारे मुख्य निशाने पर हैं बड़े संचार-माध्यम और इनके द्वारा फैलाया जा रहा सांस्कृतिक प्रदूषण। हिन्दी समाज एक बड़ा अन्तरराष्ट्रीय बाज़ार बनने जा रहा है। टीवी के सबसे अधिक प्रायोजित कार्यक्रम हिन्दी में हैं एवं सबसे फूहड़ भी। हिन्दीभाषी बच्चे दूसरों की तुलना में ज़्यादा टीवी देखते हैं। इसका दुखद नतीजा है कि हमारे समाज में पढ़ने की संस्कृति में तेज़ी से गिरावट आ रही है। हिन्दी शिक्षक, अधिकारी, यहाँ तक कि कई लेखक भी अब नहीं पढ़ते। ये समस्याएँ हर समाज में हैं, पर हिन्दी समाज में अधिक व्यापक है। अतः लघु-पत्रिकाओं का ही यह काम है कि पढ़ने की संस्कृति के संरक्षण के लिए पाठक चेतना अभियान चलाएँ। वे सांस्कृतिक प्रदूषण का विरोध करें। इसके अलावा हमारे मुख्य निशाने पर हैं, साम्प्रदायिक-जातिवादी पुनरुत्थान की ताक़तें। हमें लड़ना है बहुराष्ट्रीय उपनिवेशवाद और नये अंग्रेज़ीकरण से। लघु-पत्रिका आन्दोलन के ये ही प्रमुख आधार हैं।''[६१]

इस वक्तव्य में शम्भुनाथ, तलवार के जवाब में, लघु-पत्रिका आन्दोलन के आधार की चर्चा करते हुए लगे। तलवार का कहना था कि 'लघु-पत्रिकाओं का आन्दोलन खड़ा करने का एक दूसरा आधार इनके नियमित

प्रकाशन और बिक्री के रास्ते में आने वाली अड़चनों को दूर करना हो सकता है। इसमें ख़ास समस्या काग़ज़ और छपाई की बढ़ती लागत और बिक्री व्यवस्था का अभाव है।' हालाँकि—

> "काग़ज़ और छपाई की समस्या का हल सिर्फ़ लघु-पत्रिकाओं के आन्दोलन से मुमकिन नहीं। इसके लिए राजनीतिक दबाव, प्रशासनिक कार्यवाही और आर्थिक सुधार के व्यापक आन्दोलन की ज़रूरत पड़ेगी। लघु-पत्रिका आन्दोलन चलाने वालों ने इस समस्या पर ठोस कार्यक्रम अभी तक नहीं बनाया।"[६२]

शम्भुनाथ ने लघु-पत्रिका आन्दोलन के मुख्य आधार को बताने के बाद टिप्पणी की है कि यह आन्दोलन—

> "कभी भी सिर्फ़ बिक्री, काग़ज़, छपाई आदि समस्याओं तक सीमित नहीं है, हालाँकि ये भी बड़े मुद्दे हैं। कुछ को लघु-पत्रिकाओं का एक-एक कर बन्द होना दिखता है, लेकिन जो निकलती हैं और नयी शुरू होती हैं, वे नहीं दिखतीं।"

लघु-पत्रिका आन्दोलन की आलोचनाओं के मद्देनज़र इन्होंने लिखा है कि—

> "लघु-पत्रिकाओं तथा लघु-पत्रिका आन्दोलन की सकारात्मक आलोचना एक बात है और सम्पूर्ण रूप से नकारात्मक या उपेक्षामूलक रुख़ एक बिलकुल दूसरी बात।"[६३]

साठ-सत्तर के दशक से बीसवीं सदी के अन्तिम दशक के लघु-पत्रिका आन्दोलन पर नज़र डालते हुए डॉ. तलवार ने लिखा है कि—

> "आज (अन्तिम दशक में) वह (साठ-सत्तर के दशक की) फ़िज़ा नहीं है। वह चेतना और रचनाशीलता नहीं दिखायी देती जो ऐसी आन्दोलन के पीछे होती है। आज जो लघु-पत्रिका आन्दोलन खड़ा किया जा रहा है, उसमें ज़्यादा-से-ज़्यादा यह हुआ कि कुछ लोग आपस में संगठित हो गये हैं। इस संगठन शक्ति से कुछ फ़ायदा हो सकता है लेकिन लघु-पत्रिका आन्दोलन के लिए जिस फ़िज़ा, चेतना और रचनाशीलता की ज़रूरत है, उसे पैदा करने में यह संगठन असमर्थ है।"

इसके साथ ही तलवार ने लघु-पत्रिकाओं के प्रकाशन की अनियमितता आदि मुद्दों पर टिप्पणी करते हुए लिखा कि—

''लघु-पत्रिकाओं की बिक्री बढ़ जाय, छपाई सस्ती हो जाय, इसी से लघु-पत्रिकाएँ महत्त्वपूर्ण नहीं हो जायेंगी चाहे वे नियमित निकलें या अनियमित, चाहे बहुतों तक पहुँचे या कुछ ही लोगों तक। सबसे बड़ी बात उनकी रचनाओं का स्तर है। १९५०-६० के दशक में कुछ पत्रिकाओं का एक ही अंक निकला जैसे *निकष, संकेत;* लेकिन उनमें छपी महान् रचनाओं के लिए आज भी उन अंकों को याद किया जाता है।''[६४]

इस आलोचना पर मत व्यक्त करते हुए शम्भुनाथ ने लिखा है कि—

''लघु-पत्रिका की विगत परम्परा के सम्बन्ध में वीर भारत तलवार का रुख़ सुखद रूप से सकारात्मक है। लेकिन वर्तमान युग की लघु-पत्रिकाओं में अच्छी रचनाएँ बिलकुल नहीं छप रही हैं, कहीं कोई चेतना या दायित्वबोध नहीं है और लघु-पत्रिका आन्दोलन के नये दौर को एकदम नकार देना, एक निराश और रुआँसे बुद्धिजीवी की, अतीत क़ैद को दर्शाता है, फ़िज़ा नहीं है तो आगे बढ़ कर तैयार करें।''

क्योंकि 'आज *धर्मयुग* और *साप्ताहिक हिन्दुस्तान* से ज़्यादा बड़ी चुनौतियाँ हैं।' इसलिए सिर्फ़ रोने-धोने और निराशा का बौद्धिक प्रचार करने से हम पुनरुत्थानवाद और बहुराष्ट्रीय साम्राज्यवाद के मक़सद ही पूरे करेंगे। लघु-पत्रिका आन्दोलन पर लगाये गये असमर्थता के आरोप का जवाब देते हुए शम्भुनाथ ने लिखा है कि—

''लघु-पत्रिका आन्दोलन या लेखकों का कोई भी आन्दोलन किसी फ़ैक्ट्री के उन मज़दूरों के आन्दोलन-सा नहीं हो सकता, जो एक जगह काम करते हैं, एक आह्वान पर तुरन्त इकट्ठे हो जाते हैं और आन्दोलन करके तुरन्त कुछ हासिल भी कर लेते हैं। प्राय: सभी लेखक-सम्पादक अलग-अलग नगरों में रहने वाले हैं, नौकरीपेशा हैं और जुझारू नागरिक हैं—उनके ढेरों दायित्व और निजी समस्याएँ हैं। बहुत सारी जटिलताओं के बीच वे लिखते हैं, पत्रिका निकालते हैं, डाक से पाठकों के पास भेजते हैं और साहित्य के दूसरे ढेरों काम सम्पन्न करते हैं। अपनी बहुत सी ज़रूरतों में कटौती करके वे दस उपायों से किसी गहन नैतिक बेचैनी में पत्रिका निकालते हैं। उनकी वैचारिक खदबदाहट उन्हें ऐसे कर्म में नाधे रहती है, भले कोई व्यापक आन्दोलन पैदा हो या नहीं। ऐसे लेखकों-सम्पादकों के आन्दोलन को मज़दूर आन्दोलन की शैली में नहीं चलाया जा सकता और तत्काल कोई अच्छा फल लाकर नहीं दिखाया जा सकता है। हर लघु-पत्रिका अपने नगर और समूचे सांस्कृतिक वातावरण में अपने ढंग से लड़ती है। ऐसी लघु-पत्रिकाएँ यदि संवाद,

तालमेल और साझा सांस्कृतिक अभियान के लिए एक छत के नीचे इकट्ठा हुई हैं तो इन्हें सन्देह से देखने की जगह सहयोग के भाव से देखना चाहिए और जहाँ हतोत्साहित करने वाले वैसे ही ढेरों तत्त्व हैं, वहाँ एक और तत्त्व पैदा नहीं करना चाहिए। सच पूछिये तो आन्दोलन के नाम पर हमारे समाज में संकीर्ण उभारों के अतिरिक्त कितना क्या बचा है कि हम लघु-पत्रिका आन्दोलन से बहुत बड़ी फ़िज़ा की उम्मीद लगाएँ। हम-आप ही तो हैं, अब चाहे इन ढिबरियों को बुझा दें या मिलकर थोड़ा और रोशन करें। निश्चय ही हमारे समय के संकीर्णतावादी पुनरुत्थान और बाज़ारवाद मनुष्य की आख़िरी नियति नहीं है। इसी तरह सांस्कृतिक नवजागरण की प्रक्रिया और साहित्यिक उत्सुकता भी ठहराव के इसी बिन्दु पर थमी रहने वाली चीज़ें नहीं हैं।''[६५]

हिन्दी साहित्य के अतीत से लघु-पत्रिकाओं को जोड़ते हुए शम्भुनाथ का तर्क था कि—

''पहले की *कविवचन सुधा, मतवाला, हंस* आदि पत्रिकाएँ अपने को लघु नहीं कहती थीं, क्योंकि उनके ज़माने में व्यावसायिक ह्रास नहीं था। और उस ज़माने में उनसे बड़ी पत्रिकाएँ भी नहीं थीं।''

अपने मत को विस्तार देते हुए उन्होंने लिखा कि—

''इस तथ्य को कभी अनदेखा नहीं करना चाहिए कि नियमित और व्यवस्थित ढंग से निकलने वाली उन पत्रिकाओं के सम्पादकों को सामान्यत: अर्थव्यवस्था की चिन्ता नहीं करनी पड़ती थी। जूता सिलाई से चण्डी पाठ तक सारे काम नहीं करने पड़ते थे। उन पत्रिकाओं के सामने कम मुसीबतें नहीं थीं, लेकिन जो सहूलियतें थीं, उनको छिपाना नहीं चाहिए।''[६६]

यहाँ दिक़्क़ततलब बात यह है कि अतीत की जिन तीन पत्रिकाओं का नाम शम्भुनाथ ने एक साथ लिया, वे तीनों एक तरह की नहीं थीं। साहित्यिक पत्रिका होना ही इन तीनों को एक सूत्र में जोड़ता था। पर इन तीनों की प्रकृति में भी अन्तर था। यह मान्यता कि उन पत्रिकाओं के सम्पादकों को सामान्यत: आर्थिक चिन्ता नहीं करनी पड़ती थी—पूरा सच नहीं है। इन तीनों में *मतवाला* के सम्पादकों को ख़र्चे की चिन्ता नहीं करनी पड़ती थी। मिर्ज़ापुर के रहने वाले सेठ महादेव प्रसाद *मतवाला* के संचालक-सम्पादक थे, लिहाज़ा ख़र्चे का ज़िम्मा उसके 'सम्पादक मण्डल' पर नहीं था। साहित्य-सेवा के साथ-साथ इसके प्रकाशकों के

लिए *मतवाला* लाभ का कारोबार भी था। इस पत्रिका की दिलचस्प अन्तर्कथा कर्मेन्दु शिशिर ने लिखी है, जिससे इसके इन पक्षों का पता चलता है।[६७] *कविवचन सुधा* और *हंस* दूसरी तरह की पत्रिका थी। इसके सम्पादक तथा प्रकाशक भारतेन्दु और प्रेमचन्द स्वयं साहित्यकार थे और उन्हें पत्रिका निकालने हेतु अर्थव्यवस्था की चिन्ता भी करनी पड़ती थी। बड़े सेठ परिवार से आने के बावजूद भारतेन्दु ने जिन वजहों से *कविवचन सुधा* का प्रकाशन बन्द किया, उनमें आर्थिक दिक़्क़त भी एक कारण था।[६८]

रही बात 'जूता सिलाई से चण्डी पाठ तक' की तो यह सम्पादकों की वर्गीय स्थिति एवं पत्रिका के संसाधन पर निर्भर करता है। प्रेमचन्द द्वारा प्रकाशित *हंस* की मिसाल को याद करें तब तो कहना होगा, प्रेमचन्द सरीखे सम्पादकों को जूता सिलाई से चण्डी पाठ तक सारे काम करने पड़ते थे। पत्रिका के स्वरूप के आधार पर, उस समय के लिहाज़ से, *सरस्वती, माधुरी, मतवाला* जैसी पत्रिकाएँ 'बड़ी' पत्रिका की कोटि में रखी जा सकती हैं। *हंस* को प्रेमचन्द अपना 'तीसरा पुत्र' कहते थे। उन्हें इसके प्रकाशन में किस आर्थिक परेशानी का सामना करना पड़ता था, इस पर अमृत राय,[६९] मदन गोपाल[७०] और रामविलास शर्मा[७१] ने पर्याप्त रोशनी डाली है। *माधुरी* के सम्पादक-मण्डल में नौकरी करते हुए, प्रेमचन्द ने हंस का प्रकाशन शुरू किया था।[७२] इस पत्रिका के प्रकाशन से नियमित हो रहा नुकसान ही एक बड़ी वजह थी कि प्रेमचन्द ने अपने इस 'तीसरे पुत्र' को *भारतीय साहित्य परिषद*[७३] का मुखपत्र बनाना स्वीकार किया था। पर इसका सकारात्मक परिणाम नहीं निकला। अन्ततः प्रेमचन्द ने फिर से स्वयं *हंस* का प्रकाशन किया।

बहरहाल, लघु-पत्रिका आन्दोलन के सन्दर्भ में शम्भुनाथ का यह कहना सही है कि 'कोई भी आन्दोलन हठात् नहीं पैदा होता और उसमें परिपक्वता ऐतिहासिक स्थितियों में विकास के साथ ही आती है। साहित्यिक पत्रिकाओं की दीर्घ परम्परा में लघु-पत्रिकाओं का उभार एक 'प्रतिवाद' के रूप में हुआ था। यह 'प्रतिवाद' समग्रतः सम्पूर्ण व्यवस्था से था और विशेषतः व्यावसायिक पत्रिकाओं से।...साठ के दशक में जब लघु-पत्रिकाओं का आगमन हुआ, पुरानी साहित्यिक पत्रिकाएँ काफ़ी पहले से बन्द थीं (वैसे *सरस्वती* तब भी अर्थहीन रूप से निकलती थी) उनका स्थान ले चुकीं

व्यावसायिक पत्रिकाएँ समाज की बौद्धिक सेवा करने की जगह अपने को लाभकारी व्यवसाय का रूप दे चुकी थीं। दूसरे, साहित्य के संस्थानीकरण की प्रक्रिया में नयी रचनात्मक अभिव्यक्तियाँ कुचली जा रही थीं या इनको पर्याप्त जनतान्त्रिक अवसर नहीं मिल रहा था। उसी संकट के दौर में लघु-पत्रिकाएँ निकलीं। वे *नयी कहानियाँ, ज्ञानोदय, सारिका,* आदि से भी भिन्न थीं। उनके पीछे एक भी साहित्य प्रेमी पूँजीपति नहीं था। उनका तेवर भिन्न था, जिससे आज हमारी कितनी असहमति या सहमति है, इस पर विस्तृत विचार न कर फ़िलहाल इतना ही कहना पर्याप्त होगा कि उन लघु-पत्रिकाओं ने कई निषेधात्मक तत्त्वों के बावजूद *कविवचन सुधा* की साहित्यिक पत्रकारिता की परम्परा का ही विकास किया, अपने समय के साहित्य और विद्रोह को बचाया तथा अपने 'ऊलजलूल' से अपने युग के 'उदात्त' और 'आभिजात्य' के छद्म रूपों को चुनौती दी।' इन्हीं वजहों से—

> "उन लघु-पत्रिकाओं की अर्थपूर्ण अनियमितता को कई निरर्थक नियमितताओं से बेहतर कहा जा सकता है क्योंकि उनकी अनियमितता में एक महान् निरन्तरता सुरक्षित थी। इन तथ्यों से कोई इनकार नहीं करेगा कि आज के सभी महत्त्वपूर्ण लेखक उन्हीं लघु-पत्रिकाओं से उभरे हैं।"

कहना न होगा कि—

> "आज़ादी बाद के साहित्य का अध्ययन अधूरा है, यदि हमारे सामने लघु-पत्रिकाएँ नहीं हों।"[७४]

बीसवीं सदी के अन्तिम दशक का संगठित लघु-पत्रिका आन्दोलन दरअसल साठ-सत्तर के दशक के लघु-पत्रिका आन्दोलन का ख़ास ऐतिहासिक स्थितियों में विकसित रूप है। पर इनमें अन्तर भी है। इन दोनों दौर के आन्दोलन के फ़र्क़ को रेखांकित करते हुए शम्भुनाथ ने लिखा है कि—

> "६० के दशक की लघु-पत्रिकाओं पर अराजकता, कुण्ठा और निराशा की छाप भले हो, आज के लघु-पत्रिका आन्दोलन की अन्तर्वस्तु नयी ऐतिहासिक ज़रूरत के अनुसार बदल गयी है। आज की लघु-पत्रिकाएँ खण्ड और मिथ्या चेतनाओं के ख़िलाफ़ सांस्कृतिक नवजागरण की महत्त्वपूर्ण न्यूक्लियस हैं। ये इकट्ठा हो रही हैं भीतरी युद्धविराम की एक स्पष्ट घोषणा के साथ। वैचारिक मतभेद लघु-पत्रिकाओं की बृहत्तर एकता में अब बाधक नहीं है। साठ के दौर की लघु-पत्रिकाएँ आपसी टूट से लगातार बिख़रती जा रही थीं

और अन्तर्कलहग्रस्त थीं, पर आज की लघु-पत्रिकाएँ अपनी स्वायत्तता बरक़रार रखते हुए एक दूसरे के साथ मिलकर चलने को विकल हैं। इनके बीच अभूतपूर्व सौहार्द स्थापित हो रहा है। इतिहास ने इन पर महत्त्वपूर्ण ज़िम्मेदारी सौंप दी है—न केवल एक साझा अभियान के साहित्य को बचाने और विकसित करने की, बल्कि, अपना स्वरूप अत्याधुनिक संचार-माध्यमों के बरअक्स पुनर्निर्माण करने की। यह वजह है कि लघु-पत्रिका आन्दोलन संकीर्णतावादी पुनरुत्थानों और विसंस्कृतीकरण के ख़िलाफ़ हमारे समाज की बेचैनी और आत्म पहचान के संघर्ष की ही सांस्कृतिक अभिव्यक्ति नहीं है, इसका लक्ष्य अपने माध्यम के सामर्थ्य और सीमा को पहचानना भी है।''[७५]

शम्भुनाथ ने लघु-पत्रिका और इसके आन्दोलन के दाय तथा इसके ऊपर महती ज़िम्मेदारी को स्पष्ट किया है। शम्भुनाथ द्वारा बतायी बातें लघु-पत्रिका और इस आन्दोलन का एक पहलू है। इसके दूसरे पहलू यानी इनके स्तर में आयी गिरावट की व्याख्या करते हुए, वीर भारत तलवार ने लिखा है कि—

> ''लघु-पत्रिकाओं में रचना के स्तर का पतन दरअसल हमारे युग के व्यापक पतन का ही हिस्सा है। जब सम्पादक पत्रिका के ज़रिये ख़ुद को स्थापित करना चाहता है, वह पत्रिका को अपना गोल बढ़ाने, अपने ताक़त और प्रभाव क्षेत्र बढ़ाने की राजनीति का माध्यम बना लेता है, तो फिर वह रचनाओं के स्तर पर ध्यान नहीं देकर दूसरी बातों को ज़्यादा महत्त्व देने लगता है। ऐसी स्थिति में चाहे *हंस* हो या *पहल,* गिरावट तो आनी ही है। यह कहना सही नहीं होगा कि इन दो पत्रिकाओं में या दूसरी पत्रिकाओं में भी यही बातें हो रही हैं। नहीं, सब कुछ काफ़ी मिले-जुले रूप में होता है ताकि विश्वसनीयता भी बनी रहे।''

तलवार का कहना है—

> ''पत्रिकाओं का स्तर सिर्फ़ किसी सामूहिक आन्दोलन से ऊँचा नहीं उठ सकता। युग के रचनात्मक माहौल में ही कोई पत्रिका उठती है और गिरती है। इसके अलावा, यह एक व्यक्ति का साहित्यिक संघर्ष भी होता है। सम्पादक की हैसियत से पत्रिका निकालना साहित्यिक साधना है। नैतिक निष्ठा, कल्पनाशीलता और परिश्रम के बिना कोई साधना नहीं हो सकती। अगर पत्रिका में प्रूफ़ की ग़लतियाँ भरी हों और हर अंक में होती हों तो क्या इस ग़लती को दुरुस्त करने के लिए किसी संगठन और आन्दोलन की ज़रूरत होगी?''

डॉ. तलवार ने इसके साथ लघु–पत्रिका आन्दोलन के एक चिन्ताजनक पहलू की तरफ़ संकेत किया है—

> "जमशेदपुर में लघु–पत्रिकाओं के दूसरे राष्ट्रीय आन्दोलन (सम्मेलन पढ़ें) को देखकर यह नहीं लगा कि उसमें भाग लेने वाले सम्पादकों को अपने आन्दोलन और घोषित कार्यक्रम तथा उद्देश्यों में कोई गहरी आस्था है। इसकी एक मिसाल उसमें पारित एक प्रस्ताव है, जिसमें लेखकों को, उनकी रचनाओं पर, पारिश्रमिक देने के लिए कहा गया था। जिस समय यह प्रस्ताव पास किया गया, उस समय भी ऐसा नहीं लगा कि इस प्रस्ताव को पास करने वालों में इस प्रस्ताव के प्रति कोई निष्ठा है। सिर्फ़ *प्रसंग* (हजारीबाग) के सम्पादक शम्भु बादल ने घबराते हुए कहा कि यह उनके लिए सम्भव नहीं होगा। इस पर दूसरे सम्पादक उनकी घबराहट पर हँसे—हम कौन–सा पारिश्रमिक देने जा रहे हैं। अरे कुछ प्रतीकात्मक दे दिया जायेगा। कभी मिले तो पान–वान खिला दीजिएगा। ऐसी ही चतुराई–भरी भावनाओं के मुआफ़िक प्रस्ताव में सावधानी के साथ न्यूनतम प्रतीकात्मक मानदेय देने की बात कही गयी। मानदेय का यह स्वरूप अपने आप में हास्यास्पद और निरर्थक है। इसे सम्पादकों की भावनात्मक अभिव्यक्ति भी नहीं माना जा सकता है। यह एक औपचारिकता का निर्वाह भर था। लघु–पत्रिकाओं की हक़ीक़त को देखते हुए पारिश्रमिक देना मुमकिन नहीं। इसे खुल कर कहा जाना चाहिए। ऐसा प्रस्ताव क्यों पास किया जाय, जिसमें आपकी निष्ठा ही न हो? दरअसल, यह हमारे समय की राजनैतिक संस्कृति है, जिसका शिकार प्रबुद्ध वर्ग भी है। लघु–पत्रिका आन्दोलन इस संस्कृति को तोड़ नहीं रहा, इसमें भाग ले रहा है।"[७६]

लघु–पत्रिका आन्दोलन के लिए सम्पादकों और समर्थक रचनाकारों का राष्ट्रीय सम्मेलन कोलकाता में १९९२ में आयोजित हुआ था। तीन साल बाद इस दौरान हुई प्रगति का जायज़ा लेते हुए तलवार ने लिखा है कि 'लघु–पत्रिकाओं का आन्दोलन कुछ भावनाओं के सहारे खड़ा करने की कोशिश की जा रही है। ये भावना इस आन्दोलन के नेताओं के लेखों–भाषणों में दिखायी देती है, लेकिन सिर्फ़ भावनाओं के सहारे कोई आन्दोलन कैसे खड़ा हो सकता है। फिर इन भावनाओं की जड़ें हर जगह ज़मीन में नहीं दिखतीं। हाल ही में *दस्तक* पत्रिका, जमशेदपुर के पाँचवें अंक में ज्ञानरंजन का लेख छपा है, 'हमारी चुनौतियाँ तपती रेत में नंगे पाँव चलने की तरह हैं।' शीर्षक की ही तरह लेख में कई कलात्मक पंक्तियाँ हैं, जैसे

गगन में फैलते वातावरण में लघु-पत्रिकाओं की समृद्धि गुनगुना रही है। कुछ बातें बढ़-चढ़कर कही गयी हैं। कहा गया है कि जब एशिया, अफ्रीका और विभिन्न भू-भागों के मुक्ति-संग्राम भुलाये जा रहे हैं, तब एकमात्र लघु-पत्रिकाएँ ही पंख फड़फड़ाकर आस-पास की धूल उड़ा सकती हैं। इस ऊँची उड़ान पर किसी टिप्पणी की ज़रूरत है? हक़ीक़त यह है कि लघु-पत्रिकाएँ ख़ुद एक-एक करके धूल में गिरती जा रही हैं और उनका संगठन तथा आन्दोलन खड़ा करके भी उनकी गिरावट को रोक पाना मुश्किल नज़र आ रहा है। विभिन्न पत्रिकाओं के अंकों में सहयोगी पत्रिकाओं की लम्बी सूची अक्सर छपी रहती हैं। दूसरे राष्ट्रीय सम्मेलन के बाद एक बुलेटिन छपा है, जिसमें राष्ट्रीय लघु-पत्रिका समन्वय समिति की कुल ५८ सदस्य पत्रिकाओं के नाम पते दिये गये हैं। आप ग़ौर करें तो पता चलेगा कि इनमें से कई पत्रिकाएँ इधर अरसे से निकली ही नहीं हैं। जो सम्पादक लघु-पत्रिका आन्दोलन को चला रहे हैं, ख़ुद उनकी पत्रिकाओं का क्या हाल है? हालत यह है कि ख़ुद उनमें से भी कई एक की पत्रिकाएँ इधर नहीं निकल रहीं। जो निकल रही हैं, उनमें लगातार गिरावट आयी है। कुछ के बारे में कहना मुश्किल है कि आगे भी निकलेंगी या बंद हो चुकी हैं। अगर लघु-पत्रिका आन्दोलन को तीन साल से चला रहे सम्पादकों की अपनी पत्रिकाओं की हालत यह है तो आन्दोलन की सार्थकता क्या हुई? आन्दोलन किसके लिए? इस हक़ीक़त के आगे 'गगन में फैलते वातावरण में लघु-पत्रिकाओं की समृद्धि गुनगुना रही है' वाक्य अपनी सुन्दर भाषा के बावजूद निष्प्राण लगता है।[७७]

अपनी इन सीमाओं के बावजूद पत्रिकाओं के सम्पादक आन्दोलन के ज़रिये एक-दूसरे से साझा करने की कोशिश में लगे थे। समन्वय समिति के संयोजक ज्ञानरंजन और संयुक्त संयोजक शम्भुनाथ द्वारा जारी परिपत्रों में इसकी झलक मिलती है। लघु-पत्रिका आन्दोलन के परिपत्र में अपने देश-काल की चुनौतियों के प्रति बाख़बर रहने और पाठकों के बीच इन्हें उजागर करने की चिन्ता दिखती है। *क़तार* में प्रकाशित एक परिपत्र से पता चलता है कि जमशेदपुर में सम्पन्न दूसरे राष्ट्रीय सम्मेलन के बाद *दस्तक* ने तीसरा बुलेटिन प्रकाशित किया था। बिहार राज्य समन्वय समिति की संयोजक रमणिका गुप्ता ने 'बड़ी मेहनत से हज़ारीबाग में लघु-पत्रिकाओं की बिहार कार्यशाला का आयोजन २९-३० अक्टूबर, १९९४

को किया, जिसमें पचास से अधिक लेखकों–सम्पादकों ने सक्रिय रूप से भाग लिया। १८ फ़रवरी, १९९५ को *पल प्रतिपल* के देश निर्मोही द्वारा चण्डीगढ़ में आयोजित लघु–पत्रिकाओं पर केन्द्रित संगोष्ठी; ९ अप्रैल, १९९५ को वेद व्यास द्वारा जयपुर में आयोजित लघु–पत्रिका संगोष्ठी तथा *उत्तरार्द्ध* द्वारा लघु–पत्रिका आन्दोलन पर जारी बहस इस आन्दोलन की निरन्तरता और सार्थकता के प्रमाण हैं। कुमार सम्भव की स्मृति में *परिवेश* द्वारा इसी साल मुरादाबाद में एक सफल आयोजन हुआ। *क़तार* ने धनबाद में ऐसा आयोजन किया। *पुरुष* के सम्पादक विजयकान्त ने एक पत्र जारी कर कुछ कमियों की ओर इशारा किया, जिन्हें सुधार लिया गया। इस तरह स्वतःस्फूर्त सचेतनता के कई अच्छे नतीजे सामने आये। 'राष्ट्रीय लघु–पत्रिका समन्वय समिति' का हर सदस्य लघु–पत्रिका अपने मोर्चे पर एक अडिग संस्कृति सैनिक है।'[७८] इस परिपत्र में कहा गया है कि 'पिछले दिनों सांस्कृतिक प्रदूषण का जाल और अधिक फैला है। साम्प्रदायिकता, जातिवाद तथा दूसरे पृथकतावादी तत्त्वों की चुनौती ही घनीभूत नहीं हुई है, अंधविश्वासों का नंगा नाच भी शुरू हुआ है। पश्चिमी साम्राज्यवाद के कठोर पंजों में सम्पूर्ण विश्व समाता जा रहा है—नया भूमण्डलीय बाज़ार तन्त्र मानवीय संवेदनशीलता और मूल्य–बोध के ख़ात्मे पर उतारू है। इस अराजक परिदृश्य में एक सकारात्मक चीज़ यह दिखायी दे रही है कि अपने जीवन की अनिश्चितता और बदहाली से परेशान साधारण वर्ग के लोग न केवल नये पुनरुत्थानवाद को, बल्कि नव–औपनिवेशिक विकास को भी शंका से देखने लगे हैं। साहित्यिक परिदृश्य में यदि एक ओर अख़बारों तथा अत्याधुनिक मीडिया ने साहित्य को हाशिये से भी बाहर फेंक दिया है तो दूसरी ओर विभिन्न नगरों में लेखक, सम्पादक, साहित्य प्रेमी और कलाकार अन्तर्कलह से मुक्त होकर पारस्परिक सद्भावना और सहयोग की ओर बढ़ रहे हैं। इसमें सन्देह नहीं कि 'आत्मनिरीक्षण' और 'पुनर्गठन' की नयी ऐतिहासिक प्रक्रिया उन्हें साझा सांस्कृतिक अभियान को और तीव्र करने के महान् संकल्प की ओर अग्रसर करेगी। 'राष्ट्रीय लघु–पत्रिका समन्वय समिति' के माध्यम द्वारा संवाद और समन्वयन का जितना विस्तार हो जाना चाहिए था, अभी तक नहीं हो पाया है। इसकी वजह संकल्प की कमी न होकर लघु–पत्रिकाओं के बीच भौगोलिक दूरी, आर्थिक संसाधनों का अभाव तथा अपनी–अपनी पत्रिका अथवा लेखन को लेकर व्यस्तता है।'[७९]

समन्वय समिति ने तीसरा राष्ट्रीय सम्मेलन आजमगढ़ में १४-१५-१६ नवम्बर, १९९७ को किया। इसमें समन्वय समिति के बुलेटिन का नाम 'लघु-पत्रिका अभियान' तय हुआ।[८०] सम्मेलन की मेज़बानी *वर्तमान साहित्य* के सम्पादक विभूतिनारायण राय ने की और उद्घाटन कवि केदारनाथ सिंह ने किया। उन्होंने कहा कि 'लघु-पत्रिका आन्दोलन हिन्दी साहित्य में भक्ति आन्दोलन के बाद सबसे बड़ा आन्दोलन है। बड़े संचार माध्यम तो बाज़ारवाद और उपभोक्तावाद के मकड़जाल में फँस गये हैं, लेकिन लघु-पत्रिकाएँ साहित्य के जनतन्त्र के सजग प्रहरी के रूप में चुपचाप एक सांस्कृतिक आन्दोलन चला रही हैं। ज़्यादातर लघु-पत्रिकाएँ क़स्बों और छोटे शहरों से निकल रही हैं। लेकिन वे बड़े शहरों के साहित्य को भी प्रभावित कर रही हैं, क्योंकि आज जो भी सार्थक और महत्त्वपूर्ण लिखा जा रहा है, उसका अधिकांश इन्हीं के माध्यम से सामने आ रहा है। चिन्ता की बात यह है कि इनका आर्थिक आधार मज़बूत नहीं है और प्रसार कम है। इस पर सम्मेलन में गम्भीरतापूर्वक विचार होना चाहिए।'[८१] केदारनाथ सिंह का यह वक्तव्य अचरज में डालता है। भक्ति आन्दोलन ने तत्कालीन साहित्य के प्रतिमान को चुनौती दी थी और बदला भी था। संस्कृत के बरअक्स जनपदीय भाषाओं को स्थापित किया था। इस अहम बदलाव के कारण ही तत्कालीन वंचित तबकों की सृजनात्मकता का रचनात्मक विस्फोट सामने आया। प्रतिमान-परिवर्तन करने का जो काम भक्ति आन्दोलन ने किया था, क्या वह लघु-पत्रिका आन्दोलन ने भी किया? ज़ाहिर है इस कसौटी पर लघु-पत्रिका आन्दोलन ख़रा नहीं उतरता। प्रगतिशील आन्दोलन ने भी साहित्य के प्रतिमान बदले थे। इस पैमाने पर भी लघु-पत्रिका आन्दोलन कमज़ोर साबित होता है। बहरहाल, तीसरे राष्ट्रीय सम्मेलन में 'बड़े संचार माध्यमों का सांस्कृतिक आक्रमण'[८२] और 'साम्राज्यवाद विरोधी सांस्कृतिक आन्दोलन : लघु-पत्रिकाओं की भूमिका'[८३] और 'लघु-पत्रिकाओं का समानान्तर चैनल : नयी वितरण प्रणाली'[८४] जैसे विषयों पर चर्चा हुई।

स्वायत्तता के साथ सहयात्रा में बिखराव

समन्वय समिति का चौथा सम्मेलन जयपुर में २४-२५ फ़रवरी, २००१

को आयोजित हुआ। इसकी मेज़बानी पिंक सिटी प्रेस क्लब और राष्ट्रभाषा प्रचार समिति ने की थी।[८५] लघु-पत्रिका आन्दोलन का यह आख़िरी बड़ा सम्मेलन साबित हुआ। 'स्वायत्तता के साथ सहयात्रा' का सूत्र लेकर आन्दोलन हेतु जो समन्वय समिति बनी थी, उसमें बिखराव के स्पष्ट संकेत इस सम्मेलन में दिखे। समिति के संयुक्त संयोजक शम्भुनाथ ने सम्मेलन में कहा कि 'हमारे ज़माने की एक बड़ी विडम्बना है कि संवाद के अत्याधुनिक साधन जितने बढ़ते जा रहे हैं, समाज में संवादहीनता भी बढ़ती जा रही है और लघु-पत्रिकाओं के सम्पादकों-लेखकों के बीच तो यह चरम पर है। आज चुनौतियों और आन्दोलन के मुद्दे जितने स्पष्ट हैं, दुर्भाग्यवश बिखराव उतना ही ज़्यादा है।'[८६] जयपुर में आयोजित इस सम्मेलन में एक तरफ़ इसके संयुक्त संयोजक ने आपसी संवादहीनता और बिखराव को रेखांकित किया; वहीं दूसरी तरफ़ ठेठ सामाजिक-राजनीतिक मोर्चे पर काम कर रहे किशन पटनायक[८७] और अरुणा रॉय[८८] को भी इसमें आमन्त्रित किया गया था। पटनायक और रॉय को बुलाना इस बात की तरफ़ इशारा है कि साहित्य से जुड़े ज़्यादातर सम्पादकों और लघु-पत्रिका आन्दोलन के नेताओं ने, इसे सीधे तौर पर सामाजिक-राजनीतिक मोर्चे पर काम करने वाले-समूहों की चिन्ताओं से, जोड़ने और जुड़ने की कोशिश की थी। इस सम्मेलन में आयोजित विचार-गोष्ठी के विषय से भी आन्दोलन की चिन्ता के विस्तार का सबूत मिलता है। 'लघु-पत्रिकाओं की अन्तर्वस्तु : दलित, आदिवासी, अल्पसंख्यक और स्त्री-प्रश्न'[८९] और 'लघु-पत्रिकाओं की अन्तर्वस्तु : साहित्येतर चिन्तन और ज्ञान का समावेश'[९०] विषय पर विमर्श ठेठ साहित्य के दायरे से व्यापक सवालों की दिशा में विस्तार का सूचक है। यही वह बिन्दु है, जहाँ लघु-पत्रिकाएँ या उनका आन्दोलन अपनी सार्थकता और तत्कालीन अर्थवत्ता ज़ाहिर कर सकते थे।

जयपुर सम्मेलन में 'लघु-पत्रिका आन्दोलन : भविष्य के कार्यभार' विषय पर भी विचार-विमर्श हुआ। इस दौरान यह सवाल उठा कि लघु-पत्रिका का आन्दोलन वास्तव में आन्दोलन है या नहीं?[९१] कारण कि 'आन्दोलन से संगठन बनते हैं, संगठन से कोई आन्दोलन नहीं चलता। जब जनता आन्दोलन कर रही होती है तो कई तरह से संगठन बन जाते हैं। राजनीतिक संगठन भी, सांस्कृतिक संगठन भी और अन्य संगठन भी।'[९२] ऐसी हालत

में समन्वय समिति लघु–पत्रिका को वैकल्पिक मीडिया के तौर पर विकसित करने पर बल देती है। इस पर लघु–पत्रिका आन्दोलन के एक सदस्य ने कहा कि 'हमारी पत्रिकाएँ तो हज़ार–दो हज़ार से ज़्यादा पाठकों तक पहुँचती ही नहीं, ठीक से। लेखक आपस में ही पढ़ते हैं।'[९३] लिहाज़ा, इस प्रसार संख्या के बल पर आन्दोलन खड़ा करने और वैकल्पिक मीडिया बनने पर चिन्ता प्रगट की गयी।[९४] 'राष्ट्रीय लघु–पत्रिका समन्वय समिति' की अगुआई करने वाले लोगों के मन में ही, इसे आन्दोलन माना जाय या नहीं, यह साफ़ नहीं था। हज़ार–दो हज़ार की प्रसार संख्या के बल पर क्या हो सकता है—यह सवाल ज़्यादातर लोगों को चिन्तित करता लगा। पर इतना तो साफ़ था कि 'वर्तमान परिप्रेक्ष्य में...कोई आन्दोलन नहीं है।'[९५] इसलिए कहा गया कि 'हम लेखकों का, लघु–पत्रिकाओं का यह दायित्व बनता है कि आन्दोलन की स्थिति पहले पैदा करें।'[९६] क्योंकि आन्दोलन पैदा होने के बाद ही 'संगठन उभर कर आयेंगे और मज़बूत बनेंगे।'[९७] आन्दोलन की स्थिति पैदा करने, लघु–पत्रिकाओं और उसके संगठन को मज़बूत बनाने और इसे व्यापक जनता से जोड़ने हेतु कुछ प्रस्ताव पारित किये गये।[९८] इसी सम्मेलन में यह फ़ैसला लिया गया कि हर वर्ष नौ सितम्बर को लघु–पत्रिका दिवस के रूप में मनाया जाए।[९९]

जयपुर सम्मेलन में कुछ विद्वानों द्वारा की गयी लघु–पत्रिका आन्दोलन की आलोचना को भी लोगों ने महसूस किया। पिछले सम्मेलनों में इस बात पर ख़ास बातचीत नहीं होती थी कि लघु–पत्रिकाओं के सम्पादकों द्वारा शुरू की गयी यह कोशिश 'आन्दोलन' है या नहीं, लेकिन समन्वय समिति द्वारा प्रकाशित 'लघु–पत्रिका अभियान' (बुलेटिन संख्या–६) को 'पुनर्गठन के लिए संवाद–१' कहा गया है।[१००] इस उपशीर्षक से स्पष्ट है कि 'पहले' कुछ गठन हुआ था, जो कालान्तर में बिखर गया और फिर से उसका गठन करने हेतु संवाद की कोशिश की जा रही है।'[१०१] जयपुर सम्मेलन के बाद समन्वय समिति की तरफ़ से कोई राष्ट्रीय सम्मेलन आयोजित नहीं हुआ। शम्भुनाथ की अगुआई में, केन्द्रीय हिन्दी संस्थान में २८–२९ अक्टूबर, २००६ को आगरा में, लघु–पत्रिकाओं के सम्पादक एकत्र हुए। ज्ञानरंजन ने उद्घाटन भाषण दिया और अध्यक्षता शम्भुनाथ ने की। बीसवीं सदी के अन्तिम दशक के लघु–पत्रिका आन्दोलन की अगुआई भी इन्हीं लोगों ने की थी। इस आयोजन में हिन्दी के कई सम्पादकों ने

शिरकत की थी।[१०२] इस संगोष्ठी के बाद *अक्सर* ने लघु-पत्रिका और उसके आन्दोलन पर अपने एक अंक में विशेष सामग्री प्रकाशित कर बहस का आगाज़ किया। *पहल* के सम्पादक ज्ञानरंजन द्वारा प्रस्तुत व्याख्यान 'लघु-पत्रिका आन्दोलन : आत्मालोचन और प्रतिज्ञाएँ' *अक्सर* में प्रकाशित हुआ।[१०३] इसकी समीक्षा करते हुए रमेश रावत ने लिखा है कि—

> "लघु-पत्रिकाओं की साहित्यिक भूमिका जो भी रही हो लेकिन राजनीतिक और वैचारिक आन्दोलन के रूप में वे कोई प्रभावशाली भूमिका नहीं निभा सकीं और ऐसा नहीं लगता कि कभी इसके कारणों की संजीदगी से जाँच-पड़ताल की गयी हो। पिछले दिनों २८-२९ अक्टूबर, २००६ को आगरा में केन्द्रीय हिन्दी संस्थान द्वारा आयोजित दो दिवसीय संगोष्ठी में एक बार पुनः लघु-पत्रिका आन्दोलन के नेतृत्व की राजनीतिक और वैचारिक दिशाहीनता खुलकर सामने आयी।...लगता है लघु-पत्रिका आन्दोलन गुटबंदी, व्यक्तिवाद और राजनीतिक दिशाहीनता से जूझ रहा है। उसमें उस वैचारिक उदारता का अभाव साफ़ झलकता है जो किसी भी वैचारिक और राजनीतिक आन्दोलन की बुनियादी ज़रूरत होती है।"[१०४]

बहरहाल, 'लघु-पत्रिका आन्दोलन की चर्चा अब अमूमन नहीं होती। लघु-पत्रिकाओं की भूमिका और उसके महत्त्व को लेकर यदा-कदा कुछ पढ़ने-सुनने को ज़रूर मिल जाता है।[१०५] पर लघु-पत्रिकाएँ अपनी रौ में प्रकाशित हो रही हैं। अगर कोई लघु-पत्रिका काल-कवलित होती है तो कई जन्म भी लेती हैं। अपने देश-काल के जटिल माहौल में हस्तक्षेप करने, साहित्य-संस्कृति की संरचना में अपनी उपस्थिति दर्ज़ करने, प्रतिरोध की आवाज़ बुलन्द करने, छोटी ही सही पर सत्ता का एक केन्द्र अपने इर्द-गिर्द बनाने के मक़सद से किसी-न-किसी इलाक़े से, कोई-न-कोई उत्साही समूह लघु-पत्रिका को जन्म देता है। ग़ौरतलब यह भी है कि लघु-पत्रिका आन्दोलन और लघु-पत्रिकाओं को एक कोटि के रूप में देखना पूरे तौर पर ठीक नहीं है। एक स्तर पर दोनों परस्पर जुड़े हैं, पर दूसरे स्तर पर दोनों को अलग-अलग, स्वायत्त इकाई के रूप में देखना तर्कसंगत है। 'आन्दोलन' या इनका 'संगठन' भले ही सुनियोजित रूप में नहीं चले, पर पत्रिकाएँ अपने-अपने स्तर पर काम करती रही हैं। हिन्दी-उर्दू इलाक़े की साहित्यिक सृजनात्मकता को व्यापक पैमाने पर इन्हीं पत्रिकाओं ने उभारा है, जगह दी है। इस इलाक़े के चेतना-निर्माण में भी इनका योगदान है। लघु-पत्रिकाओं के संगठन में भले ही *हंस* सरीखी

पत्रिकाएँ शामिल नहीं हुईं, पर इसे भी 'लघु-पत्रिका' की कोटि में रखना होगा। पिछले दो-ढाई दशकों में दलित और स्त्री रचनाशीलता को एक अलग कोटि में रखकर देखने की दृष्टि की स्थापना ऐसी ही कुछेक लघु-पत्रिकाओं की देन है।

बीसवीं सदी के अन्तिम दशक में, वामोन्मुख रचनाकारों द्वारा लघु-पत्रिकाओं को सांस्कृतिक आन्दोलन का ढाँचा देने की कोशिश एक साथ कई आयामों को प्रतिबिम्बित करती है। साठ-सत्तर के दशक के बाद जो बदलाव घटित हुए उसे समझने, विश्लेषित करने और अपनी प्रतिरोधी भूमिका के मद्देनज़र यह प्रयास किया गया। इसकी प्रक्रिया और परिणति का अध्ययन करने पर पता चलता है कि तत्कालीन दौर के संकटों को हिन्दी के इन महत्त्वपूर्ण रचनाकारों ने चुनौती माना था और इससे जूझने तथा प्रतिपक्ष रचने की सच्ची कोशिश की थी। इस कोशिश में, तत्कालीन चुनौतियों से अन्योन्यक्रिया स्थापित करने में, इन रचनाकारों का मानसिक द्वैध भी उजागर हुआ है। इन रचनाकारों ने नब्बे के दशक में हुए बदलाव को अधिकांशतया नकारात्मक अर्थों में ही देखा-समझा है।

इन परिवर्तनों के सकारात्मक पहलू इनकी नज़रों से ओझल रह गये हैं। इनके सोचने-समझने का पुराना मार्क्सवादी तरीक़ा इसका प्रधान कारण है। साथ ही मार्क्सवादी विचार-दर्शन के तहत विकसित हो रहे नये वैचारिक प्रत्ययों से अनजान रहना भी एक प्रमुख वजह है। यही कारण है कि साम्प्रदायिक शक्तियों के उभार को तो ये लोग ठीक-ठीक चिह्नित कर पाये हैं परन्तु जाति चेतना के प्रस्फुटन को व्याख्यायित करने में इनका बौद्धिक औज़ार भोथरा साबित हुआ। सामाजिक, राजनीतिक और बौद्धिक दुनिया में पिछड़ों, दलितों, आदिवासियों एवं स्त्रियों के हस्तक्षेप के पक्ष में ज़मीन तैयार करने का इनका इरादा इनके वैचारिक द्वैध का शिकार हुआ प्रतीत होता है। इन उपेक्षित तबकों का पक्षधर बनना ये लोग चाहते हैं, लघु-पत्रिका आन्दोलन में इसकी कोशिश भी दिखती है; परन्तु इनकी पत्रिकाओं में इसका सर्जनात्मक प्रतिफलन हुआ नहीं दिखता। साहित्य से सम्बद्ध *हंस* सरीखी पत्रिकाओं ने यह फ़र्ज़ अदा किया, लघु-पत्रिका आन्दोलन में, एक बड़े फलक तक, इसके प्रति उपेक्षा भाव ही दिखता है।

साहित्य से दीगर अनुशासनों में जो अध्ययन हुए और बदलाव को समझने के लिए जो वैचारिक विमर्श विकसित हुए, उससे भी लघु-पत्रिका आन्दोलन

की नेतृत्वकारी जमात अनजान ही दिखती है। लोकतन्त्र के विस्तार और विकास में जाति चेतना के उभार की भूमिका को उदाहरण के तौर पर देखा जा सकता है।

लघु–पत्रिका आन्दोलन का एक प्रमुख मुद्दा सांस्कृतिक प्रदूषण से बचने के लिए वैकल्पिक मीडिया के रूप में ख़ुद को स्थापित करना है। यहाँ भी मुख्यधारा की मीडिया की पूरी संरचना में महज़ नकारात्मकता ही देखी गयी है। मीडिया को देखने–समझने और वस्तुनिष्ठ आलोचना की आँख इन लोगों में नहीं दिखती है। इसके साथ ही वैकल्पिक मीडिया के तौर पर स्थापित करने के लिए आवश्यक तकनीकी बदलाव की भी समझ नहीं दिखती। लघु–पत्रिका के सम्पादकों के वास्तविक संघर्ष और सच्चे प्रयास की ये सीमाएँ भी इस आन्दोलन की संरचना में दिखती हैं।

सन्दर्भ–संकेत और टिप्पणियाँ

अध्याय एक

उन्नीसवीं सदी में ब्रजभाषा बनाम खड़ी बोली विवाद

१. अविनाश कुमार (२००२), 'हिन्दी साहित्य, राजनीति और वर्चस्व का प्रश्न', *तद्भव-८*, लखनऊ, पृष्ठ ८३-९५

२. इंशा अल्ला खाँ (१९६०), *अयोध्या प्रसाद खत्री स्मारक ग्रन्थ*, शिवपूजन सहाय, प्रो. नलिन विलोचन शर्मा (सम्पा.), बिहार राष्ट्रभाषा परिषद्, पटना, पृ. १२०-१२३

   घोड़े पर अपने चढ़ के जो आता हूँ मैं
   करतब जो है सो सब दिखाता हूँ मैं
   उस चाहने वाले ने चाहा तो अभी
   कहता जो कुछ हूँ कर दिखाता हूँ मैं।

३. बाबू लक्ष्मी प्रसाद (१९६०), *अयोध्या प्रसाद खत्री स्मारक ग्रन्थ*, शिवपूजन सहाय, प्रो. नलिन विलोचन शर्मा (सम्पा.), बिहार राष्ट्रभाषा परिषद्, पटना, पृ. १६६-१६९

   हाय! पीड़ित न रहे, जी मेरा किस भाँत निदान
   हृदय जाए दरद क्यों न निकलने प' हो प्रान।

४. 'चन्द कवि' हिन्दी साहित्य में चन्दवरदाई नाम से प्रसिद्ध हैं।

५. अयोध्या प्रसाद खत्री (१९६०), *अयोध्या प्रसाद खत्री स्मारक ग्रन्थ*, शिवपूजन सहाय, प्रो. नलिन विलोचन शर्मा (सम्पा.), बिहार राष्ट्रभाषा परिषद्, पटना, पृ. ११६

६. वही,

७. रामचन्द्र शुक्ल (२००२), *हिन्दी साहित्य का इतिहास*, लोकभारती प्रकाशन, इलाहाबाद, पृ. २८८-२९०। (आचार्य शुक्ल ने लल्लूलाल की

भाषा की तुलना इंशाअल्ला ख़ाँ, मुंशी सदासुखलाल और सदल मिश्र की भाषा से करते हुए ऐसा ही नतीजा निकाला है। जिस 'प्रेमसागर' की भाषा को लल्लूलाल खड़ी बोली मानते थे, उसी से आचार्य शुक्ल ने सदल मिश्र के 'नासिकेतोपख्यान' की तुलना करते हुए लिखा है 'लल्लूलाल के समान इनकी भाषा में न तो ब्रजभाषा के रूपों की वैसी भरमार और न परम्परागत काव्य भाषा की पदावली का स्थान-स्थान पर समावेश।')

८. अयोध्या प्रसाद खत्री (१९६०), *स्मारक ग्रन्थ,* शिवपूजन सहाय, प्रो. नलिन विलोचन शर्मा (सम्पा.), बिहार राष्ट्रभाषा परिषद् पटना, खत्री स्मारक ग्रन्थ, पृ. ११७

९. वही, पृ. ११७-११८

१०. अम्बिकादत्त व्यास अयोध्या प्रसाद खत्री के मित्र थे। खत्री जी ने उन्हें 'खड़ी बोली का पद्य' की डमी कापी (छपने से पहले) दी थी। यह टिप्पणी डमी कापी को देख कर लिखी गयी है। इस किताब पर दूसरी टिप्पणी कलकत्ता से प्रकाशित होने वाले हिन्दी साप्ताहिक पत्र 'भारत मित्र' में छपी। 'भारत मित्र' ने ७ जुलाई १८८७ को 'खड़ी बोली पद्य' धन्यवादपूर्वक स्वीकार करते हुए लिखा कि 'खड़ी बोली का पद्य'— पहिला भाग श्रीयुत बाबू अयोध्या प्रसाद खत्री रचित प्रकशित हुआ है, इस पुस्तक में मुंशी स्टाइल और पण्डित स्टाइल के पद्य फुटकर लिखी गयी है। हिन्दी में ऐसी पुस्तक कोई नहीं छपी है जैसी कि यह है, पद्य रसिकों को एक-एक प्रति अवश्य ग्रन्थकर्ता मुज़फ़्फ़रपुर से माँग कर रखनी चाहिए।

११. भुवनेश्वर मिश्र (१९६०), *अयोध्या प्रसाद खत्री स्मारक ग्रन्थ,* शिवपूजन सहाय, प्रो. नलिन विलोचन शर्मा (सम्पा.), बिहार राष्ट्रभाषा परिषद्, पटना, पृ. ६८। 'बलवन्त भूमिहार' और 'घराऊ घटना' के लेखक भुवनेश्वर मिश्र ने लिखा है कि 'विशुद्ध हिन्दी साहित्य के पद्य विभाग का संस्कार आवश्यक समझ कर बाबू अयोध्या प्रसाद जी ने कई सौ रुपये ख़र्च करके इस अभिप्राय से इस पुस्तक को छपवाया था और बिना मूल्य तथा बिना डाक महसूल हिन्दी रसिकों के बीच वितरित किया था (और अभी तक कर रहे हैं) कि लोगों का ध्यान खड़ी बोली पद्य की ओर झुके और इस विषय में आन्दोलन होवे।'

१२. पहले संस्करण में इस किताब की कितनी प्रतियाँ छपी थीं, इसका पता नहीं चलता है। अयोध्या प्रसाद खत्री पर विनिबंध (Monograph) लिखने

वाले डॉ. राम निरंजन परिमलेन्दु के मुताबिक दूसरे संस्करण में १६३८ प्रतियाँ छपी थीं।

१३. चिट्ठी लिख कर सराहना करने वालों में बनारस नार्मल स्कूल के हेडमास्टर जयनारायण मिश्र, बनारस के स्कूल इंस्पेक्टर लक्ष्मी शंकर मिश्र, मुज़फ़्फ़रपुर के स्कूल डिप्टी इंस्पेक्टर राम प्रकाश लाल, आरा के स्कूल डिप्टी इंस्पेक्टर परमानन्द, राज दरभंगा के स्कूल डिप्टी इंस्पेक्टर गनेश प्रसाद और जिला स्कूल मुज़फ़्फ़रपुर के अध्यापक शालिग्राम तिवारी तथा पण्डित गंगाधर शास्त्री प्रमुख थे।

१४. चन्द्रशेखरधर मिश्र, 'विद्या धर्म दीपिका' मासिक पत्र निकालते थे। यह पाठकों को निःशुल्क वितरित किया जाता था।

१५. चन्द्रशेखरधर मिश्र (२००२), *वर्तमान साहित्य,* सम्पादक-संयोजक अरविन्द त्रिपाठी, शताब्दी आलोचना पर एकाग्र, अंक-२ में, गाजियाबाद (उत्तर प्रदेश), भवदेव पाण्डेय द्वारा उद्धृत; पृ. ३

१६. आलोक राय (२०००), *हिन्दी नेशनलिज्म,* ओरियन्ट लांगमैन, नयी दिल्ली, पृ. ९४; वीर भारत तलवार (२००२), *रस्साकशी,* सारांश प्रकाशन, नयी दिल्ली, पृ. ३७०-३७१

१७. इस टिप्पणी के बाद नन्दकिशोर नामक एक आर्यसमाजी कार्यकर्ता ने बिगड़ कर सम्पादक को एक पत्र लिखा। इस बहस को विस्तार से जानने के लिए देखें— 'भारत जीवन' १९ जून १८८४ का अंक।

१८. डॉ. शितिकण्ठ मिश्र (१९५६), *खड़ी बोली का आन्दोलन,* नागरी प्रचारिणी सभा, वाराणसी, पृ. १४०

१९. भारतेन्दु हरिश्चन्द्र (२००२) भारतेन्दु समग्र हेमन्त शर्मा (सम्पा.) हिन्दी प्रचारक पब्लिकेशन प्रा.लि., वाराणसी, पृ. १०२७-१०२९

२०. अयोध्या प्रसाद खत्री (१९६०), *अयोध्या प्रसाद खत्री स्मारक ग्रन्थ,* शिवपूजन सहाय, प्रो. नलिन विलोचन शर्मा (सम्पा.), बिहार राष्ट्रभाषा परिषद्, पटना, पृ. ८६। ग्रियर्सन ने लिखा है I have received your Khari Boli Ka Padya and your letter asking for an opinion of it, I regret no criticism of mine can be of use to you, as I am strong of opinion that all attempts at writing poetry in Khari Boli must be unsuccessful. The matter was fully discussed some years ago by Babu Harischandra of Benaras and I consider his arguments Convincing.

२१. २३ जून १८८७ ई. को 'बिहार बन्धु' के 'प्राप्ति स्वीकार' स्तम्भ में 'खड़ी बोली का पद्य' के बारे में एक छोटी सी टिप्पणी छपी है। 'खड़ी बोली का पद्य' पहला भाग, इसे मुज़फ़्फ़रपुर निवासी बाबू अयोध्या प्रसाद खत्री ने संग्रह किया है। इसमें तीन परिच्छेद हैं। पहले में ठेठ हिन्दी के, दूसरे मुंशियों की रीति के और तीसरे में पण्डितों की रीति के पद्य हैं। यह पुस्तक नये ढंग पर बनी है, पद्य भी अच्छे संग्रह किये गये हैं।

२२. भारतेन्दु हरिश्चन्द्र (२००२), *भारतेन्दु समग्र,* हेमन्त शर्मा (सम्पा.) हिन्दी प्रचारक पब्लिकेशन प्रा. लि., वाराणसी, पृ. २२

२३. इंग्लैण्ड से आने के बाद राजारामपाल सिंह ने 'हिन्दोस्थान' का प्रकाशन शुरू किया। यह दैनिक समाचारपत्र कालाकांकर, ज़िला प्रतापगढ़ से प्रकाशित होता था। पं. मदनमोहन मालवीय इसके सम्पादक रहे थे।

२४. राधाचरण गोस्वामी (१९९०), *भारतेन्दु युग के प्रमुख रचनाकार राधाचरण गोस्वामी की चुनी हुई रचनाएँ,* कर्मेन्दु शिशिर (सम्पा.), परिमल प्रकाशन, इलाहाबाद, पृ. १६०–१६१

२५. भारतेन्दु हरिश्चन्द्र (२००२), *भारतेन्दु समग्र,* हेमन्त शर्मा (सम्पा.) हिन्दी प्रचारक पब्लिकेशन प्रा. लि., वाराणसी, पृ. १०४९

२६. अयोध्या प्रसाद खत्री (१९६०), *अयोध्या प्रसाद खत्री स्मारक ग्रन्थ,* शिवपूजन सहाय, प्रो. नलिन विलोचन शर्मा (सम्पा.), बिहार राष्ट्रभाषा परिषद्, पटना, पृ. ६७

२७. अयोध्या प्रसाद खत्री (१९६०), *अयोध्या प्रसाद खत्री स्मारक ग्रन्थ,* शिवपूजन सहाय, प्रो. नलिन विलोचन शर्मा (सम्पा.), बिहार राष्ट्रभाषा परिषद्, पटना, पृ. ६५। पं. मदनमोहन मालवीय ने अपनी टिप्पणी में लिखा है कि ''जितनी भाषा आज तक संसार में बोली गयी हैं प्रायः उन सबमें कविता की गयी है और हम कोई कारण नहीं देखते जिससे कि आजकल की हिन्दी व खड़ी बोली इस सांसारिक नियम से बाहर हो। यह बात दूसरी है कि चिरकाल के परिचय और अभ्यास तथा कुछ स्वरादिकों की कोमलता के कारण हिन्दी के उस रूप की कविता भी हमको वैसी ही मधुर और मनोहर लगेगी।''

२८. राधाचरण गोस्वामी (१९९०), *भारतेन्दु युग के प्रमुख रचनाकार राधाचरण गोस्वामी की चुनी हुई रचनाएँ,* कर्मेन्दु शिशिर (सम्पा.), परिमल प्रकाशन,

इलाहाबाद, पृ. १६२-१६३

२९. अयोध्या प्रसाद खत्री (१९६०), *अयोध्या प्रसाद खत्री स्मारक ग्रन्थ,* शिवपूजन सहाय, प्रो. नलिन विलोचन शर्मा (सम्पा.), बिहार राष्ट्रभाषा परिषद्, पटना, पृ. ७१-७२

३०. वही, पृ. ७२; श्रीधर पाठक का यह मानना सही नहीं है क्योंकि 'प्रेमसागर' की पद्य भाषा और 'राजनीति' की पद्य भाषा एक है। दोनों ब्रजभाषा हैं। यहाँ पाठक ने बग़ैर जाँच-पड़ताल किए लल्लू लाल की बात स्वीकर कर ली है।

३१. अयोध्या प्रसाद खत्री (१९६०), *अयोध्या प्रसाद खत्री स्मारक ग्रन्थ,* शिवपूजन सहाय, प्रो. नलिन विलोचन शर्मा (सम्पा.), बिहार राष्ट्रभाषा परिषद् पटना, पृ. ७४

३२. वही, पृ. ७४-७५

३३. राधाकृष्ण दास (१९०२), *'भाषा, कविता की भाषा'* नागरी प्रचारिणी पत्रिका, भाग-६ वाराणसी, पृ. ७

३४. राधाचरण गोस्वामी (१९९०), *भारतेन्दु युग के प्रमुख रचनाकार राधाचरण गोस्वामी की चुनी हुई रचनाएँ,* कर्मेन्दु शिशिर (सम्पा.), परिमल प्रकाशन, इलाहाबाद, पृ. १८

३५. राधाकृष्ण दास (१९०२), *'भाषा, कविता की भाषा'* नागरी प्रचारिणी पत्रिका, भाग-६ वाराणसी, पृ. ७

३६. डॉ. रामनिरंजन परिमलेन्दु (२००२), *भारतेन्दु युग के भूले बिसरे कवि और उनका काव्य,* नागरी प्रचारिणी सभा, वाराणसी, पृ. ३१६

३७. अयोध्या प्रसाद खत्री (१९६०), *अयोध्या प्रसाद खत्री स्मारक ग्रन्थ,* शिवपूजन सहाय, प्रो. नलिन विलोचन शर्मा (सम्पा.), बिहार राष्ट्रभाषा परिषद्, पटना, पृ. २७१

३८. राजा शिवप्रसाद ने लिखा है "Sir in reply to your letter of the 19th instant I am sorry to state that now I lead a very retired life and have no time to go through the book you have so kindly sent or to write anything about it" (*भारतेन्दु युग के भूले बिसरे कवि और उनका काव्य* पृ. ३१६ पर उद्धृत)

३९. वही, पृ. ३१६

४०. अयोध्या प्रसाद खत्री (१९६०), *अयोध्या प्रसाद खत्री स्मारक ग्रन्थ*, शिवपूजन सहाय, प्रो. नलिन विलोचन शर्मा (सम्पा.), बिहार राष्ट्रभाषा परिषद्, पटना, पृ. २७१

४१. अयोध्या प्रसाद खत्री पर मोनोग्राफ़ लिखने वाले डॉ. रामनिरंजन परिमलेन्दु का मानना है कि 'खड़ी बोली का पद्य' के दूसरे खण्ड का 'प्रकाशन नारायण प्रेस, मुज़फ़्फ़रपुर से मुद्रित होकर १८८९ ई. में पहली बार हुआ है। डॉ. परिमलेन्दु की यह बात सही नहीं है क्योंकि १५ फ़रवरी मार्च १८८८ ई. को प्रकाशित 'ब्राह्मण' में प्रतापनारायण मिश्र ने दोनों भाग के मिलने का ज़िक्र किया है। प्रतापनारायण मिश्र ने 'ब्राह्मण' के इसी अंक में 'खड़ी बोली का पद्य' शीर्षक लेख में लिखा है—"इस नाम की बाबू अयोध्या प्रसाद खत्री जी मुज़फ़्फ़रवासी कृत पुस्तक के दो भाग हमें सुहृदबर श्रीधर पाठक द्वारा प्राप्त हुए हैं" (प्रतापनारायण मिश्र रचनावली, भाग–२ भारतीय प्रकाशन संस्थान, दरियागंज, नयी दिल्ली–२, प्रथम संस्करण २००१, पृ. ५५)इस लेख में 'खड़ी बोली का पद्य' की तीखी समीक्षा है, जिसका जवाब श्रीधर पाठक ने ८ मार्च १८८८ ई. के 'हिन्दोस्थान' में दिया है। इससे जाहिर होता है कि दूसरे खण्ड का प्रकाशन सितम्वर १८८७ ई. के बाद और फ़रवरी १८८८ ई. के पहले हो चुका था। सम्भव है १८८९ ई. में दूसरे खण्ड का दूसरा संस्करण छपा हो।'खड़ी बोली का पद्य' (दूसरा खण्ड) 'अयोध्या प्रसाद खत्री स्मारक ग्रन्थ' में संकलित है, लेकिन इसमें किस प्रेस से तथा कब छपा, इसका ज़िक्र नहीं हैं। डॉ. रामनिरंजन परिमलेन्दु १८८९ ई. में दूसरे खण्ड का छपना बताते हुए लिखते हैं कि नारायण प्रेस, मुज़फ़्फ़रपुर से मुद्रित होकर इसकी एक हज़ार प्रतियाँ छपी थीं। ऐसे में यह ज़्यादा तर्कसंगत लगता है कि डॉ. परिमलेन्दु जिस संस्करण का ज़िक्र कर रहे हैं, वह दूसरा संस्करण हो। बकौल डॉ. परिमलेन्दु दूसरा खण्ड फ्रेडरिक पिंकौट को समर्पित है। यह खण्ड भी बिना क़ीमत का था, जिसे खत्री खड़ी बोली कविता के प्रचार के लिए निःशुल्क बाँटते थे।

४२. Asiatic Society of Bengal's grammars of there eastern Hindi के Philological Secretary थे।

४३. अयोध्या प्रसाद खत्री (१९६०), *अयोध्या प्रसाद खत्री स्मारक ग्रन्थ*, शिवपूजन सहाय, प्रो. नलिन विलोचन शर्मा (सम्पा.), बिहार राष्ट्रभाषा परिषद्, पटना, पृ. २६८

४४. वही, पृ. २६६

४५. वही, पृ. २६५

४६. 'आषाढ़ आया यह पहिला मास वसति
सो मुझको हरने यह पहिले दिखाई।'

४७. 'तेरी सूरत मुझे भाई मेरा जी जानता है
जो झलक तूने दिखाई मेरा जी जानता है।'

४८. 'कहो न प्यारे मुझसे ऐसा, झूठ है यह सब संसार
तो अवश्य प्यारे जानोगे सारा जगत सचाई सार।'

४९. 'अमृत के रस की भरी सी उस मुरली को कब प्यारे दरस दिखावेगा?'

५०. यह १६ जुलाई १८८५ के 'अल्पपंच' से ली गयी है। इस रचना को पूरा नहीं छापा गया है। वजह के तौर पर खत्री ने लिखा है कि 'अशलील (अश्लील) होने के कारण सम्पूर्ण नहीं लिखा गया।' रचना है—

'साथ हर सुबह को यों होता था हम दोनों का
दिल दुखाना भी नहीं कास्ट में इनकी है गुनाह।'

५१. 'क्यों नन हों ब्लैक जेर मशके ह्वाइट नाउ ऐ डेज?
मैं आया पढ़ने लिखने को तेरी ब्यूटी ने मुझे सताया है।'
यह १२ फ़रवरी १८८६ के 'अल्पपंच' से ली गयी है।

५२. 'ध्यान में जिस दम नयी तहजीव को लाटा है हम
पंच साहब हाल तो यह है जो फर्माटा है हम।'

५३. 'सैर खाब अजतसीफ अखर हुसेन
खाब ही खाब है सब दीदए गफलत खोलो।'

५४. गल्ला कटै लगा है कि जो हो सो है
भूखन जान गँवाई।

५५. प्रतापनारायण मिश्र (२००१), *प्रतापनारायण मिश्र रचनावली, भाग २,* भारतीय प्रकाशन संस्थान, दरियागंज, नयी दिल्ली-२, पृ. ५५

५६. राधाचरण गोस्वामी (१९९०), *भारतेन्दु युग के प्रमुख रचनाकार राधाचरण गोस्वामी की चुनी हुई रचनाएँ,* कर्मेन्दु शिशिर (सम्पा.), परिमल प्रकाशन, इलाहाबाद, पृ. २०

५७. भारतेन्दु हरिश्चन्द्र (२००२), *भारतेन्दु समग्र,* हेमन्त शर्मा (सम्पा.) हिन्दी प्रचारक पब्लिकेशन प्रा. लि., वाराणसी, पृ. १०४९

५८. वही, पृ. १०५०

५९. श्रीधर पाठक (१९९६), *श्रीधर पाठक ग्रन्थावली,* खण्ड-३, पद्माधर पाठक (सम्पा.) सोटती गेट, जोधपुर, राजस्थान, पृ. २९६-२९७

६०. वही, पृ. ३५०

६१. वही, पृ. ३५१

६२. वही, पृ. ३५१

६३. अयोध्या प्रसाद खत्री (१९६०), *अयोध्या प्रसाद खत्री स्मारक ग्रन्थ,* शिवपूजन सहाय, प्रो. नलिन विलोचन शर्मा (सम्पा.), बिहार राष्ट्रभाषा परिषद्, पटना, पृ. २८८

६४. भारतेन्दु हरिश्चन्द्र (२००२), *भारतेन्दु समग्र,* हेमन्त शर्मा (सम्पा.) हिन्दी प्रचारक पब्लिकेशन प्रा. लि., वाराणसी, पृ. १०५४

६५. ज्ञानचन्द जैन (२००४), *भारतेन्दु हरिश्चन्द्र : एक व्यक्तित्व चित्र,* विश्वविद्यालय प्रकाशन, वाराणसी, पृ. ९७

६६. वही, पृ. ९७

६७. अयोध्या प्रसाद खत्री (१९६०), *अयोध्या प्रसाद खत्री स्मारक ग्रन्थ,* शिवपूजन सहाय, प्रो. नलिन विलोचन शर्मा (सम्पा.), बिहार राष्ट्रभाषा परिषद्, पटना, पृ. ७८, ७९-८०

६८. राधाचरण गोस्वामी (१९९०), *भारतेन्दु युग के प्रमुख रचनाकार राधाचरण गोस्वामी की चुनी रचनाएँ,* कर्मेन्दु शिशिर (सम्पा.), परिमल प्रकाशन, इलाहाबाद, पृ. १६८

६९. अयोध्या प्रसाद खत्री (१९६०), *अयोध्या प्रसाद खत्री स्मारक ग्रन्थ,* शिवपूजन सहाय, प्रो. नलिन विलोचन शर्मा (सम्पा.), बिहार राष्ट्रभाषा परिषद्, पटना, पृ. ८८ एवं ९१

७०. राधाचरण गोस्वामी (१९९०), *भारतेन्दु युग के प्रमुख रचनाकार राधाचरण गोस्वामी की चुनी रचनाएँ,* कर्मेन्दु शिशिर (सम्पा.), परिमल प्रकाशन, इलाहाबाद, पृ. १६८

७१. अयोध्या प्रसाद खत्री (१९६०), *अयोध्या प्रसाद खत्री स्मारक ग्रन्थ,* शिवपूजन सहाय, प्रो. नलिन विलोचन शर्मा (सम्पा.), बिहार राष्ट्रभाषा परिषद्, पटना, पृ. ८६

७२. वही, पृ. ८६

७१. अयोध्या प्रसाद खत्री (१९६०), *अयोध्या प्रसाद खत्री स्मारक ग्रन्थ,* शिवपूजन सहाय, प्रो. नलिन विलोचन शर्मा (सम्पा.), बिहार राष्ट्रभाषा परिषद्, पटना, पृ. ८६-८७

७३. वही,

७४. आलोक राय (२०००), *हिन्दी नेशनलिज्म,* ओरियन्ट लंगमैन प्रा. लि., नयी दिल्ली, पृ. ८७

७५. वीर भारत तलवार (२००२), *रस्साकशी,* सारांश प्रकाशन, नयी दिल्ली, पृ. ८६

७६. वीरभारत तलवार (२००२) *रस्साकशी,* सारांश प्रकाशन, नई दिल्ली, पृ. ७७ पर, लक्ष्मी सागर वार्ष्णेय, *आधुनिक हिन्दी साहित्य,* १९४१, इलाहाबाद से उद्धृत

अध्याय दो
राष्ट्र-निर्माण, संविधान-सभा और भाषा-विमर्श

१. पवन कुमार वर्मा (१९९९), *भारत के मध्यवर्ग की अजीब दास्तान* (द ग्रेट इण्डियन मिडिल क्लास, अनु. अभय कुमार दुबे), राजकमल प्रकाशन प्रा. लि., नयी दिल्ली, पृ. ३४

२. वही,

३. Aditya Nigam (2008), A text without Author: Locating the constituent Assembly as event- Rajeev Bhargava (Ed.) *Politics and Ethics of the Indian Constitution*, Oxford University Press, New Delhi. First Edition 2008; p. १२१; आदित्य निगम ने तद्भव-२३, जनवरी २०११ में ''एक 'वाक़िया' संविधान-सभा का : चन्द उलझे हुए सवालों पर एक नजर और'' शीर्षक से प्रकाशित किया है। यहाँ निगम द्वारा किये गये तर्जुमा को उद्धृत किया गया है। पृ. ६६।

४. दुर्गा दास बसु (१९९७), *भारत का संविधान-एक परिचय,* (अनु. ब्रजकिशोर शर्मा) प्रेंटिस हाल ऑफ इण्डिया प्राइवेट लिमिटेड, नयी

दिल्ली, पृ. ४२७

५. एस. के. चौबे (२०११), *संविधान सभा और उसकी भविष्य दृष्टि,* महेन्द्र प्र. सिंह, हिमांशु राय (सम्पा.) *भारतीय राजनीतिक प्रणाली : संरचना, नीति और विकास,* हिन्दी माध्यम कार्यान्वयन निदेशालय दिल्ली विश्वविद्यालय, नयी दिल्ली, पृ. ६३

६. पवन कुमार वर्मा (१९९९), *भारत के मध्यवर्ग की अजीब दास्तान,* पृ. ३४

७. एस. के. चौबे (२०११), *संविधान सभा और उसकी भविष्य दृष्टि,* पृ. ६३

८. पवन कुमार वर्मा (१९९९), *भारत के मध्यवर्ग की अजीब दास्तान,* पृ. ३४

९. आदित्य निगम (२००८), एक 'वाक़िया' संविधान सभा का : चन्द उलझे हुए सवालों पर एक नज़र और, पृ. ६६

१०. पवन कुमार वर्मा (१९९९), *भारत के मध्य वर्ग की अजीब दास्तान,* पृ. ३५

११. वही, पृ. ३४

१२. वही, पृ.

१३. सुधीर चन्द्र (२०११), *गांधी और नेहरू के बीच १९४५ का पत्राचार,* 'गांधी एक असम्भव सम्भावना', राजकमल प्रकाशन, नई दिल्ली, पृ.

१४. Jawaharlal Nehru (1996), A Tryst with Destiny, Oxford University Press, New York; पृष्ठ २४० (Aditya Nigam (2008), Politics and Ethics of the Indian Constitution, P. १२४ पर उद्धृत); *तद्भव*-२३, अखिलेश (सम्पा.), १८/२०१ इन्दिरा नगर, लखनऊ में प्रकाशित तर्जुमा से उद्धृत; पृ. ६८

१५. वही, पृ. १२५; तद्भव-२३, पृ. ६९

१६. जबलपुर (मध्यप्रदेश में) १८९६ ई. में जन्मे सेठ गोविन्द दास १९२३ में सेंट्रल प्राविंसेज के जमींदारों की तरफ से लेजिस्लेटिव असेम्बली के सदस्य निर्वाचित हुए। १९२५ ई. में काउंसिल ऑफ स्टेट (राजपरिषद) के सदस्य बने। १९२९ ई. में कांग्रेस के आह्वान पर राज परिषद से त्याग पत्र देकर सविनय अवज्ञा आन्दोलन में हिस्सा लिया। १९३३ ई. में पुन: लेजिस्लेटिव असेम्बली के सदस्य बने। केन्द्रीय प्रान्तीय हिन्दी साहित्य

सम्मेलन के अध्यक्ष और महाकोशल प्राविंशियल कांग्रेस कमेटी के सभापति भी रहे। १९२३, १९३४ और १९४५ में सेन्ट्रल असेम्बली के सदस्य रहे। अखिल भारतीय हिन्दी साहित्य सम्मेलन के अध्यक्ष रहे।

१७. सेठ गोविन्द दास (१९९६), हिन्दी : राष्ट्रभाषा से राजभाषा तक (१९४७ से १९५० तक के दस्तावेज)—विमलेश कान्ति वर्मा, प्रकाशन विभाग, सूचना और प्रसारण मन्त्रालय, भारत सरकार, पटियाला हाउस, नयी दिल्ली-१; अगस्त १९९७, पृ. ९५

१८. वही पृष्ठ

१९. हिन्दी के ख्यात साहित्यकार बालकृष्ण शर्मा 'नवीन' का जन्म ८ दिसम्बर १८९७ को ग्वालियर (म.प्र.) में हुआ था। भारतीय संविधान-सभा के सदस्य रहे नवीनजी १९५२ में कानपुर से लोकसभा के लिए निर्वाचित हुए थे। १९५७ में राज्यसभा के लिए नामांकित किये गये थे। बी. जी. खेर की अध्यक्षता में गठित (१९५५) में हिन्दी कमीशन के सदस्य तथा पुरुषोत्तम दास टण्डन की अध्यक्षता में गठित ज्वाइंट पार्लियामेंटरी कमेटी (१९५६) के सदस्य रहे थे।

२०. बालकृष्ण शर्मा 'नवीन' (१९९७), *हिन्दी : राष्ट्रभाषा से राजभाषा तक*, पृ. ९६

२१. डॉ. राजेन्द्र प्रसाद, वही, पृ. ९७-९८

२२. सेठ गोविंद दास, वही, पृ. ९८

२३. बालकृष्ण शर्मा 'नवीन', वही, पृ. ९८

२४. डॉ. राजेन्द्र प्रसाद, वही, पृ. ९९

२५. ६ जनवरी, १९८१ को झाँसी में जन्मे रघुनाथ विनायक धुलेकर जमींदार परिवार से ताल्लुक़ रखते थे। एम-ए. एल.एल.बी. की पढ़ाई के बाद वकालत की। १९२१ में असहयोग आन्दोलन के दौरान वकालत छोड़कर सामाजिक-राजनीतिक कामों में सक्रिय हुए। १९२१-२४ तक उत्तर प्रदेश कांग्रेस कमेटी के सचिव रहे। १९२४-२८ तक अस्पृश्यता निवारण के लिए काम किया। १९४६-५० तक भारतीय संविधान-सभा के सदस्य रहे। बोर्ड ऑफ संस्कृत स्टडीज उ.प्र. के संस्थापक अध्यक्ष रहे। 'मातृभूमि', 'उत्साह' और 'फ्री इण्डिया' का सम्पादन भी किया था।

२६. आर. वी. धुलेकर, *हिन्दी : राष्ट्रभाषा से राजभाषा तक*, पृ. ९९

२७. डॉ. राजेन्द्र प्रसाद, वही, पृ. १००

२८. १८८८ में जन्मे सुरेशचन्द्र मजूमदार १९१६ में इण्डियन नेशनल कांग्रेस से जुड़े। असहयोग आन्दोलन में सक्रिय रहे थे। १९२७-३७ तक नार्थ कलकत्ता कांग्रेस कमेटी के अध्यक्ष रहे थे।

२९. सुरेशचन्द्र मजूमदार, *हिन्दी : राष्ट्रभाषा से राजभाषा तक;* पृ. १००-१०१

३०. २९ जनवरी १९०० को तत्कालीन आज़मगढ़ (वर्तमान में मऊ) ज़िला के अमिला गाँव में जन्मे अलगू राय शास्त्री ने बनारस हिन्दू विश्वविद्यालय और काशी विद्यापीठ से पढ़ाई की। १९२८-३० तक मेरठ कांग्रेस कमेटी के सचिव, १९३९ में दिल्ली कांग्रेस कमेटी के सचिव, १९४०-४६ तक उत्तर प्रदेश कांग्रेस कमेटी के महासचिव तथा अध्यक्ष रहे थे। कवि और दार्शनिक श्री शास्त्री 'ऋग्वेद रहस्य' के लेखक के तौर पर भी जाने जाते हैं।

३१. अलगू राय शास्त्री, *हिन्दी : राष्ट्रभाषा से राजभाषा तक;* पृ. १०१, १०२, १०३

३२. डॉ. राजेंद्र प्रसाद, वही, पृ. १०४

३३. टी.टी. कृष्णामाचारी और पं. लक्ष्मीकान्त मैत्र, वही, पृ. १०५-१०६

३४. जोधपुर, राजस्थान के रहने वाले जयनारायण व्यास कांग्रेस में सक्रिय थे। १९४१ में जोधपुर म्यूनिसपैलटी के अध्यक्ष, १९४८-४९ में जोधपुर राज्य के प्रधानमन्त्री रहे। १९३६-४९ के दौरान ऑल इण्डिया स्टेट्स पीपुल्स कान्फ्रेंस के महासचिव रहे।

३५. जयनारायण व्यास, *हिन्दी: राष्ट्रभाषा से राजभाषा तक;* पृ. १०५-१०६

३६. बालकृष्ण शर्मा 'नवीन', वही, पृ. १०६

३७. एस. नागप्पा, वही

३८. पं. ठाकुरदास भार्गव, वही, पृ. १०६-१०७

३९. रायबहादुर लाला राजकंवर, वही, पृ. १०७-१०८

४०. वही, पृ. १०८

४१. वही, पृ. १०९

४२. वही, पृ. १०९-११०

४३. अक्तूबर १८८७ में, धेनकलाल, उड़ीसा में जन्मे सारंगधर दास की पढ़ाई कटक से और फिर टोक्यो, जापान के हायर टेक्नोलॉजिकल इंस्टीट्यूट से हुई। १९१०-३५ के दौरान यूनिवर्सिटी ऑफ कैलिफोर्निया, अमेरिका; भारत तथा बर्मा में इण्डिस्ट्रयल टेक्नोलॉजिस्ट तथा कृषि विशेषज्ञ के तौर पर काम किया। सोशलिस्ट पार्टी के सदस्य। द डेवलपमेंट ऑफ शुगर इण्डस्ट्री इन इण्डिया तथा बीकानेर-ए-पॉलिटिकल एण्ड इकोनामिक सर्वे के रचयिता।

४४. सारंगधर दास, *हिन्दी: राष्ट्रभाषा से राजभाषा तक;* पृ. १११

४५. वही, पृ. ११२

४६. हुसैन इमाम, वही; पृ. ११३-११४

४७. एजाज़, रसूल, वही, पृ. ११४-१२५

४८. जवाहरलाल नेहरू, वही, पृ. ११६-११८

४९. ज्ञानी गुरुमुख सिंह मुसाफिर, वही, पृ. ११८-१२०

५०. जवाहरलाल नेहरू (दूसरी बार १९५०), *राजनीति से* दूर, सस्ता साहित्य मण्डल प्रकाशन, नयी दिल्ली, पृ. १४६

५१. आर. शंकर, *हिन्दी : राष्ट्रभाषा से राजभाषा तक,* पृ. १२०

५२. घनश्याम सिंह गुप्त का जन्म दिसम्बर १८८५ में हुआ था। मध्यप्रदेश के प्रमुख कांग्रेसी नेता तथा आर्य समाज के नेता के रूप में इनकी पहचान थी। १९२६-२९ तक मध्य प्रदेश लेजिस्लेटिव काउंसिल में कांग्रेस पार्टी और विरोधी पक्ष के नेता रहे। १९३४-३७ तक केन्द्रीय धारा-सभा के सदस्य भी। १९२०-४० आर्य प्रतिनिधि-सभा के प्रधान रहे। १९३७ से मध्य प्रदेश धारा-सभा के अध्यक्ष भी। भारतीय संविधान-सभा की हिन्दी अनुवाद समिति के अध्यक्ष, सांविधानिक और क़ानून-शब्दावली का हिन्दी पर्याय बनाने का दायित्व निभाया।

५३. घनश्याम सिंह गुप्त, *हिन्दी : राष्ट्रभाषा से राजभाषा तक,* पृ. १२१-१२२

५४. वी. पोकर, वही, पृ. १२३-१२४

५५. एल. कृष्णास्वामी भारती, वही, पृ. १२४-१२५

५६. किशोरी मोहन त्रिपाठी, वही, पृ. १२५

५७. विशंभरदयाल त्रिपाठी, वही, पृ. १२६-१२७

५८. एम. सत्यनारायण, वही, पृ. १२८-१२९

५९. सुरेशचन्द्र मजूमदार का जन्म १८८८ ई. में कृष्ण गोरे में हुआ था। वे शम्सुला हुदा हत्याकाण्ड तथा हावड़ा षड्यन्त्र केस में बन्दी बनाये गये थे। १९१६ ई. में इण्डियन नेशनल कांग्रेस के सदस्य बने। १९२१ में असहयोग आन्दोलन में सक्रिय भागीदारी की। नार्थ कलकत्ता कांग्रेस कमेटी में १९२७-३७ तक अध्यक्ष रहे।

६०. सुरेशचन्द्र मजूमदार, *हिन्दी: राष्ट्रभाषा से राजभाषा तक*, पृ. १३०-१३१

६१. १५ नवम्बर १९०२ को नल्लूर, ज़िला, शिमोगा, मैसूर में जन्मे एस. वी. कृष्णमूर्ति राव ने बी. एससी. की पढ़ाई के बाद एल.एल.बी. किया। १९२८ में कांग्रेस के सदस्य बने। १९४१ में भारत छोड़ो आन्दोलन में मैसूर राज्य के प्रमुख आन्दोलनकारी के रूप में अपनी पहचान बनाने वाले कृष्णमूर्ति राव १८ महीने जेल में रखे गये। १९४५-४९ तक मद्रास रिप्रेजेंटेटिव असेम्बली के सदस्य और १९४५-४६ में कांग्रेस पार्टी के चीफ व्हिप रहे। १९४७-५० तक मैसूर के प्रतिनिधि के तौर पर भारतीय संविधान-सभा के सदस्य रहे। १९४८ में लन्दन में हुई कामनवेल्थ पार्लियामेंटरी कमेटी में भाग लिया। काउंसिल ऑफ स्टेट्स के उपाध्यक्ष निर्वाचित हुए थे। इसके अलावा श्री राव की ख्याति कन्नड़ भाषा के प्रतिष्ठित साहित्यकार तथा अनुवादक के तौर पर भी है। इन्होंने महात्मा गांधी और जवाहरलाल नेहरू की कुछ कृतियों का कन्नड़ में अनुवाद भी किया है।

६२. एस. वी. कृष्णमूर्ति राव, *हिन्दी : राष्ट्रभाषा से राजभाषा तक*, पृ. १३१-१३२

६३. जवाहरलाल नेहरू (दूसरी बार १९५०), *राजनीति से* दूर, सस्ता साहित्य मण्डल प्रकाशन, नयी दिल्ली, पृ. १३८

६४. वही पृष्ठ

६५. वही, पृ. १४०-१४१

६६. वही, पृ. १४१-१४२

६७. वही, पृ. १४२-१४३

६८. वही, पृ. १४३

६९. वही, पृ. १४७–१४८

७०. डॉ. राजेंद्र प्रसाद, *हिन्दी : राष्ट्रभाषा से राजभाषा तक;* पृ. १३५–१४८

७१. ३१ मार्च १८८२ को तंजौर, मद्रास के एराटेकत्तेर गाँव में जन्मे एन. गोपालस्वामी आयंगर ने लॉ कॉलेज, मद्रास (चेन्नई) से क़ानून की पढ़ाई की। १९०५ में मद्रास सिविल सर्विस में प्रवेश किया। १९३५-३७ के दौरान पब्लिक वर्क्स डिपार्टमेंट और बोर्ड ऑफ रेवेन्यू, मद्रास के सचिव रहे। १९३७–४३ तक जम्मू व कश्मीर राज्य में प्रधानमन्त्री रहे। १९४७–४८ में भारत सरकार के परिवहन और रेल मन्त्रालय का दायित्व सँभाला।

७२. एन. गोपालस्वामी आयंगर, *हिन्दी : राष्ट्रभाषा से राजभाषा तक,* पृ. १३७–१४५; आयंगर द्वारा प्रस्तावित मसौदा के लिए देखें पृ. १४५-१४९ (जोर मेरा)

७३. सेठ गोविंद दास, वही, पृ. १५०–१५१

७४. पं. मदन मोहन मालवीय के पुत्र गोविन्द मालवीय का जन्म १४ सितम्बर १९०२ को हुआ था। काशी हिन्दू विश्वविद्यालय से बी.ए. और एल.एल.बी. की पढ़ाई की। १९२० से स्वाधीनता आन्दोलन में भागीदारी के कारण आठ बार कारावास की सजा भोगी। १९३० में ऑल इण्डिया कांग्रेस कमेटी के सचिव रहे। पं. मदन मोहन मालवीय के सचिव के रूप में लन्दन में द्वितीय गोलमेज सम्मेलन में भाग लिया। १९३२ में ऑल इण्डिया पार्टीज यूनियन कांग्रेस, इलाहाबाद के महासचिव रहे। बाद में बनारस हिन्दू विश्वविद्यालय के उपकुलपति का दायित्व सँभाला।

७५. सेठ गोविंद दास, *हिन्दी: राष्ट्रभाषा से राजभाषा तक;* पृ. १५१, १५२, १५३

७६. १९ जुलाई १८९९ को जिला योतमल (बरार) बम्बई (अब मुम्बई) में जन्मे काजी सैयद करीमुद्दीन के पिता का नाम काजी सैयद नसीरुद्दीन है। सैयद करीमुद्दीन एल.एल.बी. करने के बाद १९२८–३१ तक सब जज रहे। १९४७–५० तक भारतीय संविधान–सभा के सदस्य रहे। १९४७–५२ तक मध्य प्रदेश विधान सभा के सदस्य भी रहे।

७७. काजी सैयद करीमुद्दीन, *हिन्दी : राष्ट्रभाषा से राजभाषा तक;* पृ. १५३

७८. सेठ गोविंद दास, वही, पृ. १५४–१५६। इस राष्ट्रीय भाषा सम्मेलन में बंगाल के सुनीति कुमार चटर्जी और रजनीकांत दास, कर्नाटक के एक.

कृष्ण शर्मा, मलयालम के महाकवि वल्लतोल, श्रीकुशान राजा, मराठी के महामहोपाध्याय काने ने अपना मत भेजा था, उड़ीसा के अतिवल्लभ महंती, तमिल के नीलकण्ठ शास्त्री, डॉक्टर राघवन, तेलुगू के श्री सोमय्या, श्री विश्वनाथ सत्यनारायण सहित तमाम भाषाओं के महत्त्वपूर्ण सांस्कृतिक-पुरुष आये थे। संविधान-सभा में भाषायी सवालों का गम्भीर अध्ययन करने वाले ग्रेनविल ऑस्टिन और ज्योतिरीन्द्र दासगुप्ता इस सम्मेलन का तार्किक विश्लेषण नहीं कर पाये हैं। देखिए—*The Indian constitution: Cornerstone of a Nation*– Granville Austine, Oxford University Press, London W.1, 1966, page 291. *Language Conflict and National Development* – Jyotirindra Dasgupta, University of California Press, 1970, page 136.

७९. सेठ गोविंद दास, वही, पृ. १५६-१५८

८०. नजीरुद्दीन अहमद, वही, पृ. १६०-१६४

८१. वही, पृ. १६५-१६९

८२. वही, पृ. १६९ (जोर मेरा)

८३. Granville Austine (1966), *The Indian Constitution: Cornerstone of a Nation*, Oxford University Press, London, पृ. ३०१, संविधान सभा और उसके बाद के दौर में संस्कृत के पक्ष में दिये गये तर्कों के लिए देखिये—Sanskrit for the Nation– Sumathi Ramaswamy Modern Asian Studies, Vol. 33, No. 2 (May 1999) पृ. ३३९-३८१

८४. एस. वी. कृष्णमूर्ति राव, वही, पृ. १७०-१७१

८५. वही, पृ. १७६

८६. मौलाना हिफर्ज़ुरहमान का जन्म १९०१ में उ. प्र. के बिजनौर, सिहोरा में हुआ था। १९१९ से ऑल इण्डिया कांग्रेस कमेटी के सदस्य के रूप में कार्य किया। १९३२ में वर्किंग कमेटी उलेमा-ए-हिन्द के सदस्य और १९४२ से महासचिव बने। ऑल इण्डिया मुस्लिम एजुकेशनल कॉन्फ्रेंस और अलीगढ़ मुस्लिम यूनिवर्सिटी कोर्ट के सदस्य रहे। १९३० से काउंसिल ऑफ इण्डियन नेशनल कांग्रेस के सदस्य के तौर पर कार्य किया। स्वाधीनता आन्दोलन में भागीदारी के दौरान पाँच दफे जेल में रहे।

८७. मौलाना हिफर्ज़ुरहमान, *हिन्दी : राष्ट्रभाषा से राजभाषा तक*; पृ. १७७

८८. वही, पृ. १८२

८९. आर. वी. धुलेकर, वही, पृ. १९२–२००

९०. जुलाई १८९५ में नारायणगंज, ढाका में जन्मे लक्ष्मीकान्त मैत्र ने एम.ए., बी–एल. की उपाधि के बाद कलकत्ता (अब कोलकाता) उच्च न्यायालय में वकालत शुरू की। १९२० में इण्डियन नेशनल कांग्रेस के सदस्य भी रहे। बंगलौर स्थित इंस्टीट्यूट ऑफ साइंस तथा सेण्ट्रल एडवाइजरी कमेटी ऑफ एजुकेशन के सदस्य रहे।

९१. लक्ष्मीकान्त मैत्र, *हिन्दी: राष्ट्रभाषा से राजभाषा तक*; पृ. २०१–२१५

९२. जबलपुर, मध्य प्रदेश में २५ सितम्बर १९०८ को जन्मे फ्रैंक ऐंथनी के पिता का नाम डॉ. आर. जे. ऐंथनी है। राबर्टसन कॉलेज, जबलपुर; लॉ कॉलेज, नागपुर से शिक्षा लेकर लन्दन सेण्ट्रल प्राविंसेज में वकालत की। ऑल इण्डिया ऐंग्लो इण्डियन एसोसिएशन के प्रेसिडेण्ट–इन–चीफ रहे। १९४२–४३ में लेजिस्लेटिव असेम्बली (सेंट्रल), १९४५ में सप्रू कांसिलिएशन कमेटी और १९४२–४५ तक नेशनल डिफेंस काउंसिल के सदस्य रहे। कांग्रेस के सदस्य फ्रैंक एंथनी १९४५ में सेण्ट्रल पे कमीशन के सदस्य भी रहे थे।

९३. फ्रैंक एंथनी, *हिन्दी: राष्ट्रभाषा से राजभाषा तक;* पृ. २१६–२२३

९४. काजी सैयद करीमुद्दीन, वही, पृ. २२८

९५. वही, पृ. २२९

९६. ३ अक्तूबर १८९० को बालासोर में जन्म। पाँच विषयों में एम. ए.। उत्कल विश्वविद्यालय से एल.एल.बी. की उपाधि प्राप्त। शिक्षाविद के तौर पर चर्चित। उड़ीसा के विख्यात राष्ट्रवादी नेता। गोपबन्धु दास तथा गोपालकृष्ण गोखले की विचारधारा से प्रभावित। उड़िया मासिक पत्र सहकार के संस्थापक–सम्पादक। अँग्रेज़ी पत्रिका स्टार ऑफ उत्कल तथा वैतरणी का सम्पादन। उडिया़, बङ्ला और अँग्रेजी में कई किताबें प्रकाशित। भारतीय संविधान–सभा तथा उड़ीसा विधानसभा के सदस्य रहे। उत्कल साहित्य समाज के भी अध्यक्ष रहे। भारत सरकार द्वारा 'पद्मश्री' से सम्मानित। आन्ध्र हिस्टारिकल रिसर्च सोसायटी द्वारा 'भारत तीर्थ' और जैन मिशन द्वारा 'इतिहास रत्न' से सम्मानित।

९७. लक्ष्मीनारायण साहू, *हिन्दी : राष्ट्रभाषा से राजभाषा तक;* पृ. २३२

९८. वही, पृ. २३४ (जोर मेरा)

९९. टी. ए. रामलिंगम चेट्टियार का जन्म १८ मई १८८१ को तिरुपुर में हुआ था। कोयम्बतूर कॉलेज, मद्रास प्रेसीडेंसी कॉलेज और मद्रास कॉलेज, मद्रास (तत्कालीन) से शिक्षा ग्रहण की थी। १९०५-३७ के दौरान कोयम्बतूर में वकालत की। इसी दौरान बार एसोसिएशन, कोयम्बतूर के अध्यक्ष, मद्रास बार कौंसिल के सदस्य और १९१५ में अन्नामलाई विश्वविद्यालय के सीनेट सेक्रेटरी रहे। ऑल इण्डिया लिबरल फेडरेशन के प्रान्तीय सचिव और १९२०-४५ तक मद्रास लेजिस्लेटिव कौंसिल के सदस्य भी रहे।

१००. टी. ए. रामलिंगम चेट्टियार, *हिन्दी : राष्ट्रभाषा से राजभाषा तक;* पृ. २३७

१०१. वही, पृ. २४०

१०२. मिदनापुर जिला के गोपालपुर गाँव में १५ दिसम्बर १९०० को जन्मे सतीशचन्द्र सामन्त की पढ़ाई बंगवासी कॉलेज व बंगाल टेक्नीकल इंस्टिट्यूट से हुई थी। १९२२-२४ तक महिषा दल थाना कांग्रेस कमेटी के सचिव रहे थे। १९२३-२४ में गुणाधार नेशनल हाईस्कूल मिदनापुर के प्राध्यापक रहे, श्री सामंत को स्वाधीनता आन्दोलन में शिरकत करने की वजह से १९३०-३३, १९३७-३८, १९४० और १९४३ में कारावास हुई। १९३९ से कुछ वर्षों तक इन्होंने तामुलक सब डिवीजन कांग्रेस कमेटी के अध्यक्ष का दायित्व भी सँभाला था।

१०३. सतीशचंद्र सामंत, *हिन्दी : राष्ट्रभाषा से राजभाषा तक;* पृ. २४४

१०४. वही, पृ. २४६

१०५. अलगूराय शास्त्री, वही, पृ. २५१

१०६. अलगूराय शास्त्री, वही, पृ. २५५

१०७. डॉ. श्यामाप्रसाद मुखर्जी, वही, पृ. २६३

१०८. १५ अप्रैल १९१५ को जन्मे पी.सी. थामस के पुत्रा पी.टी. चाको की पढ़ाई सेंट जोजफ कॉलेज त्रिची और महाराज लॉ कॉलेज, त्रिवेन्द्रम से हुई थी। पेशे से अधिवक्ता रहे श्री चाको १९३८ में इण्डियन नेशनल असेम्बली के सदस्य रहे। ऑल इण्डिया कांग्रेस कमेटी के सदस्य (१९४८-४९) रहे तथा कोऑपरेटिव अर्बन बेंक, पोंककुन्नम में अध्यक्ष भी रहे थे।

१०९. पी. टी. चाको, *हिन्दी : राष्ट्रभाषा से राजभाषा तक*; पृ. २७१

११०. वही, पृ. २७४

१११. १४ मई १८८५ ई. को पुरी ज़िला के कुरुंजीपुर गाँव में, रामचन्द्र दास के पुत्र बी. दास का जन्म हुआ था। शिवपुर इंजिनयरिंग कॉलेज, कलकत्ता विश्वविद्यालय और ग्लासगो यूनिवर्सिटी से पढ़ाई। १९१६ में इंस्टीट्यूशन ऑफ सिविल इंजीनियर्स व इलेक्ट्रिकल इंजीनियर्स के सदस्य रहे। १९२३–४५ तक लेजिस्लेटिव असम्बली (सेंट्रल) के सदस्य रहे। चीफ, विप, इण्डिपेंडेंट पार्टी १९२४–२६ और नेशनलिस्ट पार्टी १९२६–३४ रहे। १९३२ में हुए दूसरे गोलमेज सम्मेलन तथा १९३३ में तीसरे गोलमेज सम्मेलन में प्रतिनिधिमण्डल के सदस्य के तौर पर शिरकत किया। १९३३ में उत्कल यूनियन कान्फ्रेंस के अध्यक्ष रहे। यंग–उत्कल साप्ताहिक के संस्थापक–सम्पादक (१९२८–३३)

११२. बी. दास, *हिन्दी : राष्ट्रभाषा से राजभाषा तक*; पृ. २७४–२७५ (जोर मेरा)

११३. ११ सितम्बर १८८९ को जन्मे पी. सुब्बारायन के पिता का नाम परमशिव गाउण्डर है। इनकी पढ़ाई प्रेसीडेंसी कॉलेज, मद्रास; ट्रिनिटी कॉलेज, डबलिन यूनीवर्सिटी से हुई थी। महात्मा गांधी और चक्रवर्ती राजगोपालाचारी से प्रभावित सुब्बारायन १९२० से ऑल इण्डिया कांग्रेस कमेटी के सदस्य रहे। १९२६–३० तक मद्रास के मुख्यमन्त्री और १९३७–३९ तक मद्रास के विधि मन्त्री रहे। १९४० में इण्डोनेशिया में भारतीय राजदूत भी रहे। १९५४–५७ तक राज्य सभा के सदस्य, १९५९ में भारत सरकार के परिवहन तथा संचार मन्त्री और १९६२ में महाराष्ट्र के राज्यपाल बने। पी. सुब्बारायन तमिलनाडु हरिजन सेवक संघ के अध्यक्ष भी रहे थे।

११४. डॉ. पी. सुब्बारायन, *हिन्दी : राष्ट्रभाषा से राजभाषा तक*; पृ. २८१

११५. श्री कुलाधार चालिहा का जन्म लखीमपुर ज़िला के उत्तरी लखीमपुर में हुआ था। इनके पिता का नाम फणिधर चालिहा है। इनकी पढ़ाई काटेन कॉलेज, गोहाटी तथा प्रेसीडेंसी कॉलेज कलकत्ता से हुई थी। १९२० में असम प्राविंसियल कांग्रेस कमेटी के अध्यक्ष रहे थे। १९२१–४४ तक ऑल इण्डिया कांग्रेस कमेटी के सदस्य और जोरहाट डिस्ट्रिक्ट कांग्रेस कमेटी के भी अध्यक्ष रहे थे। तीन बार असम कौंसिल के सदस्य और १९३६–४६ तक लेजिस्लेटिव असेम्बली (सेण्ट्रल) के सदस्य रहे।

११६. जिरोम रेवरेण्ड डिसूजा का जन्म ६ अगस्त १८७९ को हुआ था। इनकी पढ़ाई सेंट अलोसियस कॉलेज, मंगलौर; प्रेसीडेंसी कॉलेज, मद्रास, सेण्ट आगुस्टिन एंगहाएन, बेलजियम सेण्ट एयूल, फ्रांस से हुई थी। श्री डिसूजा लोएला कॉलेज के प्रिंसिपल रहे थे। मद्रास विश्वविद्यालय एकेडमिक काउंसिल के बोर्ड ऑफ स्टडीज इन इंग्लिश के सेनेट तथा सिण्डिकेट के सदस्य भी। मद्रास कांग्रेस में सक्रिय भागीदारी।

११७. बी. एम. गुप्ते के नाम से ख्यात भालचन्द्र महेश गुप्त का जन्म १७ फ़रवरी १८९५ को हुआ था। इनके पिता का नाम महेश्वर रामचन्द्र गुप्ते है। इनकी पढ़ाई डेकेन कॉलेज पूना और बम्बई विश्वविद्यालय से हुई थी। एम.ए., एल.एल.बी. की उपाधि प्राप्त श्री गुप्ते १९२५-६० तक महाराष्ट्र प्राविंशियल कांग्रेस कमेटी के सदस्य रहे। १९३४-३६ तक पूना डिस्ट्रिक्ट कांग्रेस कमेटी के अध्यक्ष और १९३८-६० तक ऑल इण्डिया कांग्रेस कमेटी के भी सदस्य रहे। १९३७-३९ तथा १९४६-५२ तक बम्बई लेजिस्लेटिव असेम्बली के सदस्य और १९४६-४९ तक भारतीय संविधान-सभा के सदस्य रहे थे। १९५२-५८ तक राज्यसभा के सदस्य भी। १९३३, १९४०, १९४२ में कारावास की सज़ा। भारतीय संविधान पर मराठी में महत्त्वपूर्ण पुस्तक हिन्दी राज्य घटना का लेखन-प्रकाशन।

११८. बी. एम. गुप्त, *हिन्दी : राष्ट्रभाषा से राजभाषा तक*; पृ. २९९

११९. जवाहरलाल नेहरू, वही, पृ. ३००

१२०. वही, पृ. ३०३, ३०४, ३१०

१२१. वही, पृ. ३१२

१२२. वही, पृ. ३१३, ३१४

१२३. रविशंकर शुक्ल का जन्म २ अगस्त १८७७ को सागर (मध्य प्रदेश) में हुआ था। नागपुर विश्वविद्यालय से बी.ए. और प्रयाग विश्वविद्यालय (तत्कालीन) इलाहाबाद से एल.एल.बी.। १८९७ में, पहली बार कांग्रेस में स्वयंसेवक के तौर पर काम किया। १९१४-२३ तक रायपुर म्यूनिसपैलिटी के सदस्य रहे। १९२२ में प्रान्तीय धारा सभा के सदस्य, १९४७ में मध्य प्रदेश के शिक्षा मंत्री, १९४९ में सागर विश्वविद्यालय के कुलपति रहे। कालान्तर में मध्य प्रदेश के प्रमुख कांग्रेसी नेता के रूप में ख्यात। मध्य प्रदेश के मुख्यमन्त्री भी रहे।

१२४. पं. रविशंकर शुक्ल, *हिन्दी : राष्ट्रभाषा से राजभाषा तक*, पृ. ३२९

१२५. भिण्ड ज़िला के दबोही में सन् १८९४ में जन्मे, लालता प्रसाद के पुत्र राम सहाय ने ग्वालियर राज्य से वकालत की परीक्षा पास की। भिलसा म्युनिसपल कमेटी के अध्यक्ष, कोआपरेटिव बैंक भिलसा के मैनेजिंग डाइरेक्टर, मज़लिस-ए-आम, मज़लिस-ए-कानून ग्वालियर राज्य के सदस्य रहे। राज्य सभा ग्वालियर के डिप्टी स्पीकर भी रहे। १९४२ में वकालत छोड़कर भारत छोड़ो आन्दोलन में भाग लिया। कांग्रेस के सक्रिय सदस्य रहे राम सहाय १९४८-५२ तक मध्य भारत विधानसभा के स्पीकर भी रहे थे।

१२६. राम सहाय, *हिन्दी : राष्ट्रभाषा से राजभाषा तक*, पृ. ३२९

१२७. जी. दुर्गाबाई का जन्म १९०९ में हुआ था। बनारस हिन्दू विश्वविद्यालय; यूनीवर्सिटी कॉलेज, वाल्टेयर और लॉ कॉलेज मद्रास से अध्ययन। एम.ए., एल.एल.बी. की उपाधि हासिल कर दुर्गाबाई ने कोकानाडा में बालिका हिन्दी पाठशाला खोला। आन्ध्र महिला सभा की सचिव रहए। मद्रास हाईकोर्ट में वकालत भी किया। कांग्रेस में सक्रिय थी।

१२८. जी. दुर्गाबाई, *हिन्दी : राष्ट्रभाषा से राजभाषा तक*, पृ. ३३५-३३७

१२९. शंकरराव देव का जन्म १८९५ में बम्बई (मुम्बई) में हुआ था। बम्बई विश्वविद्यालय से बी.ए.। पूना से प्रकाशित 'स्वराज्य' और 'लोकशक्ति' के सम्पादक रहे थे। १९३६ में ऑल इण्डिया कांग्रेस कमेटी की वर्किंग कमेटी के सदस्य भी रहे। फैजपुर कांग्रेस की स्वागत-समिति के अध्यक्ष भी रहे।

१३०. शंकरराव देव, *हिन्दी : राष्ट्रभाषा से राजभाषा तक*, पृ. ३४२

१३१. वही, पृ. ३४१-३४५

१३२. वही, पृ. ३४६-३४७ (जोर मेरा)

१३३. वही, पृ. ३४५-३४६

१३४. ३० अगस्त १८९५ को मांटगोमरी (पंजाब) में जन्मे सरदार शाम सिंह के पुत्र सरदार हुकुम सिंह ने खालसा कॉलेज, अमृतसर और लॉ कॉलेज, पंजाब यूनीवर्सिटी से बी.ए. और एल.एल.बी. की पढ़ाई पूरी की। वकालत का पेशा करने वाले सरदार हुकुम सिंह को गुरुद्वारा सुधार आन्दोलन में शिरकत करने के कारण १९२४-२५ तक कारावास की

सज़ा हुई थी। क़रीब १५ सालों तक शिरोमणि गुरुद्वारा प्रबन्धक कमेटी के सदस्य रहे थे। मांटोगोमरी डिस्ट्रिक्ट बार एसोसिएशन के दो साल तक अध्यक्ष रहे थे। १९३५ में स्वागत समिति, अकाली कांग्रेस के अध्यक्ष भी रहे थे।

१३५. सरदार हुकुम सिंह, *हिन्दी : राष्ट्रभाषा से राजभाषा तक*, पृ. ३५२

१३६. ३ जनवरी १९०३ को जन्मे जयपाल सिंह की पढ़ाई सेंट पाल्स स्कूल राँची, ग्रामर स्कूल डार्लिंगटन, इंग्लेंण्ड; सेण्ट आगुस्टीन कॉलेज कैटबरी इंग्लैण्ड और सेंट जान्स कॉलेज, ऑक्सफोर्ड, इंग्लैण्ड से हुई थी। १९३२-३६ तक कमर्शियल मास्टर और सीनियर हाउस मास्टर, अचिमोता कालेज, गोल्ड कोस्ट कालोनी ब्रिटिश वेस्ट, अफ्रीका रहे। इसके बाद एक साल तक कार्यकारी प्रिंसिपल, राजकुमार कॉलेज, रायपुर का दायित्व सँभाला। १९३७-३९ तक बीकानेर राज्य के रेवेन्यू कमिश्नर रहे श्री सिंह ने १९४०-४१ के दौरान आदिवासी साकम का सम्पादन भी किया था।

१३७. जयपाल सिंह, *हिन्दी : राष्ट्रभाषा से राजभाषा तक*, पृ. ३५७

१३८. पुरुषोत्तम दास टंडन, वही, पृ. ३७६

१३९. वही, पृ. ३७८

१४०. मौलाना अबुल कलाम आजाद, वही, पृ. ३८२

१४१. वही, पृ. ३८५, ३८६

१४२. वही, पृ. ३९०, ३९१

१४३. वही, पृ. ३९१

१४४. वही, पृ. ३८९

१४५. डॉ. रघुवीर का जन्म ३१ दिसम्बर १९०२ को रावलपिण्डी, पाकिस्तान में हुआ था। पंजाब यूनीवर्सिटी से उच्च शिक्षा के बाद लन्दन यूनीवर्सिटी से पीएच. डी. की उपाधि। रायल यूनीवर्सिटी ऑफ उतरेख्त, हालैण्ड से डी. लिट. की उपाधि। यूनीवर्सिटी ऑफ लन्दन में भारत आर्य भाषा शास्त्रा के प्राध्यापक रहे। १९३४ में लाहौर में इण्टरनेशनल एकेडमी ऑफ इण्डियन कल्चर की स्थापना की। जर्नल ऑफ वैदिक कल्चर का इसी दौरान सम्पादन किया। कोशकार के तौर पर ख्यात। काम्प्रीहेंसी व इंग्लिश-हिन्दी डिक्शनरी की रचना की। भारतीय संविधान के हिन्दी

अनुवाद में महत्त्वपूर्ण योगदान।

१४६. मौलाना हसरत मोहानी का जन्म १८७८ ई. में उन्नाव (उत्तर प्रदेश) में हुआ था। अलीगढ़ मुस्लिम विश्वविद्यालय तथा इलाहाबाद विश्वविद्यालय से शिक्षा ग्रहण की। कवि और राजनीतिक के तौर पर चर्चित। उर्दू पत्र उर्दू-ए-मुल्ला का सम्पादन किया। १९०३ में ऑल इण्डिया कांग्रेस कमेटी के सदस्य बने। तिलक के अनुयायी। तजकरा-इ-शुआरा तिमाही पत्रिका का सम्पादन किया। मुस्लिम लीग के प्रसिद्ध तथा सक्रिय सदस्य। उत्तर प्रदेश विधान सभा के १९४६ में सदस्य रहे। कुल्लियात-ए-हसरत मोहानी (१९४३) और माएबी सुखन प्रकाशित।

१४७. डॉ. रघुवीर, *हिन्दी : राष्ट्रभाषा से राजभाषा तक*, पृ. ३९५

१४८. वीरभारत तलवार (२००२), *रस्साकशी: उन्नीसवीं सदी का नवजागरण और पश्चिमोत्तर प्रान्त*, सारांश प्रकाशन, नयी दिल्ली, में 'नागरी, गोरक्षा और हिन्दी' शीर्षक अध्याय।

१४९. 'इतिहासतिमिरनाशक' के लिए देखिए—'हिन्दी नवजागरण के अग्रदूत शृंखला' में—'राजा शिवप्रसाद सितारैहिन्द' प्रतिनिधि संकलन, सम्पादक-वीरभारत तलवार, प्रधान सम्पादक-नामवर सिंह, नेशनल बुक ट्रस्ट, ए-५ ग्रीन पार्क, नयी दिल्ली-१६, प्रथम संस्करण-२००४

१५०. मौलाना हसरत मोहानी, *हिन्दी : राष्ट्रभाषा से राजभाषा तक*, पृ. ३९९

१५१. जुलाई १९०७ में, आगरे में जन्मे शिब्बन लाल सक्सेना के पिता का नाम श्री छोटेलाल है। डी.ए.वी. कॉलेज कानपुर, इलाहाबाद विश्वविद्यालय तथा आगरा विश्वविद्यालय से शिक्षा ग्रहण की। १९३०-३१ तक सेंट एण्ड्रूज कॉलेज, गोरखपुर में गणित और दर्शन के प्रोफ़ेसर रहे। गोरखपुर नगर कांग्रेस कमेटी के उपाध्यक्ष रहे। १९३३ में कानपुर हरिजन सेवक संघ के सचिव तथा १९३४ में हरिजन सर्वे कमेटी के अध्यक्ष रहे। १९३७-४६ तक सेण्ट्रल असेम्बली के सदस्य और १९३७ में गोरखपुर, किसान मजदूर सभा के महासचिव भी रहे। १९३८-४२ तथा १९४६-४८ तक यू.पी. तथा बिहार सूगर कण्ट्रोल बोर्ड के सदस्य। १९४८ में अखिल भारतीय ट्रेड यूनियन कांग्रेस के अध्यक्ष रहे। १९३८-३९ तक लखनऊ से प्रकाशित हिन्दी साप्ताहिक 'स्वराज्य' के सम्पादक रहे।

१५२. शिब्बनलाल सक्सेना, *हिन्दी : राष्ट्रभाषा से राजभाषा तक*, पृ. ४०९

१५३. नवाब हाजी मोहम्मद इशाक खान के पुत्रा मोहम्मद इस्माइल का जन्म २२ फ़रवरी १८८७ को हुआ था। बी.ए. ऑनर्स, बार-एट-ला की डिग्री

हासिल। टोन ब्रिज स्कूल, कैण्ट व सेंट जोंस कॉलेज, कैम्ब्रिज; सेंट्रल खिलाफत कमेटी के अध्यक्ष रहे थे। ऑल इण्डिया कांग्रेस कमेटी के सदस्य। प्राविंशियल कांग्रेस कमेटी के उपाध्यक्ष। १९३७ से आल इण्डिया मुस्लिम लीग वर्किंग कमेटी के सदस्य रहे। ऑल इण्डिया मुस्लिम लीग के कमेटी ऑफ एक्शन के अध्यक्ष भी रहे थे। १९२४-३० तक सेंट्रल लेजिस्लेचर के सदस्य रहे मोहम्मद इस्माइल अलीगढ़ मुस्लिम विश्वविद्यालय के उपकुलपति भी रहे थे।

१५४. मो. इस्माइल, *हिन्दी : राष्ट्रभाषा से राजभाषा तक,* पृ. ४१५

१५५. एन. गोपालस्वामी आयंगर, वही, पृ. ४२०

१५६. वही, पृ. ४२०-४२१

१५७. वही, पृ. ४२३ और ४३१

१५८. वही, पृ. ४४१-४४६

१५९. Granville Anstine (1966), *The Indian Constitution: Cornerstone of a Nation*, Oxford University Press, London, p. 296-297 (अनुवाद मेरा)

१६०. वही, पृ. २६५-३०७

अध्याय तीन

बीच बहस में लघुपत्रिकाएँ : आन्दोलन, संरचना और प्रासंगिकता

१. राजेन्द्र यादव (२०१०), 'प्रतिरोध की आवाज़ रही हैं लघु-पत्रिकाएँ', *सण्डे नयी दुनिया,* नयी दिल्ली, २६ सितम्बर, रविवार।

२. रामकृष्ण पाण्डेय (२००९), 'छोटी पत्रिकाएँ और एक लिटिल मैग़जीन', *दैनिक भास्कर* (राष्ट्रीय संस्करण), नयी दिल्ली, २० जून। (आलोचक प्रो. सुधीश पचौरी ने बातचीत में बताया कि शमशानी पीढ़ी ने आठ पृष्ठों की एक पत्रिका निकाली थी। कथाकार रमेश बक्षी ने सन् अड़सठ-उनहतर में 'ज्ञानोदय' पत्रिका छोड़ने के पश्चात 'आवेश' पत्रिका निकाली।

कलकत्ते से छपनेवाली नीले-लाल रंग की यह पत्रिका बहुत हद तक मौलिक रंग-ढंग की थी। कवि सौमित्र मोहन और बिट पीढ़ी के प्रभाव वाले रचनाकारों ने मुख्यधारा की स्थापित साहित्यिक पत्रिकाओं के प्रतिरोध में साहित्यिक माहौल निर्मित किया। आपातकाल से पहले महेन्द्र नेह ने 'उत्तरार्द्ध' निकाला। सीपीआई(एम) से जुड़े लेखक इसका सम्पादन कर रहे थे। प्रो. पचौरी भी इसके सम्पादन से जुड़े थे। पहले यह पत्रिका राजस्थान से निकली फिर मथुरा से। 'उत्तरार्द्ध' ने आपातकाल के विरोध में बहुचर्चित फासिस्ट विरोधी विशेषांक निकाला। विमल वर्मा ने 'सामयिक' पत्रिका निकाली। लघुपत्रिकाओं के पक्ष में माहौल निर्मित-विकसित करने में इनकी खास भूमिका थी।)

३. असग़र वजाहत (२००९), 'संसद से सड़क तक था जनवाद', *आज समाज*, नयी दिल्ली, ६ जुलाई (असग़र वजाहत का यह आलेख शम्स शाहनवाज़ से बातचीत पर आधारित है। उन्होंने इसमें १९६२-६३ से लेकर १९७५-८० तक के दौर को याद करते हुए उस दौरान घटित परिवर्तन को रेखांकित किया है।)

४. विकासशील समाज अध्ययन पीठ, दिल्ली द्वारा १९ मार्च, २०१३ को नयी दिल्ली स्थित इण्डिया हैबिटेट सेंटर में 'लघु-पत्रिकाओं की मौजूदगी : भविष्य व संरचना' पर आयोजित परिचर्चा में प्रियंवद द्वारा पेश पर्चा।

५. इस परिभाषा के साथ दिक़्क़त यह है कि स्वरूप की 'लघुता' की कसौटी क्या होगी? किसकी सापेक्षता में लघु? व्यक्तिगत प्रयास या मित्रों के सहयोग से कुछ पूँजी इकट्ठा कर अगर कोई पत्रिका नियमित अन्तराल पर प्रकाशित होती है और उसकी भूमिका प्रतिरोधी है तो क्या वह लघु-पत्रिका नहीं मानी जायेगी? हिन्दी की चार मासिक पत्रिकाओं *हंस, कथादेश, वागर्थ* और *नया ज्ञानोदय* के उदाहरण की रोशनी में दो कोटियाँ निर्मित होती हैं। *हंस* और *कथादेश* व्यक्तिगत प्रयास और मित्रों के सहयोग से निकल रही काफ़ी-कुछ एक सी पत्रिकाएँ हैं जिनके व्यावसायिक पहलू भी हैं। इन दोनों पहलुओं के लिहाज़ से काफ़ी हद तक सफल भी हैं। तुलना करने पर पूँजी, प्रतिरोध और मुनाफ़ा के मामले में *हंस* की स्थिति बीस साबित होगी और *कथादेश* की उन्नीस या इससे भी कम। क़ाबिले ग़ौर है कि यह सम्पादक की इच्छा-शक्ति समझ और सम्पर्क पर भी निर्भर करता है कि वह पत्रिका का स्वरूप जैसा रखना चाहता है या रख पाता है, या उसकी भूमिका क्या तय करता है, वह देश-काल की गतिशीलता और परिवर्तनशीलता की ताक़तों को

कितना समझा और विश्लेषित कर पाता है, वर्चस्वमूलक संरचना की कितनी पहचान कर पाता है और उसके किस पहलू के प्रतिरोध में कितने क़दम आगे बढ़ाता है। ध्यान रहे कि हिन्दी साहित्य की मुख्यधारा में 'व्यावसायिकता', 'लोकप्रियता' और 'मुनाफ़ा' को 'पाप' सरीखा माना जाता है। द्वैध यह कि सभी लोकप्रियता और मुनाफ़ा चाहते हैं पर स्वीकार करने से परहेज़ करते हैं। दूसरी कोटि में रखी गयी पत्रिकाएँ *वागर्थ* और *नया ज्ञानोदय* व्यावसायिक, पूँजीपति घरानों द्वारा खड़ी की गयी संस्थाओं की पत्रिकाएँ हैं। यदा-कदा इनमें भी ऐसी सामग्री छप जाती है जिन्हें 'प्रतिरोध' की श्रेणी में रखा जा सकता है। बावजूद इसके, इन्हें लघु-पत्रिका नहीं कहा जा सकता, क्योंकि संस्थागत ढाँचा, आर्थिक आधार और पूँजीवादी प्रतिष्ठान इनकी बुनियाद तथा मज़बूती के स्रोत हैं।

६. *दैनिक भास्कर,* २० जून, २००९; अन्य लेखों में भी लघु-पत्रिका आन्दोलन को इस दौर से जोड़ कर बताया गया है। देखें, राजीव रंजन गिरि (२००९), 'लघु-पत्रिकाएँ : बड़े सवाल', आज समाज, नयी दिल्ली; ६ जुलाई; प्रियंवद (२००९), 'संघर्ष का स्वर', *जनसत्ता,* नोएडा।

७. रामकृष्ण पाण्डेय, वही,

८. वही, पृ. ८

९. भारत भारद्वाज (२००९), 'लघु-पत्रिका आन्दोलन की परिणति' *जनसत्ता,* नोएडा, ९ अगस्त।

१०. वीर भारत तलवार (१९९५), 'लघु-पत्रिका आन्दोलन के बारे में कुछ विचार', *उत्तरार्द्ध,* मथुरा, (उप्र) : ६७

११. भारत भारद्वाज, वही,

१२. रामकृष्ण पाण्डेय (२००९), वही,

१३. रामकुमार कृषक (२०१०), 'लघु' मगर भूमिका 'बड़ी', *दैनिक भास्कर,* १४ सितम्बर, गिरधर राठी (अतिथि सम्पा.), हिन्दी दिवस के मौके पर २४ पृष्ठ का 'हिन्दी हैं हम : समय की भाषा')।

१४. *पहल* के सम्पादक एवं हिन्दी के महत्त्वपूर्ण कथाकार, प्रगतिशील लेखक संघ में एक दौर में सक्रिय रहे. प्रलेसं के सक्रिय कार्यकर्ता कमला प्रसाद पाण्डेय के साथ *पहल* की शुरुआत की, बाद में कमला प्रसाद के अलग होने पर अकेले निकालते रहे।

१५. *समकालीन सृजन* के सम्पादन से सम्बद्ध, समीक्षा विधा में सक्रिय।

१६. *समकालीन सृजन* द्वारा आयोजित इस संगोष्ठी में शामिल होने वाले लोगों की सूची और वक्तव्य के लिए देखें, लघु-पत्रिकाओं की राष्ट्रीय समन्वय समिति द्वारा *पहल* के सहयोग से जारी 'बुलेटिन-एक', नवम्बर १९९२, जबलपुर (मप्र)।

१७. इस दो दिवसीय राष्ट्रीय संगोष्ठी में 'लघु-पत्रिकाओं की परम्परा और साहित्यिक महत्ता', 'लघु-पत्रिकाओं के समक्ष प्रधान चुनौतियाँ और कठिनाइयाँ', 'लघु-पत्रिकाएँ : सामाजिक सरोकार और विचारधारा' विषय पर वक्ताओं ने अपनी राय पेश की। देखें, बुलेटिन-एक।

१८. वही, ४

१९. वही, पृ. ४-५; इन चुनौतियों को रेखांकित करने के बाद शंभुनाथ ने कहा कि 'यदि कहा जाय कि हमारे युग की चुनौतियाँ भारतेन्दु, प्रेमचन्द युग तथा साठ के दशक से अधिक व्यापक हैं तो हमें यह भी कहना चाहिए कि परम्पराओं और सम्भावनाओं की भी हम ज़्यादा उर्वर धरती पर खड़े हैं। इस राष्ट्रीय संगोष्ठी के सामने सम्भवतः मुख्य दायित्व यही है कि हम अपनी परम्पराओं की उर्वर धरती को पहचानें और कठोर से कठोर आत्म-समीक्षा से गुजरें। अभी भी हमारे बौद्धिक वातावरण में लघु-पत्रिका धारणा को लेकर एक गहरा भ्रम है। समस्याओं से धारणाएँ प्रभावित होती हैं, लेकिन धारणाएँ स्पष्ट हों तो समस्याएँ दूर भी होती हैं। कठिनाइयाँ अनन्त हैं तो मानवीय क्षमताओं की भी कोई सीमा नहीं है। हमारी कामना है कि यह राष्ट्रीय संगोष्ठी विचारों की टकराहट के बीच से एक ऐसी दृष्टि खड़ी करे, जिससे हम अपनी कठिनाइयों और क्षमताओं का सही आकलन करके सम्भावनाओं के आकाश को भी पहचान सकें।'

२०. वही, ७

२१. वही, ८

२२. ऐसा कह कर उस दौर के सामाजिक-राजनीतिक पहलुओं को नज़रअंदाज़ नहीं किया जा रहा है, बल्कि 'बलाघात' बदलने का इसरार किया गया है। आशय यह कि 'रंगीन' पत्रिकाओं का साहित्य मोर्चे पर हो रहे विरोध का विचारधारात्मक आयाम है। पर, बीसवीं सदी के लघु-पत्रिका आन्दोलन ने घोषित तौर पर अपनी चिन्ता के दायरे में देश और

विश्व के फलक की चुनौतियों को रखा।

२३. बुलेटिन–एक : १७

२४. बुलेटिन–एक

२५. वही : १७

२६. वही : २०; इसका केन्द्रीय दफ्तर *पहल* का कार्यालय अर्थात् १०१, रामनगर, आधारताल, जबलपुर बनाया गया और वार्षिक सदस्यता शुल्क १०० रुपये तय किया गया।

२७. सर्वसम्मति से कार्यसमिति गठित की गयी : ज्ञानरंजन (संयोजक), शंभुनाथ (संयुक्त संयोजक), हरीश भादानी, विजयकांत, धर्मेंद्र गुप्त, बृजबिहारी शर्मा, शंकर, गिरीशचंद्र श्रीवास्तव, तारा पांचाल, सुधीर विद्यार्थी, देश निर्मोही (सदस्य). शेष चार सदस्य यथाशीघ्र मनोनीत होंगे, ऐसा कहा गया : २०

२८. इसके लिए देखिये, बुलेटिन–एक : २१–२३

२९. बुलेटिन–एक : २४

३०. वही, २४–२५, अभय द्वारा प्रस्तुत प्रस्ताव में ख़ास क़िस्म का द्वैध दिखता है। केन्द्र व राज्य सरकारों और उसके विभिन्न तन्त्रों द्वारा आयोजित सांस्कृतिक गतिविधियाँ और व्यावसायिक पत्र–पत्रिकाओं को दिये जा रहे विज्ञापन अगर 'गम्भीर जन– विरोधी' तथा 'संस्कृति विरोधी' हैं तो इसकी जद में सामाजिक सरोकारों के तहत निकल रही पत्रिकाओं को शामिल नहीं करना स्वाभाविक ही है। जबकि अभय के प्रस्ताव में 'सामाजिक सरोकारों के तहत निकल रही पत्रिकाओं को ऐसे विज्ञापन नहीं मिलने' का मलाल साफ़–साफ़ झलकता है। अगर सरकार के ये काम गम्भीर जन विरोधी एवं जनता के पैसे का अपव्यय है तो इसके नहीं मिलने का मलाल क्यों ? इन विज्ञापनों पर अपना अधिकार जताना, इसमें भेदभाव की नीति मानना और सरकार से इस बाबत 'ठोस सकारात्मक नीति' की माँग महज़ विज्ञापन के लिए रस्साकशी प्रतीत होती है।

३१. समन्वय समिति के सदस्य बने ६३ सम्पादकों की सूची के लिए देखें, बुलेटिन–१ : २९–३०; इनके अलावा कई पत्रिकाओं के सम्पादकों ने सम्बद्धता शुल्क यथाशीघ्र भेजने का आश्वासन दिया था। इस बुलेटिन में बारह 'महत्त्वपूर्ण सूचनाएँ और सुझाव' भी प्रकाशित हैं : २६–२८

३२. बुलेटिन-२, अगस्त, १९९३, अब द्वारा जारी, सासाराम (बिहार); रायपुर में सम्पन्न कार्यकारिणी की इस बैठक में ज्ञानरंजन (*पहल*), शंभुनाथ (*समकालीन सृजन*), शंकर (*अब*), गिरीशचंद्र श्रीवास्तव (*निष्कर्ष*), बृजबिहारी शर्मा (*कतार*), तारा पांचाल (*जतन*) और देश निर्मोही (*पल प्रतिपल*) उपस्थित थे. इनके अलावा इस बैठक में विभु कुमार (*हस्ताक्षर*), राजेश जोशी (*इसलिए*), राघव आलोक (*दस्तक*), विजय गुप्त (*साम्य*), विनोद मिश्र (*बहुमत*) और लीलाधर मण्डलोई भी शामिल थे।

३३. वही, कोष्ठक में उस पत्रिका के नाम हैं, जिनका सम्पादन करते थे।

३४. वही,

३५. योगेंद्र यादव (२००२), *लोकतन्त्र के कायापलट की कहानी,* अभय कुमार दुबे (सम्पा.), *लोकतन्त्र के सात अध्याय,* वाणी प्रकाशन, दरियागंज, नयी दिल्ली : ५२-५३; बीसवीं सदी के आख़िरी दशक के बारे में यह बताने के बाद योगेंद्र यादव ने स्पष्ट किया है कि 'बेशक ये परिवर्तन उतने आकस्मिक नहीं थे जितने कि नज़र आते हैं। राजीव गाँधी के प्रधानमंत्रित्व काल के पहले दो सालों में इस तरह के कुछ परिवर्तनों की आहट सुनाई दी थी. उनके पहले दो बजटों से १९९० के दशक के आर्थिक सुधारों के संकेत सबसे पहले मिले थे. यह बात अपने आप में काफ़ी विडम्बनापूर्ण है कि ये दोनों ही बजट विश्वनाथ प्रताप सिंह ने पेश किये थे। यह भी सच है कि इन तीन मकारों की शुरुआत के लक्षण पहले चरण में भी मौजूद थे, दक्षिणी राज्यों में अपने अधिकारों के लिए अन्य पिछड़े वर्गों ने १९६० के दशक से ही दबाव बनाना शुरू कर दिया था, गोहत्या के विरोध में हिंन्दू कट्टरपन्थियों ने १९६६ में अभियान छेड़ा था और १९७४ में सरकार को गेहूँ के थोक व्यापार के राष्ट्रीयकरण के अपने फ़ैसले को बदलना पड़ा था, लेकिन ये प्रवृत्तियाँ नब्बे के दशक में ही राष्ट्रीय स्तर पर राजनीतिक एजेंडे पर हावी हुईं।'

३६. *संवेद* (१९९३), सम्पा. किशन कालजयी, 'लघु-पत्रिका : विचारधारा और सामाजिक सरोकार' अंक-३, जून: ५-१०

३७. 'लघु-पत्रिकाओं की भूमिका' : वही : ११-१५

३८. 'लघु-पत्रिका आन्दोलन के नये आयाम', वही : १६-१९

३९. 'नवजागरण और लघु-पत्रिकाएँ', वही : २०-२७

४०. ‘लघु-पत्रिका की समस्याएँ और चुनौतियाँ’, वही : २८-३३

४१. ‘लघु-पत्रिकाएँ और पाठक वर्ग’, वही : ३४-३८

४२. ‘लेखक, सम्पादक और पाठक’, वही : ३९-४७

४३. वही : ११२-११३

४४. वही : ११४-११७

४५. वही : ११८-१२०

४६. वही : १२१-१२३

४७. बुलेटिन-२, अब द्वारा जारी (अगस्त, १९९३), ‘लघु-पत्रिकाएँ : कुछ सवाल’ : १५

४८. बुलेटिन-२. पृ. १५

४९. अश्विनी कुमार (२०१०), ‘आलोचना बनाम फ़तवेबाज़ी’, *पाखी,* नोएडा, मार्च। लघु-पत्रिकाओं के कारोबार को लेकर जो सवाल उठते हैं, उनका तार्किक और ठोस जवाब न आना चिन्ताजनक है।

५०. प्रियंवद ने अपने पर्चे में कुछ सुझाव पेश किये हैं। ये सुझाव इस चिन्ता की उपज हैं कि यदि लघु-पत्रिकाएँ आपस में कोई साझा रणनीति, संगठन और सहयोगी भावना विकसित नहीं कर पाईं तो बिखरी लघु-पत्रिकाओं की भूमिका व प्रासंगिकता अन्ततः दूसरे धन्धों की तरह, एक दिन मात्र आर्थिक उपार्जन के माध्यम के रूप में सिमट कर रह जाएगी। शायद राजनीतिक सत्ताएँ यही चाहती भी हैं। ‘सुझाव है : जिस प्रकार पत्रिकाएँ अपने प्रकाशन के ब्योरे प्रकाशित करती हैं, उसी तरह अपना वार्षिक आय-व्यय का लेखा-जोखा प्रकाशित करें। यह पारदर्शी रूप से सार्वजनिक हो कि पत्रिका को कहाँ से कितना धन मिला और कहाँ कितना धन गया। प्रकाशक अथवा सम्पादक की आजीविका, आर्थिक सुरक्षा व सम्पन्नता पत्रिका के लम्बे जीवन के लिए आवश्यक है और इसे सुनिश्चित किये जाने वाले साधनों की गोपनीयता ज़रूरी नहीं है।’

५१. रविभूषण ने कहा था कि ‘जिस तरह राजनीति में घुसपैठिये आ जाते हैं, उसी तरह लघु-पत्रिकाओं में भी घुसपैठिये आ गये हैं. हिन्दी प्रदेश के पाठक उतने अज्ञानी नहीं हैं, जितने सम्पादक. सम्पादकों के पास चयन दृष्टि होगी, तभी उसे पाठक मिलेंगे।’ इसका विरोध करते हुए रमणिका गुप्ता ने कहा था कि ‘सभी लघु-पत्रिकाएँ एक स्तर की नहीं हो सकतीं।

सभी पत्रिकाएँ *पहल* नहीं हो सकतीं। सभी कवि निराला नहीं हो सकते। कुछ लघु-पत्रिकाएँ शैशवावस्था में हो सकती हैं, परामर्श और प्रशिक्षण देकर हमें उन्हें उन्नत करना होगा।' देखें, लघु-पत्रिकाओं पर पहली राष्ट्रीय संगोष्ठी (कोलकाता), 'यह एक बहुत महत्त्वपूर्ण ऐतिहासिक क्षण है!', बुलेटिन-एक : १७

५२. *संवेद*-३, जून १९९३ : ११

५३. वही : १२

५४. वही : १४

५५. वही : १६

५६. वीर भारत तलवार (१९९५), वही : ६७ पर उद्धृत।

५७. वही : ६७

५८. वही, यहाँ क़ाबिले ज़िक्र है कि तलवार *हंस* को 'लोकप्रिय', 'कुछ साधन सम्पन्न'और पूँजीवाद-साम्राज्यवाद का विरोध करने वाली पत्रिका मानते हैं. पर सवाल खड़ा होता है कि क्या कोई 'लोकप्रिय' पत्रिका व्यावसायिक पत्रिका नहीं हो सकती? इसे उलट कर पूछें तो क्या कोई व्यावसायिक पत्रिका 'लोकप्रिय पत्रिका' नहीं हो सकती?

५९. शंभुनाथ (१९९५), 'लघु-पत्रिका आन्दोलन : सामर्थ्य और सीमा', *उत्तरार्द्ध,* अंक ४० : ५४ (यह लेख 'बहस' के अंतर्गत छपा है।) शंभुनाथ *हंस* को लघु-पत्रिका मानते हैं, जबकि तलवार ने इसके लिए 'लघु-पत्रिका' शब्द का उपयोग नहीं किया है। ऐसे में *हंस* के सम्पादक राजेंद्र यादव का मत जानना ज़रूरी है। यादव *हंस* को 'मॉडर्न लघु-पत्रिका' मानते हैं। स्पष्ट नहीं है कि मॉडर्न से उनका मतलब क्या है। देखें, *नयी दुनिया,* नयी दिल्ली, २६ सितम्बर २०१० : ८

६०. *उत्तरार्द्ध,* वही : ५५

६१. *उत्तरार्द्ध,* १९९५, पृ. ५५; शंभुनाथ ने हिन्दी समाज की कमियों के बारे में जो मत पेश किया है, उसका आधार क्या है, इसे नहीं बताया है।

६२. *उत्तरार्द्ध* (१९९५), अंक ३९ : ६७

६३. *उत्तरार्द्ध* (१९९५), अंक ४० : ५५

६४. *उत्तरार्द्ध* (१९९५), अंक ३९ : ६८

६५. *उत्तरार्द्ध* (१९९५), अंक ४० : ५५

६६. वही : ५२

६७. मिर्ज़ापुर के रहने वाले पत्थर के बड़े व्यवसायी खत्री परिवार से आने वाले युवक महादेव प्रसाद सेठ को साहित्य का स्वाद लग चुका था। उनके लेख भी *हिन्दी प्रदीप, अभ्युदय* और *सरस्वती* में छप चुके थे। उनका मन पारिवारिक व्यवसाय में नहीं रमा और *साहित्य सम्मेलन* में पन्द्रह रुपये की नौकरी रास आयी। यह उनके परिवार की प्रतिष्ठा के प्रतिकूल था। परिवार के बुज़ुर्गों ने नसीहत दी—अगर साहित्य में ही मन रमता है तो इससे जुड़ा व्यवसाय ही करो, चाकरी नहीं। महादेव प्रसाद को व्यवसाय और व्यसन के संयोग की बात जँच गयी। कोलकात्ता आये और *सुलभ ग्रंथ प्रचारक मण्डल* शुरू किया। पैसा लगाया महादेव प्रसाद ने और बाक़ी ज़िम्मा सँभाला *वीर भारत* साप्ताहिक के सम्पादकीय विभाग में नौकरी कर रहे मुंशी नवजादिक लाल श्रीवास्तव ने, जो डाकिये का काम भी कर चुके थे। व्यवसाय चल पड़ा। उत्साहित महादेव प्रसाद ने *हिन्दी प्रदीप* के सम्पादक बालकृष्ण भट्ट के नाम पर एक प्रेस खोला *बालकृष्ण प्रेस*। इसी प्रेस से *मतवाला* साप्ताहिक छपता था। *मतवाला* का नामकरण और सूर्यकांत त्रिपाठी का तख़ल्लुस 'निराला' मुंशी नवजादिक लाल की ही देन थी। कुछ ही अंकों के बाद *मतवाला* की प्रसार-संख्या दस हज़ार हो गयी। सेठ महादेव प्रसाद के तीनों व्यवसाय-प्रकाशन, प्रेस और पत्रिका खूब मुनाफ़ा कमाने लगे। लेकिन वे अपने सम्पादकों को वाजिब मेहनताना नहीं देते थे। नतीजतन आचार्य शिवपूजन सहाय अपने घर गये तो वापस नहीं आये। निराला के जीवनीकार रामविलास शर्मा ने इस प्रसंग पर रोशनी डाली है। सेठजी ने इसे व्यापार नहीं माना, हालाँकि कर वे व्यापार ही रहे थे। *मतवाला* शुरू करने वालों में से एक, आचार्य शिवपूजन सहाय जिन्हें सूर्यकांत त्रिपाठी निराला 'चमेली के फूल' की तरह गद्य लिखने वाला कहते थे, अलग हो गये। कालांतर में निराला भी छोड़ गये। फिर पाण्डेय बेचन लाल शर्मा 'उग्र' जुड़े. *मतवाला* के उदाहरण से उस ज़माने की व्यावसायिकता, जो कि 'ह्रासात्मक' नहीं थी, और राष्ट्रीय पूँजीपति वर्ग के चरित्र का पता चलता है। इससे तत्कालीन पत्रिकाओं की संरचना में रचनाकारों की हालत का भी कुछ अंदाज़ा लगता है। देखें, कर्मेन्दु शिशिर (सम्पा.) (२००२), *नवजागरण कालीन पत्रकारिता और मतवाला,* खण्ड एक, अनामिका पब्लिशर्स, नयी दिल्ली।

६८. वीरभारत तलवार (२००२), *रस्साकशी : उन्नीसवीं सदी का नवजागरण और पश्चिमोत्तर प्रांत,* सारांश प्रकाशन, नयी दिल्ली; वसुधा डालमिया (१९९९), *नैशनलाइजेशन ऑफ़ हिंदू ट्रेडिशन,* ऑक्सफ़र्ड इण्डिया पेपर बैक्स, नयी दिल्ली।

६९. अमृत राय (२००२), *प्रेमचंद : हिज़ लाइफ़ ऐंड टाइम्स,* अँग्रेज़ी अनु. हरीश त्रिवेदी, ऑक्सफ़र्ड युनिवर्सिटी प्रेस, नयी दिल्ली।

७०. मदन गोपाल (१९६५), *क़लम का मज़दूर प्रेमचंद,* राजकमल प्रकाशन, नयी दिल्ली।

७१. रामविलास शर्मा (२०११), *प्रेमचन्द और उनका युग,* राजकमल प्रकाशन, नयी दिल्ली।

७२. मदन गोपाल ने *हंस* शुरू करने के कारणों पर तफ़सील से विचार करके नतीजा निकाला है, यदि प्रेमचन्द का बस चलता तो *ज़माना* के सारे अंकों को सामाजिक तथा राजनीतिक विषयों से भर डालते। चूँकि *माधुरी* में वे अपनी मनमानी नहीं कर सकते थे, इसलिए उनकी इच्छा थी कि स्वयं अपना पत्र निकालें। एक कारण तो यह भी था कि अपनी मासिक पत्रिका निकालने से एक पन्थ दो काज पूरे होते—एक तो साहित्यिक तथा राजनीतिक पत्रिका निकलती और दूसरे उनका *सरस्वती प्रेस* चलता। परिणामतः पत्रिका की योजना बनी। कविवर जयशंकर प्रसाद ने प्रोत्साहन दिया और प्रेमचन्द के इस पत्र का नाम *हंस* रखने का सुझाव दिया। देखें, मदन गोपाल : २०३

७३. भारतीय साहित्य परिषद में महात्मा गाँधी (सभापति), राजेंद्र प्रसाद (उपसभापति), कन्हैयालाल मुंशी (मन्त्री), काका कालेलकर (मन्त्री), जमनालाल बजाज (कोषाध्यक्ष), जवाहरलाल नेहरू, चक्रवर्ती राजगोपालचारी, मौलवी अब्दुल हक़, सरदार किबे, प्रेमचन्द, पुरुषोत्तम दास टंडन, एस.एन. सुब्बाराव, सरदार पणिक्कर, डॉक्टर कालीदास नाग, मुहम्मद अक़ील, एम. कालेश्वर राव, देव शर्मा अभय, रामनरेश त्रिपाठी, माखनलाल चतुर्वेदी, ब्रिजलाल बियानी और जयचंद्र विद्यालंकार (सदस्य) थे. देखें, मदन गोपाल : ३१२

७४. शंभुनाथ, *उत्तरार्द्ध* (१९९५) अंक-४०, पृ ५५

७५. *उत्तरार्द्ध* (१९९५) अंक-४० : ५५। लघु-पत्रिका आन्दोलन पर खड़े किये गये सवालों का जवाब देते हुए सूरज पालीवाल और राघव आलोक

ने भी लिखा था. देखें, सूरज पालीवाल (१९९५), 'लघु-पत्रिकाओं की सार्थकता' *उत्तरार्द्ध,* अंक ३९ : ६९-७१; राघव आलोक (१९९५), 'लघु-पत्रिका एक सांस्कृतिक प्रवाह है', *उत्तरार्द्ध,* अंक ४०, : ५७-५८

७६. *उत्तरार्द्ध,* (१९९५), अंक ३९, : ६८

७७. वही : ६७

७८. *क़तार* (१९९६), सम्पा. ब्रजबिहारी शर्मा, धनबाद, अंक १९, वर्ष १० : २६८

७९. वही : २६७-२६८,

८०. *लघु-पत्रिका अभियान* (राष्ट्रीय लघु-पत्रिका समन्वय समिति का बुलेटिन-४, जनवरी १९९९; प्रधान सम्पा. शंभुनाथ, सम्पा. रमेश उपाध्याय, विभूतिनारायण राय, हावड़ा, : ५ (इस सम्मेलन के अध्यक्ष-मण्डल में थे परमानंद श्रीवास्तव, रमेश उपाध्याय, से.रा. यात्री, शलभ श्रीराम सिंह, श्रीराम वर्मा, विजेंद्र नारायण सिंह और मौलाना ज़ियाउद्दीन)।

८१. वही : ५

८२. वही : ५-६; इसका विषय प्रवर्तन शंभुनाथ ने किया। रमेश उपाध्याय, विजेंद्रनारायण सिंह, परमानंद श्रीवास्तव और मौलाना ज़ियाउद्दीन ने अपने विचार रखे।

८३. वही : ६-७; इस विषय पर आयोजित सत्र की अध्यक्षता नीलकांत, लाल बहादुर वर्मा और रमेश उपाध्याय ने की। विजयकांत ने संचालन किया और सुधीर विद्यार्थी ने आलेख पाठ किया। परमानंद श्रीवास्तव, मदनमोहन, विमल वर्मा, परशुराम, शंकर, के.के. पाण्डेय, सेवाराम त्रिपाठी, जयप्रकाश घूमकेतु, से.रा. यात्री, शालिग्राम शास्त्री, नीरद जनवेणु, किरणचंद्र शर्मा, शिवकुमार पराग ने बहस में भाग लिया।

८४. वही : ७; इस विषय पर आयोजित सत्र के अध्यक्ष थे अभय, के.एन. राय और विजेंद्र नारायण सिंह। रामकुमार कृषक और सेवाराम त्रिपाठी ने आलेख पढ़ा। गिरीशचंद्र श्रीवास्तव ने संचालन किया। आलेख-पाठ के बाद हुई चर्चा में विभूतिनारायण राय, राघव आलोक, शोभानाथ शुक्ल, रघुवंश मणि, राकेश रेणु, अरविंद सिंह, सुरेश चन्द्र यादव, श्रीप्रकाश मिश्र और रमणिका गुप्ता ने भाग लिया।

८५. *लघु-पत्रिका अभियान* (लघु-पत्रिका समन्वय समिति का मुखपत्र)

बुलेटिन–५; सम्पा. राजाराम भादू, जयपुर : १

८६. वही : पृ. १

८७. किशन पटनायक के व्याख्यान के लिए देखें, 'बाज़ारवाद, साहित्य का भविष्य और लघु–पत्रिका आन्दोलन' *लघु–पत्रिका अभियान,* बुलेटिन–पाँच; पृ. ६–१०

८८. अरुणा राय के व्याख्यान के लिए देखें, वही : १०–१३

८९. इस विषय पर वीरेंद्र यादव, हरिराम मीणा, पुन्नी सिंह, कात्यायनी, शंकरलाल मीणा, रामकुमार कृषक, सूरज पालीवाल के वक्तव्य के लिए देखें, वही : १६–१७

९०. इस विषय पर रामबक्ष, रोहित धनकर, अरविंद सिंह, कैलाश मनहर, जितेंद्र राठौर, जितेंद्र सिंह मान, राजाराम भादू, अम्बिका दत्त, प्रेम भटनागर और हेतु भारद्वाज ने भागीदारी की. देखें, वही : १८–१९

९१. वही : २९

९२. वही : २८

९३. वही : २८

९४. वही : २८

९५. वही : ३१

९६. वही : ३१

९७. वही : ३१

९८. वही : ३८–४०

९९. भारतेन्दु हरिश्चन्द्र ने ९ सितम्बर १८६८ को *कविवचन सुधा* का प्रकाशन शुरू किया। कहा गया कि यह एक ऐसी लघु–पत्रिका थी जिसमें पहली बार साहित्यिक और सामाजिक विषय दोनों एक साथ थे। अतएव यह प्रस्तावित किया जाता है कि हर ९ सितम्बर को लघु–पत्रिका दिवस के रूप में मनाया जाय। इस दिन हर नगर, ज़िले और क्षेत्र में लघु–पत्रिकाएँ मिलकर मीडिया, सामाजिक चिंतन और साहित्य से सम्बन्धित विषय पर संगोष्ठी आयोजित करें और साहित्य को जनता की ओर ले जाने वाले कार्यक्रम मसलन काव्य पाठ, कवि सम्मेलन, नाटक, पोस्टर, प्रदर्शनी एवं अन्य आयोजन करें। ग़ौरतलब बात यह है कि लघु–पत्रिका

दिवस मनाने सम्बन्धी प्रस्ताव तब पास किया गया, जब लघु-पत्रिका के लेखकों-सम्पादकों के बीच संवादहीनता और बिखराव महसूस किया गया. आशय यह कि जब तक संगठन मजबूत रहा, दिवस मनाने की ज़रूरत नहीं पड़ी थी और संगठन की कमज़ोरी परिलक्षित होते ही एक 'दिवस' तय कर लिया गया. वही : ३८-३९

१००. *लघु-पत्रिका अभियान* (राष्ट्रीय लघु-पत्रिका समन्वय समिति का बुलेटिन, संख्या-६, अप्रैल, २००६) 'पुनर्गठन के लिए संवाद-१', राष्ट्रीय लघु-पत्रिका समन्वय समिति की पश्चिम बंगाल इकाई के संयोजक उदयराज द्वारा प्रकाशित, हावड़ा; इसमें सम्पादक का नाम नहीं छपा है पर उदयराज ने 'बीहड़ समय में लघु-पत्रिकाएँ' शीर्षक से सम्पादकीय लिखा है। इस बुलेटिन में *भारतेन्दु जयन्ती* के अवसर पर लघु-पत्रिका दिवस सहित विभिन्न जगहों पर आयोजित गोष्ठी, समारोह आदि की रपटें प्रकाशित हैं। देखें : ३-९

१०१. इस बुलेटिन में संकलित शम्भुनाथ का आलेख 'संवाद फिर शुरू हो', प्रफुल्ल कोलख्यान का आलेख 'लघु-पत्रिका होने का तर्क' और परमानंद श्रीवास्तव का आलेख 'लघु-पत्रिका आन्दोलन और यह समय' में भी यह चिन्ता दिखती है। देखें : १०-१४; बुलेटिन-७ (अभिव्यक्ति की स्वतन्त्रता के लिए संघर्ष) में भी यह चिन्ता उजागर हुई है।

१०२. इस आयोजन में प्रस्तुत महत्त्वपूर्ण पर्चे और अन्य वक्ताओं के वक्तव्य के ख़ास अंशों को *अक्सर* (२००७), सम्पा. हेतु भारद्वाज, प्रवेशांक, जुलाई-सितम्बर ने प्रकाशित किया है। देखें, 'गोष्ठी प्रसंग' के अंतर्गत विष्णु पल्लव द्वारा प्रस्तुत 'लघु-पत्रिकाएँ शब्दों की प्रयोगशालाएँ हैं' : १०९-१२२

१०३. वही : ५८-६७

१०४. रमेश रावत (२००७), 'राजनीतिक-वैचारिक दिशाहीनता से जूझता लघु-पत्रिका आन्दोलन' *अक्सर,* वही : ९८-१०३

१०५. रमणिका गुप्ता (२००९), 'भाषायी साम्राज्यवाद की चुनौतियाँ और लघु-पत्रिकाएँ', *नया परिदृश्य,* सम्पा. ओमप्रकाश पाण्डेय, मुन्नालाल प्रसाद, अरुण होता; अंक १, सिलीगुड़ी, पश्चिम बंगाल : ६९-७६

सन्दर्भ-स्त्रोत

अध्याय एक
उन्नीसवीं सदी में ब्रजभाषा बनाम खड़ी बोली विवाद

अयोध्या प्रसाद खत्री (१९६०), अयोध्या प्रसाद खत्री स्मारक ग्रंथ, शिवपूजन सहाय, प्रो. नलिन विलोचन शर्मा (सम्पादक) बिहरी राष्ट्रभाषा परिषद्, पटना

आलोक राय (२०००), हिन्दी नेशनलिज्म, ओरियंट ब्लैकमैन, नई दिल्ली

आलोचना (२००२), नामवर सिंह (प्रधान सम्पादक)

कर्मेन्दु शिशिर (सम्पादक) (१९९०) भारतेंदु युग के प्रमुख रचनाकार राधाचरण गोस्वामी की चुनी रचनायें, परिमल प्रकाशन, इलाहाबाद

तद्भव (२००२) अंक-९: अखिलेश (सम्पादक) लखनऊ

नागरी प्रचारिणी पत्रिका भाग-६, वाराणसी

पदमधर पाठक (सम्पादक)(१९९६) श्रीधर पाठक ग्रंथावली, जोधपुर, राजस्थान

प्रताप नारायण मिश्र, रचनावली (२००१), भारतीय प्रकाशन संस्थान, दरियागंज, नई दिल्ली

रामचंद्र शुक्ल (२००२), हिन्दी साहित्य का इतिहास, लोकभारती प्रकाशन, इलाहाबाद

रामनिरंजन परिमलेंदु (२००२), भारतेंदु युग के भूले बिसरे कवि और उनका काव्य, नागरी प्रचारिणी सभा वाराणसी, उत्तर प्रदेश

लक्ष्मीसागर वार्ष्णेय (१९४१), आधुनिक हिन्दी साहित्य, इलाहाबाद, उत्तर प्रदेश

वर्तमान साहित्य (२००२), शताब्दी आलोचना पर एकाग्र, अरविंद त्रिपाठी (सम्पादन-संयोजन) गाजियाबाद, उत्तर प्रदेश

वीरभारत तलवार (२००२) रस्साकशी : उन्नीसवीं सदी का नवजागरण और पश्चिमोत्तर प्रांत, सारांश प्रकाशन, नई दिल्ली

शितिकंठ मिश्र (१९५६), खड़ी बोली का आंदोलन, नागरी प्रचारिणी सभा, वाराणसी, उत्तर प्रदेश

हेमंत शर्मा (सम्पादक) (२००१), भारतेंदु समग्र, हिन्दी प्रचारक पब्लिकेशन, वाराणसी, उत्तर प्रदेश

ज्ञानचंद जैन (२००४), भारतेंदु हरिश्चंद्र : एक व्यक्तित्व चित्र, विश्वविद्यालय प्रकाशन, वाराणसी, उत्तर प्रदेश

अध्याय दो
राष्ट्र-निर्माण, संविधान-सभा और भाषा-विमर्श

दुर्गा दास बसु (१९९७), *भारत का संविधान-एक परिचय,* (अनु. ब्रजकिशोर शर्मा) प्रेंटिस हाल ऑफ इंडिया प्राइवेट लिमिटेड, नयी दिल्ली

जवाहरलाल नेहरू (१९५०), *राजनीति से* दूर, सस्ता साहित्य मण्डल प्रकाशन, नयी दिल्ली२

पवन कुमार वर्मा (१९९९), *भारत के मध्यवर्ग की अजीब दास्तान* (द ग्रेट इंडियन मिडिल क्लास, अनु. अभय कुमार दुबे, राजकमल प्रकाशन प्रा. लि., नयी दिल्ली

महेन्द्र प्र. सिंह, हिमांशु राय (सम्पा.) (२०११), भारतीय राजनीतिक प्रणाली: संरचना, नीति और विकास, हिंदी माध्यम कार्यान्वयन निदेशालय दिल्ली विश्वविद्यालय, नई दिल्ली

विमलेश कान्ति वर्मा (१९९६), हिन्दी: राष्ट्रभाषा से राजभाषा तक (1९४७

से १९५० तक के दस्तावेज)ङ्कप्रकाशन विभाग, सूचना और प्रसारण मंत्रालय, भारत सरकार, पटियाला हाउस, नयी दिल्ली–1; अगस्त १९९७

वीरभारत तलवार (२००२), *रस्साकशी: उन्नीसवीं सदी का नवजागरण और पश्चिमोत्तर प्रान्त,* सारांश प्रकाशन, नयी दिल्ली

वीरभारत तलवार सम्पादक (२००४), राजा शिवप्रसाद सितारैहिन्द प्रतिनिधि संकलन, नेशनल बुक ट्रस्ट, ए–५ ग्रीन पार्क, नयी दिल्ली–1६, प्रथम संस्करण–२००४

सुधीर चन्द्र (२०11), *गांधी और नेहरू के बीच 1९४५ का पत्राचार,* 'गांधी एक असम्भव सम्भावना', राजकमल प्रकाशन, नई दिल्ली

Granville Austine (1966), *The Indian Constitution: Cornerstone of a Nation*, Oxford University Press, London,

Jawaharlal Nehru (1996), A Tryst with Destiny, Oxford University Press, New York

Modern Asian Studies, Vol. 33, No. 2 (May 1999)

Rajeev Bhargava (Ed.) (2008) *Politics and Ethics of the Indian Constitution*, Oxford University Press, New Delhi. First Edition 2008; p. 121; तद्भव–२३, जनवरी २०११

अध्याय तीन
बीच बहस में लघुपत्रिकाएँ : आन्दोलन, संरचना और प्रासंगिकता

अक्सर, प्रवेशांक, जुलाई २००७, जयपुर, राजस्थान।

अमृत राय (२००२), *प्रेमचन्द : हिज़ लाइफ़ एण्ड टाइम्स,* अँग्रेज़ी अनु. हरीश त्रिवेदी, ऑक्सफ़र्ड युनिवर्सिटी प्रेस, नयी दिल्ली।

अभय कुमार दुबे (सम्पा.) (२००२), *लोकतन्त्र के सात अध्याय,* वाणी प्रकाशन, दरियागंज, नयी दिल्ली।

आज समाज, नयी दिल्ली, ६ जुलाई, २०१०।

उत्तरार्द्ध, अंक ३९ एवं ४० (१९९५), मथुरा, उत्तरप्रदेश।

क़तार (१९९६), धनबाद।

कर्मेन्दु शिशिर (सम्पा.) (२००२), *नवजागरण कालीन पत्रकारिता और मतवाला,* खण्ड एक, अनामिका पब्लिशर्स, नयी दिल्ली।

जनसत्ता, नोएडा, ९ अगस्त, २००९।

दैनिक भास्कर, नयी दिल्ली, २० जून २००९ : १४ सितम्बर, २०१०।

नया परिदृश्य, अंक-१, सिलीगुड़ी पश्चिम बंगाल।

नयी दुनिया, नयी दिल्ली-२६ सितम्बर, २०१०. पाखी, मार्च, २०१०, नोएडा, उत्तरप्रदेश।

मदन गोपाल (१९६५), *क़लम का मज़दूर प्रेमचन्द,* राजकमल प्रकाशन, नयी दिल्ली।

रामविलास शर्मा (२०११), *प्रेमचन्द और उनका युग,* राजकमल प्रकाशन, नयी दिल्ली।

लघु-पत्रिकाओं की राष्ट्रीय समन्वय समिति द्वारा प्रकाशित *बुलेटिन*-१ नवम्बर १९९२, जबलपुर मध्य-प्रदेश; *बुलेटिन*-२, अगस्त १९९३, सासाराम, बिहार; *बुलेटिन*-४, जनवरी १९९९, हावड़ा; *बुलेटिन*-५ (२००१), जयपुर, राजस्थान; *बुलेटिन*-६, हावड़ा।

वसुधा डालमिया (१९९९), *नैशनलाइजेशन ऑफ़ हिन्दू ट्रेडिशन,* ऑक्सफ़र्ड इंडिया पेपर बैक्स, नयी दिल्ली।

वीरभारत तलवार (२००२), *रस्साकशी : उन्नीसवीं सदी का नवजागरण और पश्चिमोत्तर प्रान्त,* सारांश प्रकाशन, नयी दिल्ली।

संवेद, अंक-३, जून, १९९३, जमालपुर, बिहार।

अनुक्रमणिका